GOTTFRIED AUGUST BÜRGER · EINE BIOGRAPHIE

G. A. Bürger Stahlstich nach J. D. Fiorillo

Es ist traurig anzusehen, wie ein außerordentlicher Mensch sich gar oft mit sich selbst, seinen Umständen, seiner Zeit herumwürgt, ohne auf einen grünen Zweig zu kommen. Trauriges Beispiel: Bürger.
Goethe

Helmut Scherer

Lange schon
in manchem
Sturm und Drange

Gottfried August
Bürger
Der Dichter des Münchhausen

Eine Biographie

ISBN 3-89433-033-3
© SCHERER VERLAG GmbH, Berlin 1995

Das Werk einschließlich aller seiner Teile ist urheberrechtlich geschützt. Jede Verwertung außerhalb der engen Grenzen des Urheberrechtsgesetzes ist ohne Zustimmung des Verlages unzulässig und strafbar. Das gilt insbesondere für Vervielfältigungen, Übersetzungen, Mikroverfilmungen und die Einspeicherung und Verarbeitung in elektronischen Systemen.

Gesamtherstellung: Gorenjski Tisk, Kranj, Slowenien

I. HERZ, ICH WOLLTE, DU AUCH WÜRDEST ALT

Wie schnell sind die Tage kürzer geworden. Bereits die frühen Nachmittagsstunden lassen die beginnende Dämmerung ahnen. Facettenreich das Spiel der Natur, die gerade für diese Jahreszeit so Unterschiedliches bereithält. Dieser Tag erlaubt kein beschauliches Verweilen in goldener Herbstsonne. Nieselregen, ein grauverhangener Himmel und Windböen, die in das fallende Laub fahren, kündigen allzu schnell den Winter an. Herbststimmung in der Universitätsstadt Göttingen.

Vom Campus kommend mit seinen zahlreichen Instituten und dem Neubau der Niedersächsischen Staats- und Universitätsbibliothek aus Glas und Stahl, überquert der Besucher die Weender Landstraße. Autoverkehr flutet aus der Stadt, und der Lärm bricht sich an einer parkähnlichen Anlage, die noch heute auf dem Stadtplan Bartholomäusfriedhof genannt wird. Eine irreführende Bezeichnung, denn Begräbnisse finden hier seit mehr als hundert Jahren nicht mehr statt.

Das große verwitterte Gittertor gewährt keinen Durchlaß, so daß der eilende Fußgänger und Fahrradfahrer auf die rechts und links des Tores vorhandenen Nebeneingänge ausweichen muß. Verlorene Grabsteine auf unebener, holpriger Wiese und uralte, ehrwürdige Bäume, deren Laub bei jedem Schritt unter den Füßen raschelt, geben in der lauten Hektik ringsum einen Hinweis auf die vormalige Nutzung. Ein junger Mann, der mit einem Stock

Grabdenkmal auf dem Bartholomäusfriedhof,
vermutlich 1846 aufgestellt

seinen Hund zwischen den Grabsteinen hin- und hertreibt, und einige Gestrandete, die sich an den Bänken mit Hochprozentigem versammelt haben, lassen die gewünschte Andacht nur schwer aufkommen.

Wie oft hat man vom Tode, der alle vereint, gelesen. Sicher eine Phrase, und doch wie wahr! Lichtenberg, Heyne, Bürger: Ihre Gräber liegen dicht beieinander, wenn auch bei Gottfried August Bürger eine genaue Bestimmung seiner letzten Ruhestätte nicht einfach ist.

Die Grabstelle ohne Markierung – schnell war sie vergessen. Als im Jahre 1846 unter der Führung des Göttinger Studenten Arthur Breusing beantragt wurde, auf Bürgers Grab einen schlichten Gedenkstein setzen zu dürfen, konnte es nicht mehr zweifelsfrei ausfindig gemacht werden. Lediglich eine Akazie, von seinem Verleger Johann Christian Dieterich gepflanzt, so die vage Aussage eines alten Totengräbers, diente als möglicher Hinweis. »Dicht an der alten rissigen niederen Mauer des nun erweiterten Friedhofes liegt das Grab, fast ganz eingesunken und eingetreten ... Brennesseln und Unkraut überwuchert die Stätte«, berichtet ein Augenzeuge aus gleichem Jahr. Doch die Initiative zerschlug sich, da ein Student mit dem Spendengeld durchbrannte und Bürgers Verehrer sich schnell in alle Winde zerstreuten.

Wie wenig Wert hat die Stadt in all den Jahren auf Erhalt und Pflege des Grabes gelegt! Immer wieder wird in längeren Abständen von der Verwahrlosung der Anlage berichtet. Nun besteht Hoffnung, daß zumindest der ehemalige Friedhof als Park erhalten bleibt. Zu welchem Zeitpunkt die »kannelierte Würfelsäule«, die eine Urne trägt, ihren Platz auf dem Friedhof fand, läßt sich nicht mit Bestimmtheit sagen. Sie ist wohl aus einer bereits vorhandenen Grabsäule nach Abschleifen der alten Inschriften angefertigt worden. Die Widmung »Die Stadt Göttingen/ dem Dichter/ Gottfried August/ Bürger« weist auf den Auftraggeber hin.

Doch zumeist waren es Privatinitiatoren, die den Dichter ehrten. Auch zu seinem 100. Todestage 1894 war es ein privates Komi-

Bürger-Büste von Gustav Eberlein, 1895, am 8.6.1994, Bürgers 200. Todestage, vom Bartholomäusfriedhof in die Bürgerstraße umgesetzt, Photo Wandt

tee, das sich der Errichtung eines Denkmals zu Bürgers Gedächtnis annahm. Mit der Ausführung wurde der in der Kaiserzeit namhafte Bildhauer Gustav Eberlein beauftragt. Als Aufstellungsort für die überlebensgroße Bronzebüste auf einem Sockel aus Granit wurde wiederum der Bartholomäusfriedhof gewählt. Nicht die tatsächliche Grabstelle, sondern die günstige Lage war ausschlaggebend für den Platz am Rande des Friedhofs. So überragt Bürgers Denkmal, von den vorbeieilenden Passanten auf der Weender Landstraße unbeachtet, die Friedhofsmauer.

Selten verläßt Bürger das Haus, und wenn er auf seinem klapprigen, mageren Schimmel durch die Stadt reitet, hat es für die Göttinger etwas Gespenstisches. Es ist still um den Dichter geworden. Seit der Scheidung von seiner dritten Frau, die ihn zum Gespött der Stadt werden ließ, gewährt er nur noch wenigen Auserwählten Einlaß. Eine neue Haushälterin wird mit der Pflege seines kleinen Sohnes betraut: »Sie ist eine sehr grosse Kinderfreundin und nimmt sich des kleinen Agathon wie die beste Mutter an, die der arme Junge vorher nicht hatte«. Das zurückgezogene Leben bringt ihn in den Ruf eines Sonderlings, und mancher, der ihn wegen seiner Lebensweise noch vor kurzem tadelte, sieht in ihm nun den hämischen, verbitterten, übelwollenden Kauz.

Nachdem Ende September 1792 der *Göttinger Musenalmanach* für das folgende Jahr die Druckerei verlassen hatte, trat sein Herausgeber und Mitautor Gottfried August Bürger eine Reise nach Sachsen an. Die seit Jahresanfang durch eine Erkältung hervorgerufene Heiserkeit, die ihn bis zu seinem Tode quälte und ihm die Fähigkeit des lauten Sprechens nahm, ließ Pläne nach Luftveränderung in ihm reifen. Auch seine bittere, niedergeschlagene Stimmung verlangte nach Ablenkung.

Aber es wollte dem kränkelnden Mann auf der Reise so gar nicht gelingen, dem Göttinger Alltag zu entfliehen. Das auf der Durchreise zu seiner Schwester Henriette Philippine ins Erzgebirge in Dresden entstandene Porträt von Anton Graff, einem der

Bürger, Ölporträt von Anton Graff, 1792

berühmtesten Porträtisten seiner Zeit, zeigt den von widrigen Lebensumständen gezeichneten erst 44jährigen Dichter. All das Stolze, Selbstbewußte, Herausfordernde in Johann Heinrich Tischbeins Porträt aus Göttinger Studententagen des Jahres 1771 sucht man in diesem Bild vergeblich. Der nun dem Betrachter Entgegenblickende wirkt kraftlos, leergebrannt, dabei aber zugleich gütig und versöhnlich.

Wird der Porträtist Graff die angestrebte genaue Darstellung auch in diesem Falle nur bis zu dem Punkt gebracht haben, wo Höflichkeit und Respekt der betreffenden Person gegenüber ein weiteres Annähern an die Wirklichkeit verbieten, war doch das Urteil der Zeitgenossen und späterer Kunstwissenschaftler einhellig: »Keiner, auch Tischbein nicht, hat so meisterhaft wie Graff vermocht, die geistige Individualität der darzustellenden Personen auf der Leinwand wiederzugeben«.

Aus Langendorf bei Weißenfels holte Bürger den in der Obhut seiner Schwester Friederike aufgewachsenen Knaben Emil nach Göttingen heim. Von der beginnenden Krankheit bereits gezeichnet, wollte er, wohl im Tiefsten die nur noch kurze Lebensspanne ahnend, besonders dieses Kind seiner verbotenen Liebe zu Molly um sich haben.

Im folgenden Winter mußte er wiederholt das Bett hüten. Seine Vorlesungstätigkeit fiel ihm vor allem wegen der Erkrankung seiner Stimmorgane immer schwerer. Dies war umso bedrohlicher, als er als unbesoldeter, außerordentlicher Professor gerade auf die Gelder der Hörer angewiesen war. Um seinen schlimmsten finanziellen Sorgen zu entrinnen und seine Gläubiger ruhigzustellen, nahm er eine Übersetzertätigkeit bei den in Berlin erscheinenden *Politischen Annalen* an. Die anfangs erbetene Anonymität, die seinen »ehrlichen Namen« vor dem konservativen Ruf des Journals schützen sollte, mußte er, der Not gehorchend, bald aufgeben. Nachdem der Herausgeber, der Göttinger Mediziner, Chemiker und Schriftsteller Christoph Girtanner, Bürger gebeten hatte, die in London publizierte Fortsetzung von *Benjamin Franklin's Jugendjahren*, die er bereits übersetzt hatte, ebenfalls ins Deutsche zu übertragen, kündigte er dies in seinem Journal unter Nennung von Bürgers Namen an. Der Kranke, der Geschwächte hat diesen Auftrag nicht mehr ausführen können, obwohl aus einem Brief an die *Allgemeine Litteratur-Zeitung* hervorgeht, daß er noch im Februar daran arbeitete. Wohl weil Girtanner sich ihm gegenüber recht großzügig gezeigt hatte, strapazierte Bürger mit dieser Tätigkeit seine angegriffene Gesundheit weiter, so daß sich sein körperlicher Verfall beschleunigte.

Immer bedrückender wurde seine Situation. In einem erschütternden Brief vom 6. März 1793 an die hannoversche Regierung bat er verzweifelt um eine besoldete Professur, nachdem er bereits fast zehn Jahre ohne Gehalt der Landesregierung als Privatdozent Vorlesungen gehalten hatte: »Allein Umstände nöthigen mich jetzt, meinem Character selbst Gewalt anzuthun, und Hochdero Großmuth mit einer unterthänigen Bitte anzugehen, die den Verdacht einer unbescheidenen und lästigen Andringlichkeit erwecken könnte, wenn nicht eine unbefangene Darstellung meiner Lage mir dagegen Wort reden müßte«.

Wie weit war es mit ihm gekommen! Die Tage der Kindheit, als Rektor Niemeyer seinen großen Stolz rühmte, lagen weit zurück. Aber auch in dem erst wenige Jahre zuvor entstandenen Gedicht vom *Mannstrotz* gab der leidgeprüfte Mann noch den Rat, nicht »nach Gnadenbrot zu lungern«, sondern sich stolz »aus der Welt hinaus zu hungern«. Doch nun ging es nicht mehr um ihn allein, die Sorge um die vier minderjährigen Kinder lastete schwer auf ihm.

War er noch ein Jahr zuvor auf Reisen gewesen, wurde er im Herbst 1793 durch eine plötzlich eintretende Leberentzündung vollends ans Bett gefesselt. Dem täglich magerer und hinfälliger werdenden Patienten versuchte sein Arzt, Vertrauter und späterer Biograph, Dr. Ludwig Christoph Althof, durch Molke und Brunnen Linderung zu verschaffen. Im schnellen Wechsel gehen nun vermeintliche Erholung und gesundheitliche Rückschläge einher. Abführende Mittel lassen bei dem völlig ermatteten Patienten bis zu »30 Ausleerungen« täglich erfolgen. Die Idee des Arztes, sich so des körperlichen »Unraths« zu entledigen und dadurch Bürgers Gesundheit wiederherzustellen, wird immer zweifelhafter. Der zweite hinzugezogene Arzt, der Garnisonsmedicus Dr. Jäger, lehnt diese Therapie ab und will den täglich schwächer werdenden Körper mit »Stahl und Eisen« stabilisieren.

Man fühlt sich an den Kupferstich *Drei streitende Ärzte und ein Kranker* von Daniel Chodowiecki erinnert, wenn man Bürger voller Ironie berichten hört: »Laß uns lieber den Dritten mit in den Rath nehmen; sechs Augen sehen doch mehr als zwei, wenn diese auch noch so richtig zu sehen glauben. Es wird zu unserer beiderseitigen Beruhigung dienen. Ich ließ mir das Ding gern gefallen, und der dritte medicinische Kernbeißer wurde herbeigeholt. Nachdem ich ein langes und breites beschauet, betastet und ausgefragt war, gingen die Herrn in ein Nebenzimmer zu Rathe, wurden aber bald so lebhaft und so laut, daß ich die ganze trostreiche Consultation mit anhören mußte. ... Der zuletzt Herbeigerufene erklärte mich fast für nichts mehr als conclamatum [beklagenswert im Sinne der Totenklage], für einen Candidatum mortis, dem der Reisepaß nur unterschrieben werden könne, der den Guckguck nicht mehr rufen hören würde u.s.w. denn es wäre das völlige hektische Fieber; die Kräfte wären unwiederbringlich verloren; hier wäre nichts weiter zu thun, als dem armen Kranken seine übrigen Tage und seine Abfahrt so leidlich zu machen, als möglich«.

Heftige Brustbeschwerden kündigen die eiternde Lungenschwindsucht an, die Bürger ein knappes halbes Jahr später dahinraffen wird. An Arbeit, an Broterwerb ist längst nicht mehr zu denken, und die Sorge um das tägliche Auskommen für sich und die Kinder beherrscht seine letzten Tage.

Auf seine Anfrage an die hannoversche Regierung erfolgt auch nach einem Jahr noch keine Antwort. Wieder verfaßt er einen Brief, diesmal an Christian Gottlob Heyne, Professor der klassischen Philologie, Direktor der Bibliothek und heimlicher Lenker der Universität. Den Weggang des Universitätspredigers Marezoll nimmt er zum Anlaß, dessen frei gewordenes Gehalt zu erbitten: »Bester Mann, warum werde ich, ich allein vor Allen so drückend so niederschlagend, so lange, so beispiellos vernachlässigt und hintangesetzt? Stehe ich denn an Verdienst und Werth für die Universität so unendlich tief unter, – allen! meinen Collegen?

»Drei streitende Ärzte und ein Kranker«
Titelkupfer von Daniel Chodowiecki für die »Medicinischen Annalen«, 1781

Herz, ich wollte, du auch würdest alt

... Hier werde ich freilich von manchen hochfahrenden Herren gar wenig bemerkt, man naht sich mir nicht, man redet mich nicht an, und wenn ich mich nahe und anrede, so ist man gleich mit mir fertig und wendet sich zu einem andern Herrn Hofrath oder Ordinarius«.

Bedrückend ist seine Situation im Kreise der Universitätskollegen. Wohl voll des Mitgefühls setzt sich Heyne, der einem ärmlichen Leineweberhaushalt in Chemnitz entstammt, für Bürger bei der Regierung ein. Das Ergebnis seiner Bemühungen ist »ein Geschenk von 50 Talern aus der Universitätskasse«. Zu weiteren Zugeständnissen zeigt man sich in Hannover nicht bereit, weil »die Umstände der Universitätskasse nicht erlauben, ein Gehalt zu verteilen«.

Im Januar 1794, zu Beginn seines letzten Lebensjahres, übersendet Bürger Johann Friedrich Bollmann, Bürgermeister seiner Heimatstadt Aschersleben, die Vollmacht zum Verkauf der verbliebenen Äcker seines Großvaters. Doch er wartet vergebens. Die Vollmacht kommt zurück, weil sie der preußischen Gesetzgebung nicht entspricht. Am 14. Mai, wenige Tage vor seinem Tode, sieht er sich erneut genötigt, eine neue, den Vorschriften entsprechende Vollmacht auszustellen und beglaubigen zu lassen. Wenn jedoch darin zu lesen ist, daß er an diesem Tage beim »hiesigen Königl. Chur.-Fürstl. Gerichtsschultzen in Person« erschienen ist, scheint dies vor dem Hintergrund seines körperlichen Zustandes recht unwahrscheinlich.

»Weißt Du, daß Bürger sterben wird – im Elend, in Hunger und Kummer? Er hat die Auszehrung – wenn ihm der alte D[ieterich] nicht zu eßen gäbe, er hätte nichts, und dazu Schulden und unversorgte Kinder. Armer Mann! Wär ich dort, ich ginge täglich hin, und suchte ihm diese letzten Tage zu versüßen, damit er doch nicht fluchend von der Erde schiede«, teilt eine Vertraute des sterbenden Dichters erschüttert mit. In diesen Tagen besucht ihn der auf der Durchreise in Göttingen weilende Dichterkollege Fried-

Friedrich Matthisson (1761-1831)
Ölporträt von Christian Ferdinand Hartmann

rich Matthisson: »Vor dem Schmerzenlager Bürgers ward ich mit bitterer Wehmut erfüllt. Krankheit und Mißgeschick haben die Schwingen des kühnen Genius gebrochen, und seine Kraft von ihm genommen. Niedergedrückt schmachtet er im Staube, den er vormahls! o wie tief, unter sich erblickte. Abgezehrt, bleich und entstellt, scheint er dem Tode mehr als dem Leben anzugehören; nur in seinen blauen Augen glimmt noch ein sterbender Funke jenes Feuers, das im Hohen Lied von der Einzigen so hoch und mächtig emporlodert. Seine Stimmorgane sind gelähmt, und man hat Mühe, die leisen Laute zu verstehen, die er mit sichtbarer Anstrengung hervorbringt«. Eindrücke, Stimmungen von Bürgers letzten Lebenstagen, die doch so viel mehr aussagen als jeder Versuch einer Darstellung aus heutiger Sicht.

Lange vermeidet es Dr. Althof, ihm die unabwendbare Wahrheit zu sagen. Denn der Patient hat mit dem für Schwindsucht typischen Krankheitsverlauf trotz Zunahme der Symptome noch Hoffnung auf Besserung geschöpft. Als das Unvermeidliche immer näherrückt und der Arzt ihn wenige Tage vor seinem Tode aufklärt, ist Bürger nicht beunruhigt. Er hat nur noch den Wunsch nach einem leichten Sterben.

Am 22. Mai verfaßt er an seine ältere Schwester Henriette Philippine einen testamentarisch gehaltenen Brief, in dem er den Verbleib der Kinder regelt. Illusionslos beschreibt er seinen Zustand: »Liebe, liebe Alte vernimm die Nachricht von mir mit Standhaftigkeit. Ich komme aus dieser entsetzlichen Krankheit nicht wieder empor. ... Liebe Seele, vielleicht sind dies die letzten Zeilen, die meine Hand an Dich richtet. Denn wahrlich wird mir das Schreiben immer saurer und unmöglicher werden ... Ich kann nicht weiter. Gott segne und lohne Euch allzusammen! Dein getreuer liebender Bruder bis in den Tod«.

Einen Tag vor seinem Dahinscheiden bekommt Bürger vom Superintendenten zu Gifhorn, Johann Carl Volborth, eine Anzahl von Gedichten für den Musenalmanach des kommenden Jahres. Die Verse, die er schmunzelnd und belustigt liest, lassen ihn ein letztes Mal heiter sein.

Das Ende, die große heraufziehende Leere, das Nichts. Wie kurz ist eine Lebensspanne, eingebettet in das geheimnisvolle

Mysterium der Ewigkeit, das trotz vielfältigen Suchens keine greifbare Antwort bereithält. Vielleicht konnte ihm das evangelische Kirchenlied von Johann Rist, das ihn schon in früher Kindheit berührt hatte, Trost spenden.

> O Ewigkeit, du Donnerwort,
> O Schwert, das durch die Seele bohrt,
> O Anfang, sonder Ende!
> O Ewigkeit, Zeit ohne Zeit!
> Ich weiß vor großer Traurigkeit
> Nicht, wo ich mich hinwende.
> Mein ganz erschrocknes Herz erbebt,
> Daß mir die Zung am Gaumen klebt.

Gartenhaus des Verlegers Dieterich, hintere Paulinerstraße 20. Bürger lebte in diesem Hause, das 1913 abgerissen wurde, von 1784 bis zu seinem Tode.

»Am achten Junius 1794 verging ihm gegen Abend der kleine Überrest von Sprache vollends. Er wollte seinem mehrjährigen rechtschaffenen Freunde, dem Herrn Doctor Jäger, der auf seine dringende Bitte die Vormundschaft über die Kinder übernommen hatte, und mir etwas sagen, konnte aber kein vernehmliches Wort mehr hervor bringen. Wir bathen ihn, zu versuchen, ob er uns seine Meinung nicht schriftlich mittheilen könnte; aber auch die Augen versagten ihm ihren Dienst; es war und blieb ihm, aller angezündeten Lichter ungeachtet, zu dunkel, und indem er den Mund öffnete, um mir eine ihm vorgelegte Frage mit Ja zu beantworten, blies er sanft seinen letzten Athem aus, in einem Alter von sechs und vierzig Jahren, fünf Monathen und acht Tagen«.

Als der amtierende Prorektor der Universität, Johann Georg Heinrich Feder, dem Kuratorium am 11. Juni mitteilt: »Es hat dem Höchsten gefallen, unsern Collegen, den Professor Gottfried August Bürger am 9ten dieses Monats zur Ewigkeit abzufordern«, da wiederholt sich eine falsche Datierung, wie sie ähnlich bei seiner Geburt aufgetreten war und bis heute für Verwirrung sorgt. Denn auch in den *Göttingischen Anzeigen von Gelehrten Sachen* heißt es unbestimmt, der »Volksdichter« sei »in der Nacht vom 8ten zum 9ten Jun.« verstorben. Die handschriftliche Todesurkunde Dr. Althofs aber gibt präzise Auskunft über die genaue Todesstunde: »Den 8ten Junius Abend um 11 Uhr ging Gottfried August Bürger im 46ten Jahre seines Lebens in die Ewigkeit, nachdem er an verschiedenen Krankheiten, und zuletzt an der Lungenschwindsucht, viel gelitten hatte. Ich habe von der ältesten Tochter des Vollendeten, Marianne Bürger, den Auftrag, dieses in ihrem und ihrer drei Geschwister Namen öffentlich anzuzeigen, und die schriftliche Äußerung dessen, was seine Freunde und Verehrer bei dieser Anzeige empfinden mögen, zu verbitten«.

Ab 1792, als Bürgers letzte, von Krankheit und körperlichem Verfall bestimmten Lebensjahre anbrechen, ist ihm von all seinen alten Freunden nur einer geblieben, dessen Briefe ihn immer wie-

Leopold Friedrich Günther von Goeckingk (1748-1828)
Ölporträt von Ernst Gottlob

der aufrichten: Leopold Friedrich Günther Goeckingk, preußischer Finanzrat und Dichter. Er begleitete sein Leben seit dem gemeinsamen Schulbesuch in den Franckeschen Stiftungen. In ihrem Briefwechsel aus den letzten Tagen des Dichters vertraut Bürger ihm sein geheimstes Fühlen und Denken an. Hier wie in dem Sonett *An das Herz* offenbart er seine zutiefst menschlichen Widersprüche zwischen Hoffnung und Resignation, Selbstaufgabe und neuem Lebensmut in zarten, melancholischen Tönen.

An das Herz

Lange schon in manchem Sturm' und Drange
Wandeln meine Füße durch die Welt.
Bald den Lebensmüden beigesellt,
Ruh' ich aus von meinem Pilgergange.

Leise sinkend faltet sich die Wange;
Jede meiner Blüten welkt und fällt.
Herz, ich muß dich fragen: Was erhält
Dich in Kraft und Fülle noch so lange?

Trotz der Zeit Despoten-Allgewalt,
Fährst du fort, wie in des Lenzens Tagen,
Liebend wie die Nachtigall zu schlagen.

Aber ach! Aurora hört es kalt,
Was ihr Tithons Lippen Holdes sagen. –
Herz, ich wollte, du auch würdest alt!

Mehr noch als der trotz aller schmerzlichen Erfahrungen verbliebene Wunsch nach einem geliebten Menschen sind es die politischen Ereignisse in Frankreich, die Französische Revolution, für die sich Bürger mit ganzem Herzen und voller Hoffnung begeistert. Den »liebsten Schulkumpan« läßt er wissen: »Wahrlich, kein Liebesabenteuer hat je mein ganzes Wesen so sehr in sich hinein verstrickt, als das gegenwärtige große Weltabenteuer, von welchem ich keinen Ausgang sehe, ja nicht einmal zu ahnden im Stande bin«.

Im Musenalmanach für das Jahr 1793 ergreift er Partei, und seine politische Haltung läßt ihn einmal mehr Außenseiter unter den Professoren der Göttinger Universität sein. Das von ihm vorausgesehene »Zetergeschrei« bleibt nicht aus, und Professor Heyne, auch Zensor der hannoverschen Regierung, nimmt ihn beiseite und fordert ihn auf, alle Anspielungen auf Zeitumstände zu unterlassen.

In seinem Aufsatz *Die Republik England*, der 1793 in den *Politischen Annalen* publiziert wird, zieht er dennoch unverhüllt Parallelen zwischen den Pariser Ereignissen und der mehr als hundert Jahre zurückliegenden kurzen Herrschaft Oliver Cromwells nach der Hinrichtung Karls I., um dadurch seine Begeisterung für die Französische Revolution zu dokumentieren. War es vielleicht diese prorevolutionäre Haltung, die Georg Christoph Lichtenberg sagen ließ: »...was mich in den drey oder vier letzten Jahren so offt an Bürgern geärgert hat«?

Lichtenberg, der große Physiker und Philosoph, der zeitweise dem Dichter freundschaftlich verbunden war, hatte seinen Mitherausgeber des *Göttingischen Magazins der Wissenschaften und Litteratur*, den berühmten Wissenschaftler und Weltumsegler Georg Forster, wegen seiner bejahenden, aktiven Haltung zur Französischen Revolution fallengelassen und sich sogar geweigert, diesen anläßlich seines Todes 1794 in Paris mit einem Nachruf zu würdigen.

Die Freimaurerloge, vor der Bürger noch 1790 mit seiner Rede *Ermunterung zur Freiheit* ein unverhülltes Bekenntnis zu den Idealen der Revolution abgelegt hatte, war inzwischen verboten. Überall gab es Repressionen, die auch vor einem Verbot der europaweit berühmten *Staatsanzeigen* Professor Schlözers nicht haltmachten. Als die europäischen Herrscherhäuser in den Koalitionskriegen 1792/93 hoffen, die revolutionären Ereignisse in Frankreich zu beenden und damit die neuen Ideen zu begraben, ist es Bürger, der sich in einem Fragment gebliebenen Gedicht gegen diese Einmischung wendet:

> Für Wen, du gutes deutsches Volk
> Behängt man dich mit Waffen?
> Für Wen läßt du von Weib und Kind
> Und Herd hinweg dich raffen?
> Für Fürsten- und für Adelsbrut,
> Und für's Geschmeiß der Pfaffen.
> [...]
> Sie nennen's Streit fürs Vaterland,
> In welchen sie dich treiben.
> O Volk, wie lange wirst du blind
> Beim Spiel der Gaukler bleiben?
> Sie selber sind das Vaterland,
> Und wollen gern bekleiben.

Nannte er sich nicht selbst in seiner *Beichte* des Jahres 1789 »einen ziemlichen Libertin«? Die allseits geübte Praxis des Lavierens, Taktierens und Arrangierens – ihm wollte sie nie gelingen. Zu wenig verstand er sich auf diese Überlebensstrategien in einer auf Anpassung ausgerichteten Welt. Mit ganzer Seele war er als Privatmann, Dichter, politisch Argumentierender der Freiheit verpflichtet.

> Der Freiheit droht mit Blei und Eisen
> Der stolzen Unterdrücker Wut.
> Ich aber will sie dennoch preisen,
> Und will's mit unerschrocknem Mut.
> Denn seit der Schöpfung allen Weisen
> Galt Freiheit für ein edles Gut.

Im Krankenbett formuliert der Dichter im Januar 1794 in einem Brief an Lichtenberg: »Ich glaube ... in der That, ich werde nicht lange mehr leben« und bittet den Empfänger, zwischen ihm und seinem Verleger Dieterich in ungeklärten geschäftlichen Angelegenheiten zu vermitteln. Jahrelang hatte Dieterich ihn mit der gewünschten Abrechnung hingehalten und damit verhindert, daß Bürger mit konkreten finanziellen Forderungen an ihn herantreten konnte: »Unzählige Mahle habe ich ihn schon mündlich und schriftlich gebeten, mir meine Abrechnung zu machen, indem ich seit 15 bis 20 Jahren gar nicht weiß, wie ich mit ihm stehe. Seit länger als Jahr und Tag hat es geheißen, daß die Rechnung ausgezogen, nur aber noch nicht summirt sey, indem er nicht wüßte, wie hoch – ein überaus wichtiges Object, nehmlich einige aus Appenrode von mir erhaltene Gänse! – in Anschlag zu bringen wären«. Was hilft es, daß sich Dieterich in den letzten Tagen des Dichters seiner menschlichen Pflichten besinnt? Eine Abrechnung erhält Bürger jedenfalls nicht.

Der erfolgreiche Autor, der die erste Ausgabe seiner Gedichte von 1778 selbstbewußt in Kommission bei Dieterich verlegt hatte und deren Subskribentenliste die Königin von Großbritannien anführte, war er schon lange nicht mehr. Insbesondere seine verhängnisvolle finanzielle Situation hatte seine Position als Autor untergraben. Zu sehr waren Privates und Geschäftliches in der Beziehung zu seinem Verleger miteinander vermischt. Dieterich indessen bereitete es wohl keine Schwierigkeiten, diese Situation für sich zu verwenden und Bürger zu betrügen.

Mit Neuauflagen der Gedichte hinter dem Rücken des Autors vermehrte er den eigenen Gewinn. Als Bürger dies bemerkte, reagierte Dieterich mit billigen Ausflüchten. Das Erscheinen der bereits 1789 angekündigten Prachtausgabe seiner Gedichte hintertrieb er beharrlich, und Bürger, der die bereits eingenommenen Gelder der Pränumeranten in der »letzten großen Zerrüttung seiner häuslichen Umstände« verbraucht hatte, sah sich gegenüber den seit Jahren Hingehaltenen in großer finanzieller und moralischer Schuld. Doch der Verleger, Bürger hatte es erkannt, verdiente sein Geld nun lieber mit antirevolutionären Schriften. Verzweifelt suchte Bürger nach Lösungen aus diesem Dilemma, doch erst sein Tod bildete den Abschluß dieses Konfliktes.

»So eben 3/4 auf VII. wird Bürger auf den Kirchhof gefahren. Ich schreibe dieses noch unter Tränen, die mir der Tod dieses armen, guten aber leichtsinnigen Mannes ausgepreßt hat«. Ein stiller, heiterer Tag, der Morgen des 12. Juni 1794, und es scheint, als würde die Natur dem Toten jenen Frieden auf seinem letzten Gang mitgeben, der ihm in seinem Leben nicht vergönnt war.

Als der Wagen in das Friedhofstor hineinrollt und der schwarzlackierte Sarg schwankt, legt der heimliche Beobachter Lichtenberg in seinem Gartenhaus das Fernrohr voller Schmerz beiseite: »Das Abnehmen vom Wagen konte ich unmöglich mit an sehen, und ich muste mich entfernen«. Wo ist der Leichenzug, wo sind die Trauernden, die doch sonst so zahlreich kommen? Es folgen nicht seine Amtskollegen, die Professoren der Göttinger Universität, nicht der Verleger Dieterich, und auch Lichtenberg vertraut seine Empfindungen nur dem Tagebuch an.

Freunde hatte Bürger in der Stadt schon lange nicht mehr. Zu viel war schiefgegangen, zu viele fühlten sich von Lebensumständen und Äußerungen des Dichters brüskiert, so daß man dem, der »vielleicht gantz allein ... größtentheils an seinem Unglück selbst Schuld war«, eine würdevolle Anteilnahme versagte. Nur die beiden Ärzte begleiteten neben seinem mit dem Geheimnis der Geburt behafteten zwölfjährigen Sohn Emil den Leichnam.

»Er ist dodt, ist schon lange begraben«. Versteinert saß seine Schwester Friederike in der Kutsche. Entsetzt mußte sie feststellen, daß sie zu spät gekommen war. Voller Sorge um den Bruder war sie nach Göttingen geeilt und hatte nun die Aufgabe, sich der verwaisten Kinder anzunehmen. Dankbar äußert sie später, »dass durch die Vermittelung des großen Hofrath H[eyne] alles gut ging«. Der rührige Dr. Althof, der mit Hilfe auswärtiger Freunde des Dichters eine Sammlung veranstaltet hatte, sorgte dafür, daß Bürger 1799 ein Denkmal in Ulrichs Garten, »den er vorzüglich in den ersten Morgenstunden der ersten schönen Frühlingstage zu besuchen pflegte«, erhielt. Später wurde das von den Brüdern Heyd aus Kassel angefertigte Monument in die Anlagen beim Allee-Tor versetzt, 1956 abgerissen und zerstört.

Bürger-Denkmal von Ludwig Daniel und Johann Wolfgang Heyd, aufgestellt 1799, kolorierte Lithographie von Friedrich Besemann, um 1850

Auch die Weimarer hatte man um Spenden gebeten. Von Friedrich Schiller erhielt man einen Taler und zwölf Groschen, der andere, der Briefpartner aus zurückliegenden Jahren, hatte nichts gegeben. Weit zurück lagen die Tage, als Johann Wolfgang von Goethe dem Verblichenen schrieb: »Ich thue mir was drauf zu gute, dass ich's binn der die Papierne Scheidewand zwischen uns einschlägt. Unsre Stimmen sind offt begegnet und unsre Herzen auch. Ist nicht das Leben kurz und öde genug? sollen die sich nicht anfassen deren Weeg mit einander geht«.

Weit weg die Begeisterung, die Bürger mit der Veröffentlichung der Ballade *Lenore* im *Göttinger Musenalmanach* 1774 auslöste – und damit zum Begründer der deutschen Kunstballade wurde. Vorbei auch das Jahr 1786, in dem er mit den Lügengeschichten des Barons von Münchhausen, seinem Ritt auf der Kanonenkugel, der Welt ein wahrlich erfolgreiches Volksbuch schenkte. Wo war jener denkwürdige 28. Dezember 1787, an dem Bürgers Übersetzung des *Macbeth* »auf allerhöchsten Befehl« im glanzvollen Rahmen im Königlichen Nationaltheater zu Berlin in Gegenwart Friedrich Wilhelms II. aufgeführt wurde? Zwei Jahrhunderte nach dem Tode des Dichters wird man vergessen haben, daß seine Gedichte von namhaften Komponisten wie Joseph Haydn, Ludwig van Beethoven, Franz Liszt und Franz Schubert vertont wurden, wird man vergessen haben, daß er der Nation als Sprachschöpfer neben vielen anderen auch Worte wie »querfeldein, sattelfest« und »Lausejunge« schenkte.

Die zutiefst demütigende Scheidung von seiner dritten Frau, Schillers vernichtende anonyme Kritik des Jahres 1791, den Nachruhm konnte man dem Poeten dennoch nicht nehmen. Doch was ist das für ein Ruhm, wenn alle Welt die Geschichten des Barons von Münchhausen kennt, doch kaum einer den Autor? Selbst hier sollte sich jenes Unglückliche, Vertrackte, das immer wieder sein Leben überschattete, zeigen. Er, der Leichtsinnige, der Gutmütige, der von Fortunas Lotterieglück Abhängige, der stets mit Geldsorgen Behaftete war großzügig genug, seinen größten Publikumserfolg dem vermeintlichen Freund und Verleger Dieterich ohne Honorar zu überlassen.

Gottfried August Bürger ist ein echtes Kind des Sturm und Drang, jener Epoche zwischen Aufklärung und Klassik, in der die Vernunft wenig und das Herz, das Gefühl der komplizierten Kreatur Mensch alles war. Dem Volke nahe sein, fürs Volk dichten – ein schwieriges Unterfangen. In den Spinnstuben, in den Kammern der Mägde bis hin zum Gesellschaftsabend des aufkommenden Bildungsbürgertums hatte man ihn verstanden. Unvergessen blieb Bürger jenes Erlebnis, als er auf einer Reise über Land in einem Gasthof übernachtete und – als Dichter unerkannt – aus dem Nachbarzimmer einen Vortrag seiner *Lenore* hörte.

Was ist das für ein Dichter, der Ursprünglichkeit, Leidenschaft und Sinnlichkeit ergreifend in Lyrik umsetzt, der politisch-soziale Rechte mit Vehemenz einklagt, sich akribisch philologischen Problemen der Nachdichtung eines Homer und Vergil widmet, mit Übersetzungen aus dem Französischen, Englischen und Italienischen brilliert, dessen Poesie in kirchlichen Gesangbüchern seiner Zeit zu finden ist, der aber eben auch erotisch-obszöne Gedichte verfaßt, die selbst den an einiges gewöhnten heutigen Zeitgenossen noch schockieren können? So breit gefächert sein künstlerisches Wirken, so widersprüchlich sein Charakter: Sein Lebenspendel, es schlug mehr als einmal ins Extrem aus.

II. CONVOYER UFFN FALKENSTEIN

Längst vorbei sind die Tage, in denen es Brauch und Sitte war, von den Alten über Vergangenes, Versunkenes aus der Familiengeschichte zu hören, und so manchen heutigen Zeitgenossen wird man mit der Frage nach dem Geburtsort des Großvaters in Verlegenheit bringen. In viel stärkerem Maße waren Menschen in vergangener Zeit im Guten wie im Schlechten der Familientradition anheimgegeben. Anders als in der heutigen Schnellebigkeit bestimmte die Frage nach dem Woher geographisch wie sozial den Lebensweg, anders insofern, als die nicht gestellte Frage nach dem Woher heute oft das Wohin nicht ergibt. Zeitlebens sollte den Dichter der *Lenore* eben dieses Woher begleiten. Deutschland, zur Zeit seiner Geburt ein Flickenteppich von zahlreichen Kleinstaaten, konnte nur regional begrenzt und eingeschränkt Heimat sein. Das Ausland, das war eben nicht Frankreich oder England, sondern es begann oft, und dies gilt besonders für Gottfried August Bürgers Geburtsort, direkt hinter der Haustür. Sitten und Bräuche, Mundart, Natur und Landschaft prägten den Charakter der Menschen durch die begrenzte regionale Zugehörigkeit.

Ein goldener Herbsttag, einer von den wenigen Bilderbuchtagen, an denen alle Klischees stimmen. Die Selke plätschert lieblich durch das nach ihr benannte Tal im Ostharz. Sie ist nicht so bekannt wie die Bode, und doch ist es gerade ihre Anmut, die den Wanderer entzückt. Im klaren Wasser tummeln sich die Bachforellen und gaukeln ein Stück heile Natur vor. Laubbäume mit ihrem tausendfachen Farbenspiel bezaubern, und selbst überzeugte Stadtbewohner genießen hier die Abwesenheit jeglichen Verkehrs.

Burg Falkenstein, Stahlstich nach Ludwig Richter, um 1850

Der Wanderer hat den Weg von Meisdorf, das an der Eisenbahnstrecke Aschersleben-Quedlinburg liegt, genommen und entdeckt die Burg Falkenstein, den Ausgangspunkt von Bürgers Familiengeschichte. Auf einem Bergsporn, der sich beeindruckend in das Tal hineinschiebt, erhebt sich die einzige Bergfeste des Harzes, die ihr mittelalterliches Aussehen trotz aller Wechsel der Geschichte fast unverändert bewahrt hat, wie der Reiseliteratur zu entnehmen ist. Dabei wäre auch sie beinahe vom Schicksal nicht verschont geblieben.

Als 1762 die letzten Bewohner die Burg verließen, schien sie dem Untergang geweiht; schließlich sind es nicht nur die Kriege mit ihren zerstörerischen Folgen, oft ist es der stille, schleichende Verfall, der von Menschen Erschaffenes vernichtet. So nimmt es nicht wunder, wenn ein Harzreisender bereits 1798 von der »Ruine« Falkenstein berichtet, und noch im Jahre 1830 heißt es in einem Gedicht: »Halb zertrümmert, doch noch groß,/ Kühn noch im Zerfallen/ ...«. Man hatte sich in Meisdorf der Zeit entsprechend ein Schloß gebaut und bald nur noch wenige Räume der großen Burganlage für Jagdausflüge genutzt. Erst ein Sproß der Familie derer von der Asseburg, Besitzer des Falkensteins seit dem 15. Jahrhundert, war es, der in der ersten Hälfte des 19. Jahrhunderts die Burg mit großem Aufwand wieder in den Zustand brachte, den der Besucher heute vorfindet.

Im Dreißigjährigen Krieg stand der Falkenstein so fest und achtunggebietend, daß seine Einnahme häufig zum erklärten Ziel der gegnerischen Parteien wurde. In den langen Wirrnissen dieser dunklen Zeit war die Burg mehrfach besetzt; zahlreiche Urkunden geben davon ein beredtes Zeugnis.

Als der Krieg sein zerstörerisches Werk fast vollendet hatte, lebte im Jahre 1647 der Stammvater und Ururgroßvater Gottfried August Bürgers, Heinrich Bürger, als Convoyer auf der Burg. Die letzten Bewohner des benachbarten Dorfes Pansfelde, das infolge der Kriegswirren nahezu ausgestorben war, wurden zum Schutze der Burg aufgenommen und hießen Convoyers vom französischen Wort »convoi«, also Geleit. Nach dem Abzug der letzten schwedischen Truppen am 15. Februar 1643 war der Falkenstein gerettet. Zur Sicherheit nahm am 30. März des gleichen Jahres Busso von der Asseburg den »ehrenfesten und mannhaftigen« Wilhelm Quenstedt aus Halberstadt, einen ehemaligen Leutnant, auf ein Jahr in seine Dienste, um auf der Burg die Wache mit Soldaten zu versehen. Aufschlußreich ist dessen »Verteilung der Posten, wie sie uff allem Fall der noth mit den Soldaten neben den Hoffpurschen können besetzt werden«, zu lesen: »Auf dem Wagenschuppen. Der Gefreite. Der Wagner. 1 Soldat. 1 Convoyer. Auf dem Blockhause. 1 Musketier. 2 Bauern. 1 Convoyer. Auf dem Brachgange. Heinrich der Schütze. Der Kutscher. Der Kuhjunge. Der Hausknecht«. So mag man mit etwas Phantasie in Heinrich dem Schützen oder im Convoyer auf dem Wagenschuppen oder auf dem Blockhause Heinrich Bürger erkennen, von dem der Pfarrer bei der Geburt seiner Söhne im Kirchenbuch vermerkte: »Convoyer uffn Falkenstein«.

Anstrengend war der halbstündige Aufstieg vom Tal zur Burg, belohnt durch Blicke in die Geschichte des Mittelalters: Innenhof, Verließ, Prunkräume, die Ahnengalerie derer von der Asseburg und eine unvergleichliche Aussicht auf die Höhenzüge des Harzes ziehen die Aufmerksamkeit auf sich. Nach Aufstieg und Rundgang empfindet es der verwöhnte Besucher von heute angenehm, in eines der bereitstehenden Fuhrwerke zu steigen, um im gemächlichen Schritt der Haflinger zum Gartenhaus an der Straße nach Pansfelde zu fahren.

Nein, es hat nicht die Berühmtheit von Goethes Gartenhaus in Weimar, und doch stellt es seit Jahrhunderten eine willkommene Einkehr für den müden Wanderer dar. Von hier versorgte man die Burg mit Gemüse und Kräutern und vor allem mit Hopfen für das Brauhaus, daneben war es immer auch Wohn- und Wirtshaus zugleich. Seine Bedeutung sollte noch steigen, als nach dem Ausbau der Straßen und infolge der Harzwanderer der Verkehr zunahm.

Aber auch heute können 80 000 Besucher pro Jahr die Stille und Abgeschiedenheit nicht völlig verdrängen. Wenn sich am späten Nachmittag die Burg für den Besucher schließt, kehrt wieder die Beschaulichkeit vergangener Tage ein.

Doch noch einmal zurück zur Burg Falkenstein. Von den vielen geschichtlichen Ereignissen, verknüpft mit deutschen Königen und Kaisern bis hin zum Reichskanzler Otto von Bismarck, der, wie er einmal sagte, die Liebe zu seiner späteren Frau Johanna von Puttkamer hier entdeckte, verdienen zwei gleichsam poetische Begebenheiten Erwähnung:

Es war um das Jahr 1230, als der damalige Besitzer, Graf Hoyer, den Schöffen Eike von Repgow aus Repppichau bei Dessau veranlaßte, auf seiner Burg eines der berühmtesten deutschen Bücher, den *Sachsenspiegel*, zu verfassen und vom Lateinischen ins Deutsche zu übertragen. Mehr als 150 kunstvoll illustrierte Abschriften aus vergangener Zeit geben Kunde von der ungeheuren Wirkung dieses Buches. Für den deutschsprachigen Raum bis hin nach Polen und in die russischen Ostseeprovinzen wird das als Gesetzessammlung angelegte Werk für viele Jahrhunderte die Rechtsprechung prägen.

Auch der im Leben Gottfried August Bürgers eine bedeutende Rolle spielende Schöpfer des *Messias*, Friedrich Gottlieb Klopstock, dinierte als Freund des gebildeten und gewandten Diplomaten Achaz Ferdinand von der Asseburg in Meisdorf und nahm auf dem Falkenstein mit Freude an Jagdgesellschaften teil. Die nach ihm benannte »Klopstocksklippe«, Teil des 320 m hohen, dicht bewaldeten Eckartsbergs gegenüber der Burg, verweist auf seine Vorliebe für diesen Ort.

Die Burg Falkenstein mit der dazugehörigen Herrschaft und das nahegelegene Dorf Pansfelde bleiben lange Zeit die Heimat der Bürgers, die sich damals noch Berger nannten. Hier hat Heinrich Bürger von seinem Herrn ein Gut als Lehen erhalten.

Von seinen vier Söhnen soll nur Hans Bürger, Freibauer und Gerichtsschöffe in Pansfelde, erwähnt werden. Waren es die treuen Dienste als Beschützer der Burg, die es nicht nur in Kriegszeiten zu leisten galt? Denkbar scheint so die Entwicklung vom väterlichen Convoyer zum Freibauern zu sein. Auch Hans Bürgers Heirat mit Maria Beinroth, deren Familie über Jahrhunderte die

Bäckerei des Ortes in der Nähe des Pfarrhauses betrieb, deutet darauf hin.

So liegt hier in Pansfelde, wo vier Generationen der Familie Bürger geboren wurden, der Grundstein für deren weiteren sozialen Aufstieg. Noch bis weit ins 19.Jahrhundert hinein weisen Flurbezeichnungen wie »Bürgerbreite« oder »Bürgerhölzchen« auf ihr Wirken im Dorf und dessen Umgebung hin. Erst Johann Heinrich Bürger, Sohn des Freibauern und Großvater Gottfried August Bürgers, wird die heimatlichen Gefilde verlassen.

Bekanntlich halten sich Legenden lange, zumal wenn sie von Chronisten in zahlreichen Zeugnissen nicht in Frage gestellt, sondern immer wieder übernommen werden. So sind der Falkenstein und Pansfelde mehr als einmal Ausgangspunkt von Geschichten über den Dichter und sein Werk.

Generationen von Liebhabern der Poesie Bürgers wurden hier in Pansfelde die vermeintlichen literarischen Vorbilder der Ballade *Des Pfarrers Tochter von Taubenhain* vorgestellt. An den damaligen Burgherren von Falkenstein, August Friedrich, knüpft das Volk zu Unrecht die Sage, die Pfarrerstochter verführt zu haben. Gewiß mag sich Bürger, wenn er von seinem Geburtsort Molmerswende zum Amtsbruder seines Vaters nach Pansfelde zum Lateinunterricht ging, jener geheimnisvollen Stimmung von Tuscheln und verordneter Stille erinnert haben, als die Tochter des verstorbenen Pfarrers Kutzbach, von ihrem Oheim geschwängert, 1757 Mutter einer Tochter wurde. Erst 1758 nach dem Fortgang des Oheims, der 1754 die Pfarrstelle übernommen hatte, wurden Geburt und Vaterschaft von dessen Nachfolger diskret in das Kirchenbuch eingetragen. Unkenteich, Pfarrlaube und das vielzitierte Plätzchen, an dem kein Gras wächst und das von Tau und Regen nicht naß wird, findet man sicherlich landauf, landab. Auch endete Demoiselle Kutzbach nicht wie die Pfarrerstochter von Taubenhain als Kindesmörderin auf dem Rad, sondern zog ins benachbarte Aschersleben, wo sie 1786 unvermählt starb.

Convoyer uffn Falkenstein

Ob dagegen dem Dichter das Geschick der Kindesmörderin Marie Elisabeth Voigtländer aus Molmerswende, die 1779, nachdem an ihr das Hochgericht vollzogen und sie an der Schwarzen Eiche aufs Rad geflochten wurde, bekannt war, ist nicht mit Sicherheit zu sagen, doch ist es anzunehmen, da Bürger mit ihr Kindheit und frühe Jugend beim Spiel und in der Dorfschule verbrachte und die Verbindungen zu seinem Heimatort sicher nie ganz abgerissen sind. Ein Nachkomme des Convoyers, der Gastwirt Andreas Bürger aus Molmerswende, war mit der Familie Voigtländer verwandt, wahrscheinlich mit der Schwester Marie Elisabeths verheiratet. Auch hat Bürger später als Justizamtmann von Altengleichen gegen die Kindesmörderin Catharina Elisabeth Erdmann aus Benniehausen selbst einen Prozeß geführt.

Es bedurfte aber wohl keiner autobiographischen Bezüge, war doch ein sozialkritisches Thema wie der Kindesmord im späten 18. Jahrhundert von allgemeinem Interesse und insbesondere Gegenstand aufklärerischer Dichtung.

Seit Graf Burchard von Falkenstein 1311 vom Bischof von Halberstadt mit Pansfelde belehnt worden war und seine Bewohner hier eingepfarrt wurden, ist die Geschichte des Dorfes mit der des Falkensteins verknüpft. Zahlreiche Familienmitglieder derer von der Asseburg wurden in der Kirche des Dorfes begraben.

Der für den Mansfelder Raum so wichtige Bergbau hat auch in Pansfelde seine Spuren hinterlassen. Als man im Jahre 1829 an dem zur Gemeinde gehörenden Pfaffenberg Grabungen vornahm, fanden sich Stollen, Schächte und Bergwerksgerät. Ortsbezeichnungen wie Schmelzplatz und Schlackenlager weisen noch heute darauf hin, daß in dieser Gegend Bergbau betrieben wurde und vielleicht ein Hüttenwerk gestanden hatte.

Aber dies ist lange her. Von Bürgers Zeiten bis heute sind für den langgestreckten stattlichen Ort, der sich an bewaldete Hügel schmiegt und von mäßigen Anhöhen umgeben ist, Ackerbau, Viehzucht, Wald- und Forstwirtschaft bestimmend. Die Tanne auf Heideboden im alten Siegel des Dorfes deutet auf diese Tradition hin. Nachdem um 1850 der Kantor Lickefett auf dem Schulacker Anbauversuche mit Arzneipflanzen, besonders mit Baldrian, erfolgreich durchgeführt hatte, prägte diese Pflanze für Jahrzehnte den Ort, denn der Gewinn war hierbei höher als bei Getreide und Kartoffeln.

Pfarrhaus in Pansfelde, Photo Schrader 1994

Das Pfarrhaus in Pansfelde hat sich bereitwillig dem unverhofften Besucher geöffnet. Es hat die Zeit überdauert und stellt sich heute wie zu Zeiten der Familie Bürger dar. Hier also hatte der Dichter mit den Kindern des Pfarrers Kutzbach Lateinunterricht erhalten, hier also war auch die Pfarrersfamilie aus Molmerswende oft zu Gast.

Im alten Kirchenbuch verweist Pfarrer Nitz auf den Geburtseintrag des Vaters, Johann Gottfried Bürgers, aus dem Jahre 1706.

Damals bewirtschaftete der Großvater noch sein Gut in Pansfelde, doch seine Tage hier waren gezählt. Aus der Herrschaft Falkenstein, die im Laufe der Geschichte als Teil des Bistums Halberstadt an das Kurfürstentum Brandenburg gefallen war, zog er, nachdem er noch ein Jahrzehnt lang Pächter des Vorwerks in Molmerswende gewesen war, in das nur wenige Kilometer entfernt liegende Fürstentum Anhalt und wird dort von 1722 bis 1733 fürstlicher Pächter des Wilhelmshofes.

Vom Gartenhaus geht es auf der zu Beginn des 19. Jahrhunderts erbauten, heute für den Verkehr gesperrten Friederikenstraße in Richtung Harzgerode. Beim alten Chausseehaus, in der Einsamkeit des Waldes, stößt man auf alte Grenzsteine. Anhaltinischer Bär und preußischer Adler markieren den von der Familie Bürger vollzogenen Landeswechsel. In der jetzigen Försterei, dem ehemaligen Jagdhof des Fürsten von Anhalt, nur wenige Kilometer vom Falkenstein entfernt, kündet eine eingemauerte Relieftafel aus dem Jahre 1687 von vergangenen Besitzverhältnissen.

Ein Blick auf die Karte zeigt die einsame Lage des Jagdhofes. Den Bau der Friederikenstraße haben diese Bürgers nicht mehr erlebt, wie überhaupt der Harz zu ihrer Zeit noch ein wildes, rauhes, unwegsames Gebirge war. Wenn auch der letzte Bär schon 1705 geschossen wurde und sich nur noch als Namensstamm in Ortsbezeichnungen findet, so war doch die Wolfsplage noch allgegenwärtig. Erst das Ende des 18. Jahrhunderts ließ auch diese Tiergattung aus dem Harz verschwinden.

Hofmeister, Jagdaufseher – inzwischen hatte man auch das Bürgerrecht der Stadt Harzgerode erworben und änderte daher am 9.9.1725 seinen Namen Berger in Bürger um.

Wichtiger als dies waren das persönliche Kennenlernen und die Wertschätzung des Fürsten von Anhalt. So scheint es naheliegend, daß dieser Johann Heinrich Bürger im April 1731 die Pacht des Schlosses Neuhaus mit der Frönersiedlung Paßbruch übertrug, die er beide 11 Jahre später für die damals horrende Summe von 18 500 Talern vom Fürsten gemeinsam mit zweien seiner Söhne erwarb und sich nun Erb- und Rittersasse nannte.

Ohne Zweifel schloß sich mit seinem Tode 1761 ein erfolgreicher Lebenskreis. Hatte man nicht das Unmögliche wahrgemacht,

Schloß Neuhaus, Zeichnung Stephan Rosenthal 1993

hatte feudale Rechte erringen können und es damit zu Ansehen und Wohlstand gebracht? Es hätte sicherlich den Convoyer, den einfachen Beschützer der Burg, mit besonderem Stolz erfüllt zu wissen, daß der Vorbesitzer und Erbauer des Schlosses Neuhaus, Generalfeldmarschall Ernst Albrecht von Eberstein, einer der großen Söldnerführer des Dreißigjährigen Krieges war. Über der Toreinfahrt befindet sich noch heute ein Stein mit dem Ebersteinschen Wappen und der Inschrift: »Ernst Albrecht von Eberstein. Ritter. Generalfeldmarschall. Ottilia Elisabeth von Eberstein geborene von Didtvort. Erbaut Anno 1666«.

Eine Chronik aus dem Jahre 1925 berichtet über dieses Anwesen unter dem Titel *Vergessene Siedlungen*: »Im westlichen Teil des Mansfelder Gebirgskreises, nicht weit von der Vereinigung der Alten Wipper mit der Bösel und dem Rothaer Bache liegen auf einer Hochebene zwei alte Siedlungen, die jetzt fast nicht mehr gekannt und besucht werden und doch in der Vergangenheit einmal eine gewisse Rolle gespielt haben. Es sind die Ortschaft Paßbruch und das Schloß Neuhaus. Jene besteht aus etwa einem Dutzend kleiner Anwesen, die an einem Hange in einer Reihe nebeneinanderliegen und weithin sichtbar sind. Neuhaus, einen Kilometer davon entfernt, besteht nur aus einem umfangreichen Gehöft mit einem schloßartig gebauten Herrenhause, das bei dem Hausberge an den sich bis an die Wipper hinabziehenden Wald grenzt«.

Nach mehr als sieben Jahrzehnten kann der Besucher über diese geographischen Angaben hinaus – weitere Orientierungshilfe mag der Hinweis auf die Ortschaften Dankerode und Sangerhausen geben – Einsamkeit und Abgeschiedenheit noch immer bestätigen. Vom Dorfe Rotha kommend, findet er auf dem »Weißen Stein« zwischen den Gemeinden Paßbruch und Wolfsberg, wo die Straße nach Breitenbach abzweigt, den kurzen Hinweis: »Neuhaus 1 Kilometer. Burg Eberstein«.

Von einer skurrilen Entdeckung auf Schloß Neuhaus aus dem Jahre 1992, die wohl einmalig in der Geschichte der DDR ist und zum Erstaunen Anlaß gibt, will er berichten:

Es war im Jahre 1945, die Nationalsozialisten hatten gerade ihre Existenz per Krieg und Gewaltherrschaft von tausend auf zwölf Jahre verkürzt, als in dem enteigneten Schloß vom Krieg vertriebene Familien Schutz und Platz fanden. Etwa 35 Personen

- Seeleben
- Brunsdorp
- Schadeleben
- Winningen
- Sch. Bischofstein
- Haselndorp olmon
- O. Ben. absorpt. 1455
- Der München Sumpf
- Hergisdorp
- Gatersleben
- Nachterstadt
- Wilsleben
- Blaue Warte
- Stasfurter Warte
- Frosa
- Zornitz
- Zapitz
- Henstädtische Warte
- die Selcke
- Hohenstedt
- Vallersleben
- Giersleben
- HOLM
- Marcusberg
- lege Weise Warte
- Krug Hohendorp
- Reinstädt
- ASCHERSLEBEN
- Krops
- Badeborn
- Daldorp
- Gr. Schierstäd
- Lorenzkirche
- R. Iadesleben
- Krähenm
- Alte Burg
- Magdeburg
- menstädtische Schenke
- Strohm
- Westdorf
- Ascanien
- Salzwerk
- Sinsleben
- Malzm
- Meringen
- Krume Getel
- ERMSLEBEN
- Arenstädtische Warte
- Trondorf
- Opperode
- Neu Plattendorf
- Endorf
- Welpsleben
- Bansenm
- Schwalben
- Meisdorf
- Conradsburg
- Quenstädt
- Arnstädt
- Wieserode
- Harkerode
- Arenstein
- Illzigerode
- Sildau
- Gartenhaus
- Wienrode
- Altenrode
- Falkenstein
- Schwarze Eiche
- Leine f.
- die Eine
- V. Witterode
- Walbeck
- HETSTADT
- Brunrode
- Pansfelde
- Ritterode
- Schmelzhütte
- Stangerode
- Rothe Röckchen
- Molmerswende
- Volkmanrode
- Steinbrucken
- Dilkerode
- Gr. Orner
- Abbenrode
- Cluse Zoll
- Busenrode
- Gräfenstuhl
- Watterode
- Neue Schloss
- Ritzerode
- A. Ramelburg
- Wipper f.
- MANNSFELD
- Brunswende
- Hermerode
- Schloss
- Biscaborn
- Neu Aseburg
- WIPPRA
- Helbra
- Heide
- MANNSFELD
- Anrode
- Hergisdorf
- Polsfeld
- Neustadt

bekamen Wohnraum und nach vollzogener Bodenreform auch Land zum Bewirtschaften. Die Geschichte des übereigneten Bodens endete, wie man weiß, in verordneter Zwangskollektivierung. Schloß Neuhaus sah den einen oder anderen Nachkriegsbewohner sterben, wegziehen, in den Westen flüchten oder sich in der Umgebung in Haus und Hof einheiraten, und so tritt dem Neugierigen mit stark gekrümmtem Rücken nach dem obligatorischen: >Hallo, ist da jemand?< die 79jährige Frieda Raschke, vormals aus dem Posener Land, mißtrauisch als alleinige Besitzerin und Schloßherrin von Neuhaus entgegen.

Das Schloß ist schon lange keines mehr, in dem es sich angenehm leben läßt, und wenn auch an der Eingangspforte die emaillierte Denkmalschutzplakette unübersehbar ist, so hat Denkmalspflege hier nie stattgefunden. Sicherlich haben all die Weggegangenen gern das halbverfallene Schloß gegen Eigenheim oder Neubauwohnung eingetauscht.

Die alte Bäuerin hat sich in wenigen Räumen des noch heute großen Gebäudekomplexes eingerichtet, und der liebevoll gepflegte Blumengarten sollte nach ihrem Empfinden mehr Aufmerksamkeit auf sich ziehen als Fragen nach dem Rittersaal und anderen historischen Räumlichkeiten.

So soll an ihrer Stelle der Heimatforscher Alfred Hosang mit seiner Beschreibung zu Wort kommen: »Der rechteckige Burghof wird durch eine Toreinfahrt von Osten betreten. Er ist eng und verjüngt sich nach Westen. Über den Stallungen und Remisen befindet sich ein nur noch zum Teil erhaltener rings um den Hof führender Korridor im ersten Stockwerk. Das im Osten den Hof abschließende Wohngebäude, durch das die Toreinfahrt führt, weist im Obergeschoß ein schlichtes Fachwerk mit 21 Ständern und 20 Fächern auf. Unter den Fenstern befindet sich jeweils ein Holzkreuz in der Form des Andreaskreuzes. Die Fächer sind mit Lehm geschlossen. Auch die Wohnzimmer sind denkbar einfach gehalten, ihre Fenster sehen nach Osten. Der sogenannte Ritter- oder Gerichtssaal befindet sich im Westbau, dessen südwestliche Ecke abgerundet ist und darauf hindeutet, daß sich hier eventuell mal ein Turm befunden haben könnte. Das äußere Mauerwerk dieses Baus ist eine dicke Bruchsteinwand und deutet auf ein höheres Alter hin«.

Auf den Überresten des Walls umrundet der Besucher die Burg, und als sein Weg im Garten endet, werden ihm bereitwillig die außerhalb der Burg vorhandenen Spuren ihrer langen Existenz gezeigt: Wallgraben und Schanzen künden davon, daß der Erbauer Ernst Albrecht von Eberstein mehr Kriegs- denn Schloßherr war. Sein Tod am 9. Juli 1676 läßt nach Aussage der Urkunden erahnen, daß es nach einem würdevollen Leben zu alten Zeiten ein anderes Sterben gab. Nach Jahren, in denen er von kurzem Atem geplagt war, legt er, als er mit 71 Jahren sein Ende herannahen fühlt, seine Rüstung an, setzt sich auf sein Feldbett, singt mehrere Sterbelieder, darunter auch »Christus ist mein Leben und Sterben mein Gewinn«, und geht von dieser Welt.

Die von Ebersteins blieben noch bis ins 18. Jahrhundert Herren von Neuhaus und Paßbruch. Erst als der damalige Berghauptmann in Harzgerode, Anton Gottlob von Eberstein, am 9. Mai 1729 das freie Lehngut zusammen mit Paßbruch an seinen Lehnsherren, den regierenden Fürsten Viktor Friedrich zu Anhalt-Bernburg, verkaufte, ging die lange Ära dieser Familie zu Ende. Für die nächsten hundert Jahre sollte nun die Familie Bürger die Geschicke des Anwesens bestimmen.

Leicht kann man sich Freude und Erstaunen Gottfried Augusts vorstellen, wenn er aus der Einfachheit des Pfarrhauses von Molmerswende zu Besuch bei Großvater und Familie auf Neuhaus weilte. Es wird die gleiche Neugierde des heutigen Wanderers gewesen sein, die den Knaben veranlaßte, nach allerlei Merkwürdigkeiten in den alten Herrschaftsräumen und der Umgebung zu stöbern.

Weiter führt der Weg in das nahegelegene Dorf Rotha. Was Pansfelde und den Falkenstein verband, galt gleichermaßen für Rotha und Neuhaus. In die Kirche von Rotha ging man zum

Gottesdienst, hier wurde man konfirmiert und begraben. Im Jahre 1698 hatte man »auf Beförderung« derer von Eberstein die alte baufällige Kirche abgerissen und von Grund auf einschließlich Turm neu errichtet. Aus diesem Anlaß baute man für die Herren von Neuhaus unter der Sakristei eine Gruft, die zu damaliger Zeit noch von außen durch einen Gang begehbar war. Im Kirchenschiff selbst schuf man einen abgetrennten Bereich mit einem gesonderten Zugang. Standesgemäß wollte man am Gottesdienst teilnehmen und auch begraben werden; so auch Johann Heinrich Bürger, Herr auf Neuhaus, als er am 8.Mai 1761 starb. Neben den Sarkophagen Christian Ludwig von Ebersteins und seiner Gemahlin Eleonore Sophie sowie seiner 1751 verstorbenen Ehefrau Maria Elisabeth fand er in angemessener Form seine letzte Ruhe.

Doch der bürgerlichen Familie wollten die Rothaer diese Rechte nicht so einfach zugestehen. Die Mehrzahl von ihnen hatte die Veränderungen, die inzwischen vor sich gegangen waren, nicht akzeptiert und huldigte noch immer dem Grundsatz ›Geburt vor Verdienst‹. Der Eintrag ins Rothaer Kirchenbuch verdeutlicht dies: »Den 8.Mai ist Herr Johann Heinrich Bürger, Erbbesitzer von Neuhaus und Paßbruch, mit Concession des rev. Consistorii des Nachts in der Stille ohne Ceremonien, Gesang und Klang in der Kirche beigesetzt und begraben worden, davor ist 15 Taler der Kirche bezahlet, seines Alters 81 Jahre sincerus vir. Die Söhne wollten geläutet und gesungen haben, es war aber kein Befehl dazu ...«.

Nun lag er also neben denen von Eberstein. Ruhe sollte er dennoch nicht finden: »Im Jahre 1834 war ich in der Kirche zu Rotha, als die Konfirmanden vor dem Altar einbrachen; glücklicherweise nahm kein Kind Schaden, da das darunter befindliche Erbbegräbnis nicht gewölbt, sondern nur mit Holz bedeckt und dann mit Estrich übergossen war (nur ein Kind behielt infolge des Schreckens lebenslang blasse Lippen). Die Konfirmation wurde ausgesetzt, Lichter angezündet und mit dem Pastor und Ortsvorsteher stieg ich hinab, fand drei kupferne Särge und einen von Holz der durch den Deckeneinsturz zerbrochen war. Ich ließ die Kirche absperren, schrieb einigen Maurermeistern und beauftragte den Schulzen Einecke mit Zustimmung des Kirchenvorstandes, das Begräbnis mit Steinen zumauern zu lassen. Es geschah auf Kosten der Kirche. Nach einiger Zeit erfahre ich, daß in Harzgerode altes Kupfer verkauft sei an einen Juden; mein Verdacht wuchs, ich ging mit Arbeitern nach der Kirche, ließ auf meine Kosten und Gefahr die Gewölbe aufreißen und was fanden wir? Keinen Sarg mehr, nur ein Häufchen Knochen und Kupferhammerschlag. Ich machte Anzeige bei Gericht, die Untersuchung ergab leider nicht den nöthigen Anhalt, um gegen die in Verdacht Stehenden einschreiten zu können. Zur selbigen Zeit wurde auch im Schlosse Mansfeld das Grabgewölbe beraubt«.

Ohne den Leser mit zu vielen familiengeschichtlichen Details zu überhäufen, sollen noch zwei Ereignisse erwähnt werden, die ebenfalls zur Charakterisierung der Familie Bürger beitragen. Es kann das Bild vom erfolgreichen Johann Heinrich Bürger nicht schmälern, davon zu berichten, daß er im Juli 1753 mit der Bezahlung der letzten 1500 Taler des Kaufgeldes für Neuhaus und Paßbruch in Verzug geriet und Johann Gottlieb Bürger, der Onkel des Dichters, in Schuldhaft nach Harzgerode kam. Als am 7. September 1753 die Schuld eingelöst werden konnte und unter anderem auch 17 Taler Unkosten für die Wache der Bürgerwehr entrichtet waren, wird man sich voller Stolz als Besitzer von Neuhaus und Paßbruch gefühlt haben.

»Acta contra Johann Gottlieb Bürgern ... in puncto restirender Guthskauffgelder« heißt der Vorgang, der noch heute in den Archiven lagert. Hier findet man neben vielen Bemühungen der Familienmitglieder um Befreiung des Inhaftierten auch einen eigenhändigen Brief von Bürgers Vater an den Justizrat Johann Gottfried Päszler in Harzgerode vom 6. September 1753. Wenn man auch im Juli der erwähnten Restzahlung nicht nachkommen konnte, so ist es doch bezeichnend, daß man sich der Hilfe für das in Not geratene Dorf Rotha nicht verschloß, denn im Frühjahr gleichen Jahres spendete man dem im Oktober 1752 durch eine verheerende Feuersbrunst heimgesuchten Ort die gesamte Frühjahrsaussaat. Auch die erst 1700 fertiggestellte Kirche war ein Opfer der Flammen geworden.

Lange blieben die Bürgers auf Neuhaus. Noch im Jahre 1846 lebte der preußische Offizier Tolky mit der letzten Trägerin des Namens Bürger auf dem Schloß. Bis in heutige Tage können über Molmerswende, Pansfelde und den gesamten Harzraum hinaus Spuren dieser Familie verfolgt werden.

Bevor Gottfried August Bürgers Lebenslauf nachgegangen wird, sei noch darauf hingewiesen, daß Wilhelm Friedrich Bürger, bei dessen Vater nach dem Tode des Dichters sein jüngster Sohn Agathon aufwuchs, der Erfinder und Begründer der deutschen Schaumweinherstellung ist. Es mag der eine oder andere beim Genusse eines Glases Sekt, verbunden vielleicht mit der Lektüre der Lügengeschichten des Barons von Münchhausen, dieses weithin unbekannten Zusammenhangs in der Familiengeschichte der Bürgers gedenken.

Der Dichter mochte sich seiner durchaus nicht unrühmlichen Herkunft nur ungern erinnern. Ja, es ist sogar anzunehmen, daß er den Erb- und Rittersassen als Vorfahren bewußt ablehnte. In einem Sonett aus dem Jahre 1789 unterstreicht er dies mit den Worten: »Nicht zu Fürsten hat mich das Geschick,/ Nicht zum Grafen, noch zum Herrn geboren«. Der Convoyer mag da anders gedacht haben, denn für ihn war jegliche soziale Verbesserung gleichbedeutend mit dem Abschied von Hunger und Not. Seinen Nachkommen wollte er dieses Schicksal nicht mit auf den Weg geben.

III. ICH RÜHME MIR MEIN DÖRFCHEN HIER ...

»...Denn schön're Auen, /Als rings umher ...«. Es verwundert nicht, daß man mit dem 1771 entstandenen Gedicht *Das Dörfchen* allzugern ›so treffend und wahr‹ auf Gottfried August Bürgers Geburtsort Molmerswende verweist. Der Dichter selbst trägt keine Schuld an dieser oftmals wiederholten und immer wieder zitierten geographischen Zuordnung, beteuerte er doch 1778 in der Vorrede zur ersten Ausgabe seiner Gedichte, daß es nicht ganz sein eigen sei. Doch entsprach die freie Übersetzung von Pierre Joseph Bernards *Hameau* genau dem Geschmack der Zeit. Nicht zuletzt der Begeisterung Johann Wilhelm Ludwig Gleims ist dies zu entnehmen: »Nur noch dreie solcher Gedichte, so wollt' ich sauber sie drucken lassen, sie dem König, der die Bernards, Gressets und die Bernis so gern liest, zu lesen geben, und, wenn er dann meinen Bürger nicht Ihnen vorzöge, nicht zu den deutschen Musen bekehret würde, so wollt' ich, den deutschen König für die deutschen Musen einzunehmen, in meinem Leben nicht wieder versuchen«.

Molmerswende konnte dieser dörflichen Idylle nicht entsprechen, es schien hierfür denkbar ungeeignet. Aber welches reale Dörfchen kann das schon? Es war in Mode gekommen, das Landleben zu idealisieren. Dennoch sind biographische Bezüge vorhanden, wenn auch nicht so vordergründig. Auf eine feinere, dem Dichter wahrscheinlich unbewußte Art mögen seine Kindheits-

Pfarrhaus und Kirche in Molmerswende, Photo 1987

erinnerungen an Dorf und Natur in das stimmungsvolle Gedicht eingeflossen sein.

Meisdorf, Pansfelde, Molmerswende: Wie ein Schlauch ragte die dem preußischen Staat zugehörige Herrschaft Falkenstein in das Fürstentum Anhalt hinein. Im Süden jedoch, und dies verdeutlicht die komplizierte Grenzsituation um den Ort, befanden sich nur wenige hundert Meter entfernt direkt hinter dem väterlichen Pfarrhaus die sächsischen Enklaven Steinbrücken und Abberode. Das nur drei Kilometer westlich gelegene Schielo hingegen war schon wieder dem Fürstentum Anhalt zugehörig. Seinen Widerhall findet diese Grenzsituation in vielen Gerichtsakten aus der damaligen Zeit, in denen Bürgers Geburtsort ein berühmtes Schmugglerdörfchen genannt wird.

Die Maßnahmen Friedrichs des Großen, Preußen durch Zollschranken von der Einfuhr bestimmter Produkte unabhängig zu machen und im Lande hergestellte Erzeugnisse zu schützen, verschärften das Preisgefälle für Waren wie Tabak und Zucker zu den umliegenden Staaten, so daß die Attraktivität der illegalen Einfuhr erheblich zunahm. Doch Schmuggel, das war nur der eine, der graue Bereich. Molmerswende war ein armes Dorf, und die in der Flur liegenden Äcker hatten zu großen Teilen karge Böden. So konnte man nicht allein von der Landwirtschaft leben und verlegte sich von altersher zusätzlich auf die Kunst der Korbflechterei.

Über Jahrhunderte hinweg war der Ort völlig abgeschieden. »In meinem Wahlbezirke ist der Dichter Gottfried Bürger geboren. Wenn er heute in seine Heimat zurückkäme, er würde nicht die mindeste Verkehrsveränderung seit dem 18. Jahrhundert vorfinden«, konnte Otto Arendt noch 1902 vor dem Preußischen Abgeordnetenhaus berichten. Der Reisende der achtziger Jahre suchte auf aktuellen Karten vergeblich den Ort – man hatte ihn einfach vergessen.

Ein Phänomen, das häufig den Tagestourismus bestimmt, fällt auch hier auf: Man hat das Interessante gesehen, hat sich an Selketal und Falkenstein erfreut, warum sollte man das nur zwei

Stunden Fußweg entfernte, auf einer kahlen Hochfläche abseits der üblichen Wandertouren gelegene, 500 Seelen-Dorf aufsuchen?

Bürger-Festspiele 1928 in Molmerswende

Zu bestimmten Anlässen jedoch, wenn sich Geburts- oder Todestag des Dichters jährten und man sich des längst Vergessenen erinnerte, waren es nicht die nur wenige Kilometer entfernten Sehenswürdigkeiten, vielmehr zog der Geburtsort Gottfried August Bürgers Reisende von fern und nah an: Eine Gedenktafel am Geburtshaus 1894, die Errichtung eines Denkmals 1903, Gedenkreden und Feiern 1928, ein postalischer Sonderstempel 1947 zum 200. Geburtstag sind nur einige Etappen öffentlichen Gedenkens. Besonders seit den siebziger Jahren unseres Jahrhunderts wurden zahlreiche Festspiele zu seinen Ehren veranstaltet. Historische Festumzüge, Konzerte, Vorträge und Theaterstücke, die sich mit dem Leben des Dichters beschäftigten, es aber oft mit der historischen Wahrheit nicht so genau nahmen, trugen zur Programmgestaltung bei. Der sogenannte Klassenstandpunkt war wichtiger als die Person des Dichters und ihre zutiefst menschlichen Widersprüche. Die Einrichtung eines Bürgermuseums im teilweise restaurierten Pfarr- und Geburtshaus lockt seit seiner Eröffnung im Jahre 1969 zunehmend Besucher nach Molmerswende.

Am 8. Dezember 1706, die Familie Bürger bewirtschaftete noch ihr Gut in Pansfelde, wird »um die Wintersonnenwende« Johann Gottfried Bürger, der Vater des Dichters, geboren. Daß er als Erstgeborener nicht Erb- und Rittersasse von Neuhaus und Paßbruch wurde, wie es nahegelegen hätte, läßt die eine oder andere Frage aufkommen. War es eine Bevorzugung, eine Auszeichnung, daß man ihn, den ersten Sproß, aufs Gymnasium nach Quedlinburg schickte und ihm das Studium finanzierte, er sozusagen stellvertretend für die anderen Familienmitglieder die akademische Laufbahn einschlagen durfte? Viel spricht nicht dafür.

So vertauschten die Eltern seine juristischen Studien in Jena zugunsten der theologischen und gestatteten ihm erst einige Jahre später, diese von 1730 bis 1731 in Halle fortzusetzen. Aber auch von hier wurde er nach zwei Jahren zurückgerufen und war dann als Privatlehrer im Hause eines Stolberg-Roßlaischen Vorstehers tätig. Eigene Lebensplanung war insofern nicht möglich, als er sich allzuoft den Interessen der gesamten Familie unterordnen mußte.

Von Zeitzeugen wird Johann Gottfried Bürger als gutherziger, eher behäbiger Mann geschildert. Waren es diese vielleicht schon früh erkennbaren Charakterzüge, die seine Familie veranlaßten, ihn dem eher beschaulichen und abgesicherten Berufsstand des Pfarrers zuzuführen? Schwer war wohl für die Familie vorstellbar, wie er Schloß und Gut Neuhaus, einbezogen auch das Frönerdorf Paßbruch samt vielleicht hundertköpfigem Personal, mit Durchsetzungsvermögen, Phantasie und kaufmännischem Geschick führen sollte.

Zwischen den Zeilen seiner Bewerbung um die Pfarrstelle in Molmerswende kann man eine gewisse Wehmut erkennen, wie sie zu allen Zeiten die Menschen angesichts des eigenen Schicksals und der Frage, was wäre wenn, beschlichen hat: »Dieses habe ich aber, da meine Eltern dem widersprachen, mit dem Theologiestudium vertauscht …bin ich auf Befehl der Meinen, um die Kollegs zu repetieren, in die Heimat zurückgekehrt …bin ich doch gegen meinen Willen nach einer Zeit von etwa zwei Jahren auf Wunsch der Eltern gezwungen gewesen, Halle zu verlassen und der Universität Valet zu sagen … bin ich doch auf Drängen der Eltern die übrige Zeit bis heute in deren Wohnung geblieben«.

Die Familie mag mit ihrer Einschätzung recht gehabt haben, wenn auch die Zeilen an der einen oder anderen Stelle signalisieren: Ich hätte doch ganz anders, wenn es die Meinigen nicht gewollt!

Daß er nun, obwohl er kein abgeschlossenes Studium nachweisen konnte, diese Pfarrstelle anstrebte und bekam, ist vor allem der Reputation der Familie Bürger in der Herrschaft Falkenstein zu verdanken. Gemeinde und Patronatsherren setzten sich, letztere sogar in einem Schreiben an den preußischen König Friedrich Wilhelm I. vom 9. März 1740, für Bürgers Vater ein, und mancher inzwischen zu Ansehen gekommene Nachfahre des Convoyers mag ihn protegiert haben. Die Anstellung bedeutete auch Heimkehr, waren doch die Jahre der Kindheit in Molmerswende noch nicht vergessen.

Doch war die Meinung nicht einhellig. Der zuständige Superintendent Gottlieb August Weißbeck aus Halberstadt teilte die Zustimmung nicht. In seiner Beurteilung vom 8. August 1740 über die absolvierte Prüfung des Bewerbers merkte er kritisch an: »Da nun meine Pflicht erfordert, daß traulich zu berichten was ich wahrnehme; so muß ich melden, daß er weder in Sprache noch in der Theologie sonderlich beschlagen sey; noch auch ungradigen sowohl was die Sachen, als den modum proponendi ... betrift, sich hervorthun ...«. Daß diese Sätze stellvertretend für die Gesamtbeurteilung stehen, ist auch dem vielsagenden Schlußsatz zu entnehmen: »Und weil die Pfarre zu Molmerswende eine der schlechtesten im Lande ist, dieselbe fast 1/4theil über das halbe Gnaden Jahr unbesetzt geblieben, die Hoch Adligen Herren Patroni auch auf diesem Bürger bestehen möchten, so könnte er endlich meines wenigen Ermessens, unter der Bedingung dazu gelangen, daß er noch fleißig studieren und im Predigen sich besser angreiffen solle«. Nach vielem hin und her, nach Bittschriften und Aktenkrieg übernimmt Johann Gottfried Bürger 1741 endlich die Pfarrstelle.

Mit der Mutter des Dichters, der im Jahre 1718 geborenen Gertraud Elisabeth Bauer aus Aschersleben, sind die Biographen recht unsanft umgegangen. Wahrscheinlich haben die Dorfbewohner mit dem Abstand der Jahre ihr Bild überzeichnet. Die Tatsache, daß sie aus der Stadt kam und mit ihrer Sprache, ihren Sitten und Gebräuchen nicht vertraut war, mag manches Vorurteil und manche Halbwahrheit erklären. Doch auch eine abwägende Beurteilung kommt nicht umhin, das eine oder andere Unvorteilhafte zu übernehmen.

Gegensätze, weiß der Volksmund, ziehen sich bekanntlich an. So verwundert es nicht, wenn die Mutter des Dichters eine wahrhaft unterschiedliche Natur zum Vater zeigt. Jähzorn, Neid und Boshaftigkeit werden ihr nachgesagt: »Die Hölle sei mit Pfaffenköpfen gepflastert; nur eine Stelle sei noch leer und da werde der Kopf ihres Mannes hinkommen«. Ein Satz, der in der Erinnerung der Bewohner von Molmerswende fortlebte. Es ist nicht mehr möglich zu überprüfen, ob sie tatsächlich Kirchenakten zum Feueranzünden verwendet hat, und doch ist augenfällig, daß diese Anekdote mit dem Eintrag über fehlende Kirchenakten bei Übernahme der Pfarre durch den Nachfolger des Vaters übereinstimmt.

Gertrud Elisabeth Bürger geb. Bauer (1718-1775)

Der Sohn fand neben kritischen auch anerkennende Worte für seine Mutter. Dr. Althof hielt sie fest: »Bürger meinte, seine Mutter würde, bei gehöriger Cultur, die Berühmteste ihres Geschlechts geworden seyn; ob er gleich mehrmahls eine starke Missbilligung verschiedener Züge ihres moralischen Charakters äusserte«. Spürbar wird die Unterschiedlichkeit der Eltern in der Aussage des Dichters, er glaube, »von seiner Mutter einige Anlagen des Geistes, von seinem Vater aber eine große Übereinstimmung mit dessen moralischem Charakter geerbt zu haben«.

Es war eine reiche Einheirat, als der Vater die einzige Tochter des Brauherrn, Weißbäckers und Hofesherren Jakob Philipp Bauer nach Molmerswende heimführte. Aber auch Gertraud Elisabeth mag sich von der Familie Bürger beeindruckt gefühlt haben. Besonders trug wohl der Schloßherr auf Neuhaus dazu bei. Erst später wird sie sich der banalen Tatsache bewußt geworden sein: Sie hatte nicht die angesehene Familie, sondern den, wenn auch gütigen und charakterlich integren, aber wenig interessanten Sproß aus eben dieser geheiratet.

Zeitlebens fand sich die Mutter mit dem Umzug von Aschersleben nach Molmerswende nicht ab. Besonders der verlassene Flecken wird den Unmut der ehemaligen Stadtbewohnerin hervorgerufen haben. Wiederholt lief sie ihrem Mann davon, der stets gutmütig und geduldig genug war, sie zurückzuholen. Aber nicht nur die Enge des Dorfes erbitterte sie, auch die schmalen Pfründe von 160 Talern im Jahr, die die Pfarrstelle abwarf, mißfielen ihr. 160 Taler waren nicht etwa ein Jahresgehalt in barem Gelde, sondern es war der Ertrag, der zum größten Teil aus den zur Pfarre gehörenden landwirtschaftlichen Flächen erwuchs und sich zum geringeren Teil aus Gebühren von Amtshandlungen wie Taufen, Trauungen und Beerdigungen ergab.

Molmerswende war eine der ärmsten Pfarren im Lande, aber auch eine besser bestellte brachte es zu nicht viel mehr als 300 Talern im Jahr. An dieser Stelle sei an den Kaufpreis für Neuhaus und Paßbruch erinnert, um sich noch einmal den immensen Betrag von 18 500 Talern zu vergegenwärtigen.

Dem aufmerksamen Beobachter fällt beim Besuch der Bürger-Gedenkstätten in Molmerswende eine Ungereimtheit auf, die sich

1748 sind ehelige und unehelige Kinder geb.

17.
Gottfried Aug. Bürger

den 31ten Dec: ist dem hiesigen H.Past.
Bürgern ein junger Sohn geb. und
von H. Pastor Krumharen den
4 ten Jan.1748 getaufft. Tauff=
zeugen sind gewesen.
1. H. Samuel Joachim Kutzbach
Pastor zu Panßfelde.
2. H. Joh. Heinrich Bürger
Erb und Rittersaßens zu Neuh.
und Paßbruch.
3. H. Peter Salomon Krumhaar
Pastor zu Meistorff Frau
Eheliebste
4. Fr. Rosina Magdalena Bauerin,
H. Jac. Philip Bauers Hoffes H.
bey den Hospital zu St Elisabeth
in Ascherleben.

[imTaufregister neue Seite]

5. Fr. Sophia Friderica
Franckin H. Joh.
Jac. Franckens Pächters
des hiesigen Vorwergs
Fr. Eheliebste, des
Kindes Nahme ist Gottfr. Aug.

1748 sind Kinder geboren

Den 31ten Dec: ist Ihro Hochgräfl. Excell.
Bürger Bürgern ein junger Sohn gebohr
und Ihro Excell. Pastor Bräm Geweßen, ist d.
4ten Jan. 1748 getaufft. Der Tauff-
Zeugen sind gewesen.

1. Hr. Samuel Joachim Kutzbach
   Pastor zu Cruxu Osvalde

2. Hr. Joh: Heinrich Bürger
   Hoff und Ritterschafts zu Neuh-
   und Hasenruh.

3. Hr. Peter Salomon Strumhaar
   Pastor zu Maisdorff, seine
   Geliebste.

4. Fr. Josina Magdalena Bauerin
   Hr. Dt. Philip Bauers Hoffr. Hl.
   bey dem Hospital zu St Elisabeth
   in Aschersleben.

5. Jr. Sophia Friderica
   Franckin, Hl. Joh.
   Jac: Franckens gewesst
   Inhessiger Wohnung,
   seine Geliebste, das
   Kind Nahmen ist Gottfr. Aug

48 Sind Kinder gebohren.

seit dem Tode des Dichters durch die gesamte Literatur zieht. Selbst in wissenschaftlichen Veröffentlichungen wird bis auf den heutigen Tag eine falsche Geburtsangabe wiederholt, die, vom Dichter einmal in die Welt gesetzt, scheinbar unauslöschbar ist.

Bürger-Denkmal in Molmerswende von Arnold Künne,
errichtet 1903, Zeichnung Stephan Rosenthal 1993

Das im Jahre 1903 aufgestellte Denkmal des Bildhauers Arnold Künne aus Berlin verzeichnet im Reliefprofil die Lebensdaten 1748 bis 1794, wohingegen die Inschrift der Büste Bürgers des halleschen Bildhauers Heinz Beberniß, errichtet im Pfarrhof 1973, als Geburtsjahr 1747 angibt. Auch die 1897 von der Literarischen Gesellschaft zu Sangerhausen an das Geburtshaus angebrachte Gedenktafel, die bei der Renovierung leider abgenommen wurde und heute auf dem Dachboden verstaubt, verweist auf das Geburtsjahr 1747.

Es war wohl die vielbeschworene künstlerische Freiheit, die Bürger in einem Fragment gebliebenen Gedicht reimen ließ:

> Hebe hoch das Haupt empor,
> Jahr, das mich geboren!
> [...]
> Edlen acht und vierziger
> Hast Du auch geboren.

Für den Dichter mag es geradezu verführerisch gewesen sein, seine Geburt in Glockengeläut und Jahresbeginn zu verlegen. Auch seinem Biographen Dr. Althof gegenüber sprach er davon, daß er in der ersten Stunde des neuen Jahres unter Neujahrsgesängen zur Welt gekommen sei.

Doch Gottfried August Bürger wurde am 31. Dezember 1747 geboren. Der Vater hatte schon das Kirchenbuch für das alte Jahr abgeschlossen und die Zeile »1748 sind ehelige und uneheliche Kinder geb.« für das neue eingerichtet. Als wider Erwarten sein Sohn diesen Ablauf durchkreuzte, mußte er sie streichen und die Geburt seines Stammhalters als 17. Kind der Ortschaft Molmerswende im Jahre 1747 anzeigen: »den 31 ten Dec. ist dem hiesigen H. Past. Bürgern ein junger Sohn geb. und von H. Pastor Krumharen den 4 ten Jan. 1748 getauft...«.

Die wenigen Biographen, die sich dieser eindeutigen Sachlage bewußt waren, neigten jedoch dazu, salomonisch davon zu sprechen, Bürger sei »kurz vor Mitternacht zur Welt gekommen, als die Glocken hallten und jene feierlichen Gesänge angestimmt wurden, mit denen eine schöne Sitte das neue Jahr zu grüßen pflegt«. Präzise Quellenhinweise, zu welcher Stunde des letzten Tages des Jahres 1747 Bürger geboren wurde, liegen nicht vor. So soll nicht weiter fabuliert und auch nicht mit übertriebener wissenschaftlicher Strenge das Bild von der vormitternächtlichen Geburt und dem kurz darauf einsetzenden Glockengeläut fürs neue Jahr zerstört werden.

Bürgers Geburtshaus, das Pfarrhaus in Molmerswende, Photo um 1910

Ungenauigkeiten ähnlicher Art wie bei Bürgers Geburtstag treten auch bei der Beschreibung seines Geburtsortes auf, wobei sich bei der Vielzahl der Schreibweisen und geographischen Zuordnungen noch mehr Varianten ergeben. Bis zum Ausgang des 18. Jahrhunderts war »Molmerschwende« als Schreibweise gebräuchlich. In zahlreichen Akten und auch vom Vater des Dichters wird diese für die damalige Zeit richtige Fassung verwendet.

Ein Blick in Grimms Wörterbuch verrät, daß »schwenden« der althochdeutsche Ausdruck für »roden«, speziell »feuerroden« war. Zahlreiche Ortschaften des Harzes wie Braunschwende, Hilkenschwende und Bodenschwende haben das gleiche Grundwort. Das Bestimmungswort wird in der einschlägigen Fachliteratur mit der Feuerrodung eines Mannes erklärt, dessen Name Mahalmari sich von dem in der Volksversammlung (mahal) Berühmten (mari) ableitet.

Um das Jahr 1799 erscheint in den Gemeindeakten die Schreibweise, die auch heute noch Gültigkeit hat. Ob die Ortsbezeichnung Molmerswende auf den Dichter zurückgeht, wie so oft behauptet, ist nicht mit Bestimmtheit zu sagen.

Demgegenüber sind Schreibweisen wie »Wolmerswende«, »Wolmirsword« und »Mölmerswende« in Lexika und anderen Veröffentlichungen abenteuerliche Verunstaltungen. Ein fleißiger Forscher fand 1928 in vierzig Nachschlagewerken acht weitere Versionen. »Wende« und »Schwende« stehen noch bis weit in das 20. Jahrhundert hinein nebeneinander.

Die nicht seltene Angabe, Bürger sei im Bistum Halberstadt geboren, ist geschichtlich ungenau, da dieses bereits mit dem Westfälischen Frieden 1648 aufhörte zu existieren und an das Kurfürstentum Brandenburg und damit an das spätere Preußen fiel. Auch die Formulierung »bei Halberstadt« führt in die Irre, denn obwohl Bürger selbst in einem Gedicht diese Lokalisierung verwendet, wird man seinen Geburtsort vergeblich im engeren Umfeld des vierzig Kilometer entfernten Halberstadt suchen. Genauer wären da zirka 9 Kilometer östlich von Harzgerode oder zirka 27 Kilometer nördlich von Sangerhausen. Wenn Bürger in dem bereits oben erwähnten Gedicht formuliert: »Meiner Kindheit Wiege stand/ Nicht in Aschersleben;/ Aber fragt in Halber-

Ludwig Christoph Althof (1758-1832)

stadt, ...« ist dies insofern unverständlich, als das 28 Kilometer entfernt liegende Aschersleben näher an seinem Geburtsort liegt

Ich rühme mir mein Dörfchen hier

und er zeit seines Lebens als aus Aschersleben kommend geführt wird. Entspringt diese Festlegung seiner tiefen Abneigung gegenüber dem Ort? Von Aschersleben wird zu berichten sein, denn diese Stadt ist auf so vielfältige Weise mit seinem Schicksal verbunden, daß hier nicht auf den Dichter gehört werden kann.

Nach dieser Zahlen- und Faktenhäufung soll mit dem Titel einer Broschüre aus dem Jahre 1978 eine Ortsbestimmung vorgenommen werden, die auf andere, vieldeutige Art auch genau sein kann: *Molmerswende liegt nicht hinterm Berge.*

Es war der fast tägliche, vertraute Umgang mit dem Dichter in den letzten zehn Jahren seines Lebens, der es Althof ermöglichte, in seiner Biographie aus dem Jahre 1798 auf Bürgers Kindheitserinnerungen, die von ihm selbst erzählt worden waren, zurückzugreifen. Doch vermischt sich auch hier das scheinbar so Authentische mit dem verklärenden Abstand vieler Jahre und einer gewissen Eitelkeit, die auch weniger bekannten Menschen eigen ist. Nein, es ist nicht der erste autobiographische Bericht, der in dem einen oder anderen Detail zurechtgerückt werden muß, selbst, wenn man davon ausgeht, daß der Erzählende wahrlich am besten wissen sollte, wie es sich zugetragen hat.

Sicher waren es weitgehend unbeschwerte Kindheitsjahre, die der Knabe erlebte. Nur die elterlichen Auseinandersetzungen und die jähzornigen Aufwallungen der Mutter, von deren gefürchtetem Furienblick die Lieblingsschwester Friederike noch nach vierzig Jahren berichtete, stören die Harmonie. Mit Bürger wachsen drei Schwestern auf: Henriette Philippine, geboren 1744, Friederike Philippine Louise, geboren 1751 und Johanna Dorothea, geboren 1756 und bereits mit 16 Jahren verstorben. Mit den anderen beiden, besonders aber mit Friederike, der Mutter des Dramatikers Adolf Müllner, verbindet Bürger zeitlebens eine herzliche Freundschaft.

Bescheidene Verhältnisse herrschen im Pfarrhaus von Molmerswende, doch Not findet man nicht vor. Besonders die großen

Geldbeträge aus Aschersleben, die das Jahresgehalt des Vaters um ein Vielfaches übersteigen, bessern die schmalen Einkünfte auf. Vom großväterlichen Schloß bereichert sicher die eine oder andere Naturalienlieferung den Eßtisch. Hier ist man ja noch bis 1753 mit der Begleichung der Kaufsumme beschäftigt. Den Knaben werden die Überlegungen zum täglichen Auskommen wenig belastet haben, und vor den elterlichen Streitereien wird er oft in die Einsamkeit der Natur geflohen sein.

Er liebt »vorzüglich die freien, grünen und mit sparsamem Buschwerk bewachsenen Hügel, wo er jeden Busch, jede Staude, jeden Diestelkopf um sich her beleben konnte«. Bereits als Zehnjähriger sucht er bei Dämmerung und Mondschein die tiefe Waldeinsamkeit. Das Grausen, das ihn dort befällt, will er nicht vermeiden oder überwinden, verursacht es in ihm doch »eine sehr angenehm erschütternde Empfindung«. All das später auf vielfältige Weise in seine Dichtung einfließende Gespenstische und Abergläubische und auch die Sagen des Mansfelder Landes, wie die vom *Wilden Jäger Hackelberg,* haben hier ihren Ursprung.

Auch der heutige Wanderer, der zu später Stunde den Weg von Pansfelde nach Molmerswende sucht, um noch einmal den von Bürger so oft zurückgelegten Weg nach dem Lateinunterricht im Hause Pastor Kutzbachs zu gehen, kann sich dieser Stimmung nur schwer entziehen. Er nimmt den damaligen Weg am Pansfelder Friedhof vorbei, und wenn ihn nach Kartoffeläckern und Weizenflächen der dunkle, menschenleere Wald umhüllt, kann er sich in die Seele des Knaben versetzen, der erschauderte und froh war, wenn ihn der Wald wieder freigab und die ersten Lichter von Molmerswende blinkten.

Wenn vom Schaurigen zu berichten ist, kommt noch einmal das Schmugglerdörfchen in Erinnerung. So manche geheimnisvolle Geschichte mag der Knabe den Alten abgelauscht haben. Aber auch Selbsterlebtes von den naheliegenden Grenzen, die mitten durch ›seine Flur‹ verliefen, hat die Phantasie beflügelt.

Nachdem der Tambourmajor seine Trommeln 1756 zum Siebenjährigen Krieg geschlagen hatte, waren es bestimmt auch die Geschichten vom Einmarsch der Franzosen 1757 in Quedlinburg und von der Drangsal des großväterlichen Ortes Aschersleben, die nicht nur Neugierde und Interesse, sondern auch angsterfüllte Empfindungen hervorriefen.

Einer Schilderung des Pfarrers Paulus Gottlieb Crusius aus dem Jahre 1765 kann man entnehmen, daß »ohngerechnet um alles frembden und feindlichen Völkern überschwemmt gewesen; so ist doch dieses Dorf Mollmerschwende niemahlen von selbigen besucht worden, und ist also wie ein Wunder vor vielen tausenden«. Aber nur bei oberflächlicher Betrachtung stellt es sich als ein solches dar, denn in einem weiteren zeitgenössischen Bericht über einen ebenfalls zur Herrschaft Falkenstein gehörenden Ort ist zu lesen, wie dennoch der Krieg Molmerswende und die umliegenden Dörfer bedrängte. Kriegslasten wie Steuern, Aushebungen, Naturalgestellungen und Spanndienste haben Bürgers Dorf nicht verschont. Auch findet sich in der Chronik der Hinweis, daß »die Gemeinde 3 Kerle nach Halberstadt liefern« sollte und daß mancher entwich und einige von denen, die auszogen, »in der bataille mit den Rußen bei Züllichau 1759« blieben oder als Versehrte heimkehrten.

Wie der Krieg das Leben in den Gemeinden veränderte, kann man sich vorstellen. In Sonntagspredigten und Gebeten des Vaters stand zu dieser Zeit häufig die Bitte um Gottes Hilfe für die siegreiche Beendigung des Krieges im Mittelpunkt. Es gab aber auch Dankfeste, verordnete, so am 22. Mai 1757 aus Anlaß der am Monatsanfang gewonnenen Prager Schlacht.

Der dritte Schlesische Krieg war eines der großen Ereignisse, die Bürgers Kindheit und frühe Jugend prägten. Noch Jahre später kommt er in seinem berühmtesten Werk, der Ballade *Lenore*, im Gleichnis von der Liebsten, die vergeblich auf den gefallenen Bräutigam wartet, auf die Wirrnisse dieses Krieges bis hin zur Prager Schlacht zurück.

Neben den Empfindungen, die die Natur in dem träumerischen Knaben hervorruft, sind es die Geschichten der Bibel, insbesondere die Offenbarung des Johannes, und das evangelische Kirchenlied, die seine Einbildungskraft anregen. Schon in früher Kindheit, noch bevor er die ersten Elemente der Grammatik beherrschte, verfaßte er nach Muster der Kirchenlieder metrische Verse. Später rühmte er sich immer wieder, als Knabe darin manchen Erwachsenen übertroffen zu haben. Die Texte seiner Kindheit, ihr Rhythmus und Strophenbau, beeinflußten noch Jahre danach die eigenen Gedichte. Bis in die letzten Lebenstage erinnerte sich der Dichter der Lieder, die er als Kind mühelos auswendig gelernt hatte.

Zerbrechlichkeit und Endlichkeit des irdischen Daseins wird der empfindsame Knabe in den Eingangsversen des Liedes *Du, o schönes Weltgebäude* von Johann Franke bereits als dunkle Ahnung gespürt haben.

> Du, o schönes Weltgebäude,
> Magst gefallen, wem du wilt,
> Deine scheinbarliche Freude
> Ist mit lauter Angst umhüllt.

Bei den Strophen des Liedes *Es ist gewißlich an der Zeit* von Bartholomäus Ringwaldt tönten »schon damals ganz dumpf die Saiten seiner Seele, welche nachher ausgeklungen haben«.

Was Bürger über seine Schulbildung berichtet, kann nicht unkritisch übernommen werden. Ja, es ist anzunehmen, daß er mit manchem Detail die Botschaft übermitteln wollte: Seht, was trotzdem aus mir geworden ist!

Sicher waren die Voraussetzungen in dem damals noch mit Stroh gedeckten Pfarrhaus nicht die eines Patrizierhauses in Frankfurt am Main, aber was will das schon heißen, entscheidender war da schon die Haltung der Eltern, die ihn für einen »erzdummen

Jungen« hielten und von seiner Zukunft wenig erwarteten. Millionenfach haben Heranwachsende den Satz gehört, daß aus ihnen nie etwas werden würde, glaubwürdiger ist er dadurch dennoch nicht geworden. Bürgers Behauptung, er sei »am Leibe als am Geiste nur langsam gewachsen«, muß dahingehend präzisiert werden, daß er von vielen Zeitzeugen zwar als klein an Wuchs, aber geistig um so reger geschildert wird.

Über 25 Jahre war der honorige und streitbare Martin Christian Kraft bereits Lehrer der Dorfschule von Molmerswende, als Bürger dort eingeschult wurde. Wie sehr sich der Pädagoge für Wohl und Weh der Schule eingesetzt hatte, ist den Urkunden zu entnehmen. Die Einklassenschule, die einige Leser vielleicht noch in ihrer Erinnerung haben, entsprach natürlich bei weitem nicht den heutigen Ansprüchen, doch verbaut hat sie den Lebensweg nicht, wie zahlreiche Lebensläufe aus jener Zeit verdeutlichen.

Daß Bürger bis zum zehnten Lebensjahr weiter nichts als lesen und schreiben lernte, wird im großen und ganzen der Wahrheit entsprechen, wobei anzunehmen ist, daß das Einmaleins nicht gefehlt hat. Ausgefüllt waren die Tage der Dorfkinder vielmehr mit unbeschwertem Herumtoben in Höfen und Ställen, wenn nicht gerade ihre Hilfe in der Landwirtschaft benötigt wurde. Noch Jahrzehnte später erinnert sich der Dichter, wie er »verschiedene mahle ... aus dem Molmerswender Mistsumpfe mit dem roth gewürfelten Kapprocke gerettet« wurde.

Auch galt ihre Liebe der Natur. Die Kenntnis von Bärlauch, Milzkraut und Salomonsiegel, um nur einige Pflanzen zu nennen, von denen der jetzige Zeitgenosse oft beschämend feststellen muß, daß er sie weder erkennt, geschweige denn benennen kann, war für sie wichtiger als Fibel und Rechenbuch.

Der Lateinunterricht gehörte natürlich nicht in eine Dorfschule, und als Bürger sich als einziger seiner Spielkameraden diesem unterziehen mußte, geschah das wohl kaum mit großer Begeisterung. Manche Aufforderung zum Spielen mußte er ablehnen, weil wieder einmal der für ein Kind seines Alters beschwerliche Fußmarsch nach Pansfelde zum Unterricht bevorstand. In seinem Kopf mag sich dann die Frage, ›Warum gerade ich ?‹, festgesetzt haben.

So verwundert es wenig, daß er »ungeachtet aller Schläge und Anstrengungen von seiner Seite in zwei Jahren noch nicht ›mensa‹ deklinieren konnte«. Wohl eine Übertreibung, doch Mangel an Geduld und Ausdauer begleiteten ihn zeitlebens. Die Summe der angekündigten und nicht ausgeführten Werke war groß. Seine Erzählung vom bequemen Vater, der die Tabakspfeife so sehr liebte, daß er stets einen langen Anlauf nehmen mußte, bevor er eine Viertelstunde auf den Unterricht seines Sohnes verwandte, soll wohl das Bild der vernachlässigten Erziehung abrunden. Überdauert hat die ablehnende Einstellung zum Lateinischen nicht, waren doch erste dichterische Versuche auch Übersetzungen aus dieser Sprache.

Auf den Spuren Gottfried August Bürgers in bewegter, in heutiger Zeit. Wieder einmal hat die große Geschichte das Dorf berührt. Die Wende, die Treuhand – vertraute Begriffe aus unseren Tagen – haben vielfältige Spuren im Dorf hinterlassen. Dem erfreulichen Anblick von Straßenbau, Gehwegsanierung und anderen Infrastrukturmaßnahmen steht die hohe Arbeitslosigkeit gegenüber. Der Arbeitgeber in Harzgerode, wo ein Großteil der Bewohner in Brot und Lohn stand, die Landwirtschaftlichen Produktionsgenossenschaften oder die von den Großbetrieben ins Dorf geschickten Urlauber, die früher einen willkommenen Nebenverdienst darstellten, sie alle haben die Zeit nicht überdauert.

Man kann die dramatische Entwicklung nachvollziehen, wenn man bedenkt, daß es im Dorf – anders als in den vorangegangenen Jahren, als etwa fünfzig Personen mit Schweinezucht und Ackerbau beschäftigt waren – jetzt nur noch einen Bauern gibt, der die Landwirtschaft in traditioneller Weise betreibt. Der Ortspfarrer, der Molmerswende von Pansfelde aus betreut, wäre froh, könnte er nur eine Geburt pro Jahr registrieren. Vor allem die jüngeren Dorfbewohner sind dorthin gegangen, wo ihnen Arbeitsplätze und Lohn versprochen werden. Sie müssen nicht mehr die Grenze des geteilten Deutschland überwinden, um in den Westen zu gelangen, doch gerade das macht ihren Weggang so nachdenkenswert. Auch hier werden die wenigsten dem gescheiterten System nachtrauern, aber allzuschnell überrollte die Entwicklung manchen, der zu Beginn noch voller Begeisterung war.

Zu Gast bei Bauer Karl Wiele. Auch er, der Großbauer, dem man Anfang der fünfziger Jahre im Zuge der Zwangskollektivierung tüchtig zusetzte, hatte schon auf gepackten Koffern gesessen und das eine oder andere Hausratsstück auf verschlungenen Wegen vorauseilend in den Westen gebracht. Gegangen ist er trotzdem nicht, hat sich arrangiert, und wenn er heute seine Gedankengänge von damals ausbreitet, empfindet man Anerkennung.

Seit mehr als zwei Jahrhunderten bewirtschaftete die Familie den Hof, eine Tradition, die den Gedanken ans Weggehen so schwermachte. Hatten die Wieles, nachdem sie 1740 von Königerode nach Molmerswende gekommen waren, nicht so manchen Potentaten und so manche politische Willkür überlebt? Tradition, Verbundenheit mit der eigenen Scholle und der Heimat, was der größte Teil der Stadtbewohner nicht nachvollziehen kann, das ist ein Konservatismus, der viele Stürme übersteht.

In der Wohnstube blättert der Bürgerforscher fasziniert in der Familienbibel aus dem Jahre 1733, liest die handschriftlichen Eintragungen der Vorfahren, bewundert den Lehnsbrief von 1779, und als Bauer Wiele die Uhr des Ururgroßvaters, ein kleines aufziehbares Ei, in den Händen hält, ist er voll des Erstaunens. Vieles von dem vorher Gesagten kann er nun dunkel erahnen und verstehen, und wenn es im Dorf den allerorten so böses Blut bringenden Besuch aus dem Westen, der Eigentum zurückfordert, nicht gibt, ist darin eine Bestätigung des Geschilderten zu sehen.

Bei so viel Tradition kennt man sich aus in Wald und Flur. Gemeinsam stöbern Gastgeber und Besucher alte Grenzsteine auf und erinnern sich an Flurbezeichnungen, die den meisten Dorfbe-

Bürger-Büste in Molmerswende von Heinz Beberniß, errichtet 1973

wohnern nicht mehr geläufig sind. Das »Alte Dorf« heißt noch heute die Gemarkung, auf der sich früher Molmerswende befand. Dem Befehl derer von der Asseburg folgend, baute man 1553 mehrere hundert Meter talaufwärts an der Wiebecke ein neues Dorf auf. Den Widerhall dieser Geschichte findet man im Wappen mit den zwei Linden, von denen noch viele Jahre jeweils eine im alten wie im neuen Dorf stand.

Noch einmal gehen beide den Weg nach Pansfelde, diesmal von Molmerswende aus, und wenn sie den höchsten Punkt der Harzgeroder Hochfläche am Waldesrand erreicht haben, sehen sie über das in der nahegelegenen Senke liegende Dorf hinweg in eine liebliche Landschaft mit Hügeln, Niederungen und plätschernden Bächen, an deren Rändern sich die Forsten des Ostharzes ausbreiten. Kleine Gehölze, einsame Feldwege und vor allem die Triften für das Vieh sind seit der im Jahre 1856 stattgefundenen Separation nicht mehr vorhanden. Bauer Wiele schimpft noch heute in Manier des Urgroßvaters, daß sich die Asseburger bei der Flurbereinigung einmal mehr gegenüber den Bauern und der Gemeinde Vorteile verschafft haben. Aber auch die in der Nachkriegszeit von den Genossenschaften durchgeführte Melioration ließ Grenzbach und Grenzsteine verschwinden. Hinter dem Pfarrhaus verweist der fachkundige Führer auf eine kaum wahrnehmbare Senke, die das Feld durchläuft und einstmals die Grenze zwischen Preußen und dem Königreich Sachsen darstellte.

Hier am Steinbrücker Weg lagen die bescheidenen Äcker der Pfarrei. In der umfangreichen *Chronik des Dorfes Molmerswende*, die der Heimatforscher Hans Georg Langlotz mit Fleiß und Akribie zu Beginn der fünfziger Jahre zusammengetragen hat, kann man nachlesen, mit welchen Hand- und Anspanndiensten die Bauern des Dorfes der Kirche gegenüber verpflichtet waren, um die insgesamt 40 Morgen zu bestellen und die Ernte einzufahren. Aber die Urkunden berichten auch von der Verpflichtung des Pfarrers, dabei für Speis und Trank zu sorgen, letzteres in Form eines Fasses Bier.

In der verwitterten Kirche neben dem Pfarrhaus, 1771 neu erbaut, finden schon lange keine Gottesdienste mehr statt. Der zu Bürgers Zeiten mit einem schönen Obstgarten versehene Kirchhof mußte einer parkähnlichen Anlage weichen, doch der uralte Schöpfbrunnen, aus dem der Knabe seinen Durst stillte, kann noch in Augenschein genommen werden.

Molmerswende, Photo Scherer 1993

Das renovierte Pfarrhaus lädt zum Verweilen ein. Die Ausstellungsstücke im Bürger-Museum markieren Lebensstationen des Dichters, auch kann man die Dorfgeschichte im Schnelldurchlauf erleben. In der Münchhausenstube stehen Ausgaben des erfolgreichen Volksbuches in exotischen Sprachen und mit berühmten Illustrationen, so von Gustave Doré und Josef Hegenbarth. Noch in ihrer ursprünglichen Form ist die Küche mit vielen alten Kochutensilien erhalten.

Seinen Aufenthalt hat der Bürgerforscher nicht so lange ausgedehnt, wie das voller Andacht manche Bürger-Enthusiasten in der Mitte des 19.Jahrhunderts taten,»welche Bürgers Geburtshaus als ein öffentliches Haus betrachten und sich nicht damit begnügen, blos in seiner Wohnung übernachten zu wollen, sondern ihm [dem Pfarrer] auch zumuthen, seine frischduftende Äpfelkammer zu räumen, damit sie auch ja auf derselben Stelle schlafen können, wo Bürger geboren ist«.

Das Schulhaus neben der Kirche wurde 1903 durch ein an gleicher Stelle erbautes Backsteingebäude ersetzt. Bereitwillig berichtet der 89jährige Kantor Arno Krüger, langjähriger Betreuer des Bürger-Museums, von seinem Antrittsbesuch als Dorflehrer im Jahre 1929 beim Patronatsherrn Friedrich von der Asseburg. So erinnert auch diese Geschichte an Johann Gottfried Bürger, den Vater des Dichters, als dieser bei Übernahme der Pfarrei auf der Burg Falkenstein vorstellig werden mußte.

Auf dem Rückweg zieht in der Bürgerstraße ein altes Fachwerkhaus mit der Inschrift 1756 die Aufmerksamkeit auf sich, und auch die alte ehrwürdige »Klapperstorchlinde« am Dorfteich, auf der man mit Phantasie den Pfarrerssohn herumklettern sieht, läßt noch einmal das Molmerswende, in dem Bürger lebte, vor dem Besucher entstehen.

Es war eine arme, eine sehr arme Pfarrei. So träumten die Bürgers bereits mit ihrer Übernahme von Veränderung. Ja, man wird gedacht haben, daß sich, im Pfarrdienst erst einmal Fuß gefaßt, Verbesserungen im Laufe der Zeit ergeben würden.

Im Laufe der Zeit – das sollten sicherlich keine 23 Jahre sein. Denn schließlich wurde der Vater bereits 1748 in der Pfarrgemeinde Westdorf, einer mit Pfründen reichlich ausgestatteten Stelle, dem hiesigen Pastor Caspar David Abel beigestellt. Als der Vater am 15. Januar 1748 seine Antrittspredigt in Westdorf hielt,

Caspar David Abel (1676-1763)

schien alles zum Greifen nahe. Selbst die Mutter wird sich an diesem großen Tage in Zufriedenheit gewogen haben. Ein trügerisches Glück, denn es sollten noch 15 Jahre vergehen, bis der Vater, wenige Monate vor dem Tode des Amtsbruders, die Pfarrstelle übernehmen konnte. Als Johann Gottfried Bürger aber schon sieben Monate später an der Ruhr starb, wurde rückschauend der erwähnte glückliche Tag zum Anfang einer tragisch langen Geschichte.

Der Amtsinhaber Abel, der sich neben anderen umfangreichen Veröffentlichungen insbesondere durch seine historischen Arbeiten über das Fürstentum Halberstadt Verdienste erworben hatte, war damals bereits 73 Jahre alt. Johann Friedrich Temme, Stiefsohn Jakob Philipp Bauers aus zweiter Ehe und Pfarrer an der St. Margarethenkirche in Aschersleben, fand in ihm seinen geistigen Ziehvater, dem er nach dessen Tod in seiner Veröffentlichung *Den sittlichen Character des seligen Herrn Caspar Abels ...* ein Denkmal persönlicher Zuneigung setzte.

Man kann sich die überaus komplizierte Situation vorstellen: Da hatte der Großvater aus Aschersleben mit dem Einfluß seiner Familie diese vielversprechende Adjunktierung betrieben, von der zu sagen ist, daß der Tod des einen das Glück des anderen bedeutete. Da war jener Caspar David Abel, der seinen Pfarrdienst nicht mehr in der erforderlichen Weise versehen konnte, dessen Ablösung man aber aufgrund der familiären Verflechtungen und Abhängigkeiten nicht betreiben konnte. Da war die Mutter, die aus ihrem Wunsch keinen Hehl machte, den Flecken Molmerswende mit dem nur vier Kilometer von Aschersleben entfernten Westdorf samt reichlicher Pfründe so schnell wie möglich zu vertauschen, und die die zweite Heirat des nunmehr achtzigjährigen Abel im Jahre 1755 sicherlich bissig kommentierte.

Eine Geschichte, die Bürgers Kindheit begleitete und ein Dauerthema im Pfarrhaus von Molmerswende darstellte. Es ruft gemischte Gefühle hervor, wenn in einem der Bücher Pastor Abels steht: »geschrieben Westdorf 1758«.

Was übrigbleibt, ist festzustellen, daß die Lebensläufe des alternden Abel und des heranwachsenden Dichters vordergründig nichts miteinander zu tun hatten, und doch so vertrackt miteinander verbunden waren. Im Kirchenbuch zu Westdorf steht über diesen Vorgang ohne all die Hintergründe, Johann Gottfried Bürger charakterisierend: »Ob nun gleich der Pastor Abel wegen seines hohen Alters seinem Amte nicht gehörig vorstehen konnte, hat er dennoch, um ihn nicht zu kränken und in seinem hohen Alter keine Noth leiden zu lassen, seinen Tod abgewartet«.

Gottfried August Bürger erlebte diese lange Wartezeit nicht bis zu ihrem Ende. Den Umzug, vor dem seine Mutter der Überlieferung nach noch schnell allen Bäumen im Pfarrgarten Schaden zufügte, da sie diese dem Nachfolger nicht gönnte, wird er nur aus Erzählungen kennen. Mit seinem Weggang 1759, als er das Pfarrhaus mit dem Anwesen des Großvaters in Aschersleben vertauschte, um dort die Schule zu besuchen, war seine Zeit im elterlichen Hause zu Ende.

Elf Jahre Kindheit, eine Dekade, die ein Menschenleben prägt. Als der Dichter sein lebensbegleitendes Credo über Volkspoesie und Volkstümlichkeit später seinen Arbeiten voranstellt, mag ihn diese Zeit eingeholt haben. Wenn auch am Ende der Universitätsprofessor steht – in seinen Gedichten, seinen Schriften hat er ›sein Dörfchen‹ niemals verlassen.

> Ich rühme mir
> Mein Dörfchen hier!
> Denn schön're Auen,
> Als rings umher
> Die Blicke schauen,
> Blüh'n nirgends mehr.

IV. O LICHT HELLEREN ZEICHENS

Aufstieg und Fall einer Stadt, nein, das ist kein außergewöhnliches Thema. Viele Städte, die im Mittelalter ihre Blüte der Lage an den großen Handelswegen verdankten, wurden ihrer Stellung beraubt, als sich diese verlagerten. Damals war die Stadt Aschersleben Mitglied der mächtigen Hanse, und die massiven Befestigungen mit Mauern, Türmen und Wassergräben waren Zeugnis dafür, wie wohlhabend ihre Bewohner waren. Zu den Freien Reichsstädten zählte sie zwar nicht, doch hatte man sich vom Bistum Halberstadt, zu dem man gehörte, zahlreiche Rechte und Freiheiten, den Gepflogenheiten der Zeit entsprechend, mit viel Geld erkauft. Es waren Rechte und Freiheiten, die nach und nach verlorengingen, als Aschersleben 1648 mit dem Fürstentum Halberstadt an das Kurfürstentum Brandenburg und somit an das spätere Preußen fiel. Die ehemals weitgespannten Handelsbeziehungen beschränkten sich jetzt nur noch auf die zahlreichen Dörfer des Umlandes.

»Das Tor zum Harz« steht in einem Prospekt, doch man muß genauer sein: ein Tor zum Harz. Zu Bürgers Zeiten war der im Tal der Eine gelegene Ort zum größten Teil von fremdem Territorium umgeben. Die Grenzen von Kursachsen und dem Fürstentum Anhalt lagen nur wenige Kilometer vor der Stadt, und so war in unruhigen Zeiten gerade diese Lage von Bedeutung. Desertionen ins benachbarte sächsische Quenstedt führten häufig zu Auseinandersetzungen mit preußischen Grenadieren. Verschiedene Wechselkurse und hohe Zölle behinderten den Warenverkehr mit den umliegenden Kleinstaaten, und noch heute erkennt der Sachkundige nicht nur an verwitterten Grenzsteinen, sondern auch an mitten durch Großfelder verlaufenden Baumreihen die ehemaligen Grenzlinien.

Ausschnitt aus: »Grundriss der Stadt Aschersleben, aufgenommen und gezeichnet durch C. F. G. Belwe. 1798.«

Weithin sichtbar ragt der Turm der Ende des 15.Jahrhunderts fertiggestellten Stephanikirche aus dem Stadtbild heraus. Im Kirchhof steht das dreigeschossige Gebäude des Stephaneums, einer höheren Schule, die seit 1325 in ehrwürdiger Tradition die Bildungsstätte der wohlhabenden Aschersleber Jugend war. Im Jahre 1745 wurde anstelle des alten Gebäudes von 1513, das baufällig geworden war, ein neues errichtet. Über dem Portal gab die Inschrift »Der Wissenschaft hat dieses Gebäude geweiht die Fürsorge des Rates, kraftvolle Jugend erblühe dadurch, geleitet durch gute Gesittung« wie so oft ein Motto vor, dem Lehrer- und Schülerschaft versuchten, im Zusammenspiel von Anspruch und Wirklichkeit gerecht zu werden.

Während des Schuljahres 1759 wurde Bürger hier als »Godofredus Augustus Bürgerus Mollmerswenda« eingeschult. Doch nach nur einem knappen Jahr verläßt er die Schule bereits wieder, wie dem 1650 begonnenen Schülerverzeichnis zu entnehmen ist: »XXV. Aug. Halam concessit 1760« – am 25. August 1760 ging er nach Halle.

Sicher waren es die Lust am Dichten und die freie, ungezwungene Art des ehemaligen Dorfjungen, die ihn veranlaßten, der Haartracht eines Mitschülers ein spöttisches Epigramm zu widmen, in dessen Folge es zu einem lebhaften Handgemenge zwischen den beiden kam. Der mit dieser Angelegenheit betraute Rektor Georg Wilhelm Auerbach sollte sich, oder besser seine Perücke, nach der Bestrafung nun auch zum Gespött des dichtenden Jungen machen. Die Konsequenz für den Schüler war eindeutig: Er mußte die Schule verlassen.

Es ist nicht ohne Pikanterie zu entdecken, daß Rektor Auerbach Bürgers verstorbenem Vater auf die Pfarrstelle in Westdorf folgte. Nahezu vierzig Jahre später schrieb dessen Sohn, der nunmehr die Nachfolge seines Vaters dort angetreten hatte, in den *Nachrichten über die hiesigen Prediger*: »Einer seiner Söhne war der bekannte Dichter Gottfried Bürger, dieser, ein durchtriebener Scholar der Aschersleber Schule, von der er auch nachmals wegen seiner vielen losen Streiche einen unfreiwilligen Abschied nehmen mußte, hatte sich des Rectors Aurbach absonderliche Perrücke zum Gegenstande seiner Witze und Spottgedichte erkoren, wurde aber wegen eines zu gewagten Attentats von dem alten Rector dermaßen abgeklopft, daß der Großvater des Gezüchtigten darüber Klage erhob und Aurbach, der davon viele Verdrüßlichkeiten hatte, das Schulleben aus Ueberdruß aufgab«.

Noch Jahrzehnte später erinnerte sich der Dichter der Perükken-Episode. Auch in einem Brief vom 1. März 1788 an den Advokaten und späteren Bürgermeister von Aschersleben, Bollmann, der mit seinen Erbschaftsangelegenheiten betraut war, kommt er auf seine Schulzeit im Stephaneum zurück, indem er sich spöttisch über einen Ratsherren der Stadt, einen ehemaligen Mitschüler, äußert.

Der Lehrplan war stark vom Pietismus des nahegelegenen Halle geprägt, wo viele Lehrer der Schule ausgebildet wurden. ABC-Tafeln und Fibeln, die man von dort bezog, sollten »der Jugend die wahre Furcht Gottes als der Weisheit Anfang« vermitteln.

Das alte Stephaneum in Aschersleben, Zeichnung R. Werner 1925

Auch widmete man sich eifrig dem von Bürger so geliebten kirchlichen Gesang; einem alten Brauch entsprechend, wurden die Schüler zu Begräbnissen und anderen Zeremonien gerufen.

O Licht helleren Zeichens

Die Religionslehre beanspruchte den größten Raum. Aber auch in Unterrichtsfächern wie Geschichte, Geographie, Logik, Arithmetik und Latein sollten den Schülern »gute Fundamente« vermittelt werden. Im Lateinunterricht lernte Bürger neben anderen römischen Dichtern Vergil und Horaz kennen, die ihn sein ganzes Leben begleiteten. »Gelehrten- und Bürgerschule« in einem war die Lehranstalt bis zum Ende des 18. Jahrhunderts: Vorbereitung auf ein Studium, aber auch auf den Beruf eines Handwerkers oder Kaufmanns.

Dorfschule, Privatunterricht, Stephaneum – so schlecht, wie vom Dichter geschildert, kann seine Ausbildung nicht gewesen sein, denn als er wenige Wochen später in das anspruchsvolle königliche Pädagogium der Franckeschen Stiftungen in Halle eintrat, wurde er nach strenger Prüfung durch den Rektor Johann Anton Niemeyer in allen Fächern, so in Latein, Griechisch und Französisch, oberen Klassen zugewiesen.

Die Zeit seines Aufenthalts im Stephaneum war auch die Zeit des Siebenjährigen, des dritten Schlesischen Krieges, und so gibt es neben Querelen um Epigramme und Haartrachten Wichtigeres und Schlimmeres in jenen Tagen. Dem noch erhaltenen ausführlichen Bericht des Ratssekretärs Waldmann und seinen nahezu täglich erfolgten Eintragungen ist zu entnehmen, welch großes Leid und unermeßliche Not der Stadt Aschersleben widerfahren waren: ungeheure Teuerungen, die die Bevölkerung ruinierten; willkürliche Zwangsaushebungen, bei denen die für den Krieg Bestimmten sofort arretiert und die Stadttore bis zum Abtransport geschlossen blieben, um auch die weniger Kriegsbegeisterten zu halten; die sich immer wiederholenden Naturalgestellungen, die nach Halberstadt oder Magdeburg zu bringen waren; Giebelsteuern, deren Höhe und Häufigkeit von den aktuellen Ereignissen auf den Kriegsschauplätzen diktiert wurden; Einquartierungen von Freund und Feind und sogenannte Contributionsgelder, die die feindlichen Armeen unter der Drohung, den Ort zu brandschatzen, von diesem erpreßten.

Besonders eindrucksvoll vermitteln seine letzten Eintragungen für das Jahr 1760 die Empfindungen der Menschen: »So ist denn, O Du barmherziger Vater, durch Deine Gnade auch dieses Jahr wiederum zurückgeleget, und Deiner Güte haben wir einzig und allein zu danken, daß wir noch übrig geblieben sind. Wir preisen also Deinen heiligen Namen für die unaussprechlichen Wohltaten, so Du uns in dem abgewichenen Jahre von Deiner milden Hand zufließen lassen, insonderheit aber, daß Du uns unter denen

Schülerverzeichnis des Stephaneums 1650-1780 mit dem Eintrag Bürgers, 1759

wütenden Feinden, welche diesen Ort eingenommen, so gnädig erhalten, und die Übrigen, welche sich rings um uns her gelagert hatten, abgehalten hast, daß sie nach ihrem Vorhaben uns nicht verderben können. Du bist ja ein Gott des Friedens, Ach, schenke uns doch in dem bevorstehenden Jahre den edlen Frieden, damit wir mit dergleichen feindlichen Einfällen in Gnaden verschonet werden mögen. Erhöre uns um Deiner Liebe Willen. Amen«. Drei Jahre sollten noch ins Land gehen, bis der vom Schreiber formulierte Wunsch erhört wurde.

»Bürger, des alten Hospitalprovisors Bauers Enkel, bekam einen Brief, wie ich auch, von seinem Grossvater, dass er auf Michaeli weggehen sollte; es ist ein alter eigensinniger Mann. Der kleine Enkel sitzt in Prima ein halb Jahr lang und ist ungefähr fünfzehn Jahre alt. Er weinte und bat, ich möchte doch seine Stelle noch nicht vergeben; er wolle beim Grossvater um Prolongation bitten. Aber der alte Mann hat's abgeschlagen«, so die Worte Rektor Niemeyers.

Daß der Großvater den Enkel am 29. September 1763 nach dreijährigem Aufenthalt in den Franckeschen Stiftungen aus Halle zurückrief, kann nicht an dem Knaben gelegen haben, denn seine Leistungen gaben keinen Anlaß zur Klage.

Eher war der alte Herr wohl der Meinung, der Schulbildung des Jungen nun Genüge getan zu haben. In einer Untersuchung über das Pädagogium aus dem Jahre 1803 findet man den Hinweis, daß die Schüler in der mehr als hundertjährigen Geschichte der Lehranstalt diese durchschnittlich zweieinhalb bis drei Jahre besuchten. Das Ende des Siebenjährigen Krieges, die katastrophalen finanziellen Verhältnisse, die in der Stadt und im ganzen Land herrschten, sowie der bevorstehende Umzug der Familie in das nahe bei Aschersleben gelegene Westdorf – all dies wird den Entschluß des Großvaters beeinflußt haben. Doch als entscheidender Grund ist zu nennen, daß Bürger nunmehr als Vorbereitung auf das Studium die von seinem Stiefsohn, Pastor Temme, geführte Privatschule in Aschersleben besuchen sollte.

Vom Herbst 1763 bis zum Frühjahr 1764 weilte Bürger im großväterlichen Haus. Unter dem Einfluß seines Lehrers Temme, der die zu Beginn des Jahres in Aschersleben wütenden Feuer zum Inhalt einer Predigt nahm, die in einer Gothaer Sammlung erschien, schrieb auch Bürger ein Gedicht mit der Überschrift »Die Feuersbrünste am 4. Januar und 1. April des 1764. Jahres zu Aschersleben, geschildert von Gottfried August Bürger, d. F. K. u. W. B.« – einer den Freien Künsten und Wissenschaften Beflissener. Gedicht und eigene Charakteristik lassen bereits bei dem Sechzehnjährigen erahnen, welcher Bestimmung er sich zutiefst verpflichtet fühlte.

Anstelle des verschollenen Jugendwerks, das »durchaus voll religiöser Gefühle« gewesen sein soll, mag der Chronist mit seinen Aufzeichnungen über diese für die Stadt so folgenreichen Ereignisse zu Worte kommen: »Den 4.Jan. des Abends nach 6 Uhr ließ Gott sein Strafgericht über unsere arme Stadt ergehen, indem ein großes Feuer 9 mit Korn angefüllte Scheuren in einen Aschenhaufen verwandelte. ... Bei diesem Unglück hat es auch nicht an unbarmherzigen Leuten gefehlt, welche die verunglückten Leute, so der Brand betroffen, bestohlen haben, maßen sehr viele und kostbare Sachen entwendet worden. Wie denn auch bei diesem

Aschersleben »Vorderbreite«, Photographie, um 1870

Unglück viele Leute beschädigt, und der Hofesherr H.Corthym gar um sein Leben gekommen. ... Den 2. April hat Gott die arme Stadt in diesem Jahre zum 3. mal mit einer Feuersbrunst heimgesucht, indem in der Nacht zwischen dem 1. und 2. hujus ein fürchterliches Feuer auf dem Tiege entstanden, wodurch 1. des

O Licht helleren Zeichens

Schneider Gebhardt Scheure mit dem noch darin befindlichen Korn, wie auch einige Ställe, 2. des Fleischer Hörnings zwei Scheuren mit dem Korn und der größte Teil der Stallung, 3. des Fabrikant Walters einen Teil der Hintergebäude an Stallung und Boden in einen Aschenhaufen verwandelt worden. Wie aber das Feuer bei dem Schneider Gebhardt ausgekommen sein soll, eigentlich entstanden, davon kann man noch zur Zeit nichts zuverlässiges melden. Indessen dauerte dieses Feuer die ganze Nacht hindurch, und weil es um Mitternacht entstand, da eben die Leute alle in festem Schlafe lagen, und also noch nicht gleich Hilfe da war, nahm das Feuer auch sehr überhand«. An den mannigfachen Ereignissen in der Stadt nahm Bürger noch bis Ende Mai 1764 teil. Am 26. gleichen Monats begann er sein Studium an der Theologischen Fakultät der Universität Halle. Zunehmend weniger sollte der junge Student dieser Studienrichtung abgewinnen. Im Augenblick aber zählte für ihn wohl vor allem die Aussicht auf ein freies, ungezwungenes Studentenleben weit weg von der Familie.

»Ach! von Furien entflammt werde ich umhergetrieben, daß ich gezwungen bin, in solch einem Neste die Blüthe der Jugend zu vergeuden und auf der Laufbahn der Wissenschaften; die ich kaum betreten habe, stille zu stehen. ... O daß bald der heitere Tag anbräche, an dem ich aus Aschersleben fliehen könnte! O Licht helleren Zeichens!«

Es war das zweite Mal, daß Bürger von seinem Großvater aus Halle zurückgerufen wurde. Die grauen Novembertage des Jahres 1767 mögen das ihrige dazu beigetragen haben, daß der ehemalige Student »Ekel« und »Haß« über die Stadt und ihre Bewohner entlud. Sicher, die preußische Garnisonstadt Aschersleben war nicht die Universitätsstadt Halle mit all dem studentischen Leben, mit inspirierenden Gesprächen zwischen Professoren und Kommilitonen; sie war nicht Zentrum einer geistigen Bewegung, die weit über Deutschlands Grenzen hinaus wirkte. »Daß meine Studien in dieser Stadt wenig Förderung erfahren und der Sinn für

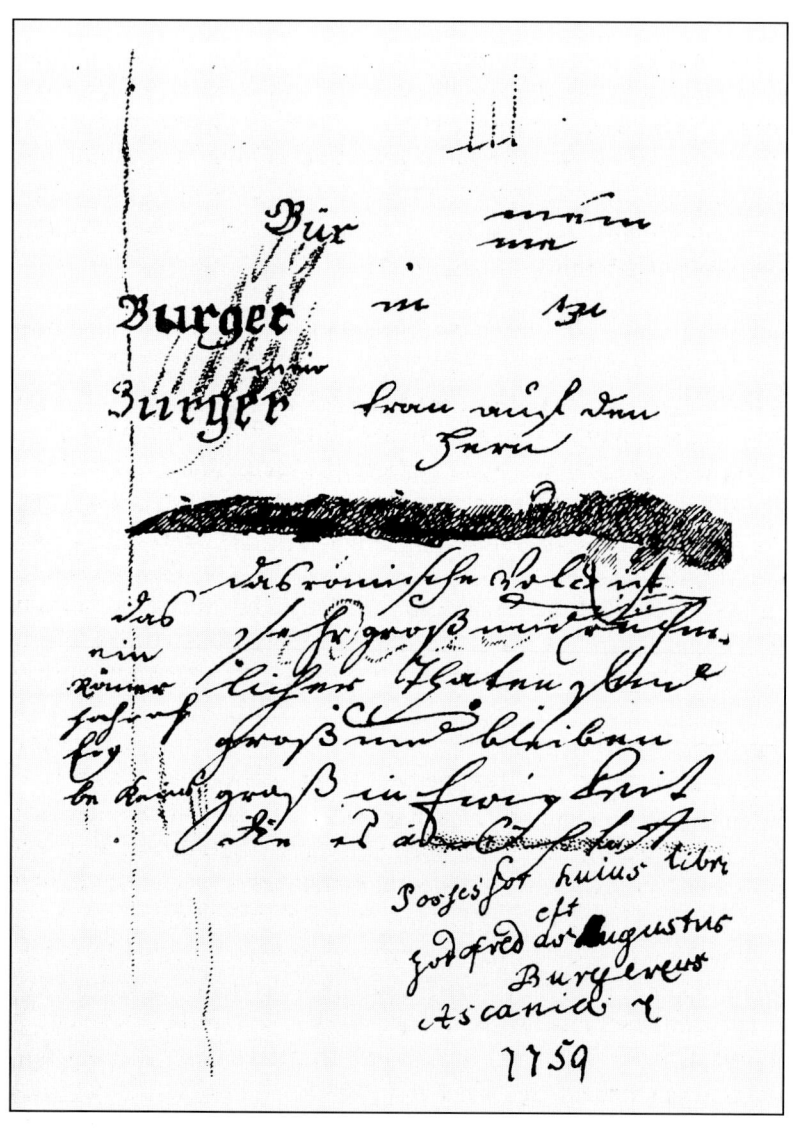

Bürgers Handexemplar einer Ausgabe des römischen Schriftstellers Sallust mit eigenhändigen Einträgen, gezeichnet n. d. Original, W. Kilian 1967

das Schöne durchaus nicht vermehret wird«, soll dem Briefempfänger, seinem in Halle lehrenden Mentor Professor Christian Adolph Klotz, sein »trauriges und einsames Leben« verdeutlichen. Obwohl Aschersleben ihm nicht die geistigen Anregungen geben konnte, nach denen er verlangte, entstanden in dieser Zeit dennoch mehrere Gedichte, so erste Versuche der Nachdichtung des spätantiken Gedichts *Pervigilium Veneris – Die Nachtfeier der Venus.*

Ein Zeitgenosse urteilte milder über Aschersleben, aber auch er schloß seinen Bericht mit den Worten: »An sich hat die Stadt nichts Vorzügliches, aber die Leute sind bieder, umgänglich und gut«. Stadtbewohner im eigentlichen Sinne waren sie nicht, eher in der Mehrzahl rechtschaffene, fleißige Ackersleute, die sich mit den dort ansässigen Handwerkern zu einem Gemeinwesen zusammengefunden hatten. Es gab weder öffentliche Bibliotheken noch Buchhändler und Buchdrucker, und wenn Bürger schrieb: »Der Mist riecht ihnen lieblicher als jedes Räucherwerk, das den Musen angezündet wird«, hatte er verdrängt, daß er von eben diesem Mist lebte und über weite Strecken noch lange leben sollte.

In der Stadt wohnten aber auch Gebildete und Studierte, zwar nicht im Sinne des dichtenden Studenten, vielmehr absolvierten sie weit weg von den Schönen Künsten ein Studium, von dem sie sich gute Aufstiegschancen in einer bürgerlichen Profession versprachen. Brotlose Künste waren in einer Stadt, in der die Dinge ihren Wert durch Nützlichkeit erhielten, wenig gefragt.

Wert durch Nützlichkeit – diesen Wahlspruch hatte sich die Familie Bauer zu eigen gemacht. Investitionen für Studium und Ausbildung des aus Quedlinburg zugezogenen Schustermeisters Johann Caspar Bauer, Bürgers Urgroßvater, waren auf fruchtbaren Boden gefallen. Der Großvater Jakob Philipp Bauer, geboren am 23.12.1696, als Bäckermeister und Hofesherr dem Sankt Elisabeth-Hospital in Aschersleben in Verwaltungsangelegenheiten vorstehend, hatte es bereits zu Ansehen gebracht. Besonders aber seine beiden Brüder, Gallus und Johannes David, gehörten zu den Honoratioren der 6000 Einwohner zählenden Stadt. Ersterer war seit Mai 1733 Ratssyndikus, ihm verdankt die Stadt die Niederschrift der sogenannten *Ascherslebener Willkür* im Jahre 1734, die für lange Zeit als *Statuta Ascaniensia* das Stadtrecht verkörperte. Dessen Sohn Johannes Gottlieb führte von 1754 bis 1768 als Oberbürgermeister Aschersleben durch die Wirrnisse des Siebenjährigen Krieges. Der zweite Bruder, als Färbermeister tätig, wurde wegen seiner Verdienste um die Tuchmanufaktur »auf Sr. Königl. Maj. allergnädigsten Special Befehl« vom Mai 1745 Bürgermeister mit der Bezeichnung »consul honorarius«.

So gingen auch die Töchter standesgemäße Ehen ein. Folgt man den familiären Verflechtungen der Familie Bauer, trifft man bei den Pflaumes, Stäckers, Wentzels und Derlings auf alteingesessene, einflußreiche Familien der Stadt, in deren Reihen neben Handwerksmeistern auch Ratsherren, Bürgermeister, Advokaten und Geistliche zu finden sind. Sicher hatte auch der Großvater den Wunsch, sein einziges Kind, die Mutter des Dichters, angemessen zu verheiraten. Als aus ihrer am 6.11.1742 geschlossenen Ehe neben drei Töchtern Gottfried August als einziger männlicher Nachfolger heranwuchs, werden sich alle Hoffnungen und Pläne auf diesen konzentriert haben.

Daß die Verbitterung umso größer ist, wenn das doch so Gutgemeinte nicht in Erfüllung geht, das sind Erfahrungen, die zu allen Zeiten gemacht wurden. Während sein Neffe bereits als Oberbürgermeister der Stadt vorstand und es damit zu Ansehen und großem Einfluß gebracht hatte, war es der Enkel, der die erheblichen Aufwendungen für Ausbildung und Fortkommen doch so wenig vernünftig, nutzbringend und zukunftsorientiert anlegte. So konnten beide nie wirklich den Weg zueinander finden. Zu verschieden waren ihre Charaktere, zu verschieden ihre Auffassungen von Redlichkeit, Fleiß und anderen Tugenden. Sicher, er konnte wie seine Tochter jähzornig und starrsinnig sein, doch der Vorwurf des Geizes gegenüber seinem Enkel trifft nicht zu.

O Licht helleren Zeichens

Es waren keine kleinen Beträge, die der Großvater in die berufliche Zukunft des Enkels investierte, und wenn in dem Bericht des Sekretärs Waldmann für das Jahr 1766 der Satz nachzulesen ist: »Die vielen Abgaben, welche jetzt alle erleget werden müssen, sind von vielen nicht aufzubringen, und die Not unter den Einwohnern ist unbeschreiblich«, soll damit nicht der zur gleichen Zeit in leichtsinnigen Verhältnissen vom Geld des Großvaters lebende und Schulden machende Student moralisch verurteilt werden, sondern vielmehr dem alternden Mann Gerechtigkeit widerfahren.

Als der Hofesherr am letzten Tag des Jahres 1772, dem 25. Geburtstag Bürgers, stirbt, ist er einer der 507 Aschersleber Bürger, die von einer in der Stadt wütenden Epidemie, dem »faulen Fieber«, einem Nervenfieber, dahingerafft werden. »Die Menge der Sterbenden war so groß, daß anstatt eines ehrlichen Begräbnisses viele ohne Sarg und oft ohne Kleider auf dem Seegraben hinter dem Johannishospitale verscharrt wurden«. Sonntägliche Gottesdienste können nur noch selten stattfinden, da auch viele Pfarrer unter den Toten sind. Als auch sein Stiefsohn Johann Friedrich Temme an der heimtückischen Krankheit stirbt, verläßt den alten, kranken Mann der Lebensmut.

In einem Brief an Bürgers Schwester Henriette Philippine, fünf Tage vor seinem Tode datiert, klagt er: »Ich bin ein Elender und Bejammernswürdiger krancker Mann, den ich bin ein solcher Mensch der sich von 2 Menschen den gantzen Tag muss führen und Tragen lassen, ich esse wöchendlich nicht für 6 Pfg. Brodt, ich muss Seyfftzen, ich – Esse Asche wie Brodt und – missche meinen Trank mit Weinen, und in Heiligen Weihnachts-Abendt – wolte sich Leib und Seele bey mir Trennen, das es hiess, ja nur ein Schritt ja nur ein Haar, mir schir schon Todt und Leben war«.

Für Bürger mag der Tod seines Großvaters Anlaß für eine neue, gerechte Beurteilung gewesen sein: »Mich hat dieser Verlust schmerzlicher gerührt, als ich vordem geglaubt hätte. Denn er war

Jacob Philipp Bauer (1696-1772)
Porträt auf der Lade der Bäckerinnung Aschersleben

doch, bei aller seiner Härte, ein grundehrlicher und guter Mann«. Schnell läßt er von seinem Verleger Dieterich in Göttingen sein fünfstrophiges Gedicht *Zum Gedächtniß meines guten Großvaters* als Nachruf in hundert Exemplaren drucken und in Aschersleben verteilen.

> Ach! Er war mein treuer Pfleger,
> Von dem Wiegenalter an.—
> Was ich bin, und was ich habe,
> Gab der Mann in diesem Grabe,
> Alles dank' ich diesem guten Mann!—
> [...]

In Halle und Greifswald, um nur zwei Städte zu nennen, hat man in den siebziger Jahren dieses Jahrhunderts und weit in die achtziger hinein die Altstädte nicht erhalten, instandgesetzt und restauriert, sondern abgerissen. Häßliche Plattenbauweise ersetzt nun, was in Jahrhunderten organisch gewachsen war. Überall in Deutschland beging man auf diesem Gebiet Frevel, und Denkmalspflege wurde oft den rationellen, kostensparenden Lösungen geopfert. Besonders aber in der DDR, wo man die mahnenden Worte der wenigen Engagierten unterdrückte, wo man glaubte, die Geschichte müsse bei Null beginnen, da tat man das auf eine Weise, die jeden Beobachter verblüfft.

Der 1986/87 begonnene Teilabriß der Altstadt von Aschersleben hinter der Stephanikirche hat tiefe Spuren hinterlassen, wenn auch hier keine Neubauten in Plattenbauweise wie in Greifswald und Halle entstanden sind. Was wird nun auf dem wüsten Areal entstehen? Wie werden die dort geplanten Wohnhäuser aussehen? Zu hoffen ist, daß mit einer behutsamen Architektur der Stadt wieder ihr typisches Antlitz zurückgegeben wird. Von hoffnungsvollen Anfängen ist zu berichten. Im einstmals idyllischen Kirchhof findet man heute liebevoll sanierte Altbausubstanz und Abriß nebeneinander.

O Licht helleren Zeichens

Das alte Stephaneum steht noch. Doch eine höhere Lehranstalt ist es schon lange nicht mehr, da das kleine Gebäude bei der rasch steigenden Einwohnerzahl bald nicht mehr den Ansprüchen genügte und nur noch als Volksschule diente. Viele Ehepaare verbinden mit dem Gebäude, das von 1925 bis 1958 Standesamt war, Erinnerungen an ihren Hochzeitstag. Später wurde es wieder für die Lehre genutzt: Bis in die jüngsten Tage befand sich in seinen Räumen eine Berufsschule für die Konsumgenossenschaft. Welcher Bestimmung das nunmehr leerstehende Gebäude jetzt zugeführt wird, ist noch ungeklärt.

Das heutige Stephaneum wurde an anderer Stelle 1875 neu aufgebaut. Nachdem die Schule während der Zeit der DDR als Thomas-Müntzer-Oberschule geführt wurde, besinnt man sich wieder des alten Namens und belebt die bis ins 14. Jahrhundert zurückreichende Tradition.

Unter den vielen Namen, die als Berühmtheiten der Stadt Aschersleben geführt werden, sind neben Gottfried August Bürger besonders Johann Melchior Goeze und Adam Ölschläger zu nennen, beide ebenfalls Schüler des Stephaneums. Ersterer hatte es als Hauptpastor in Hamburg und verknöcherter Vertreter des orthodoxen Luthertums im Streit mit dem aufklärerischen Lessing zu widersprüchlichem Ruhm gebracht. Seine Heirat mit der Tochter des Bürgermeisters Derling stellte familiäre Verbindungen zu den Bauers her. Daß sein Vater von 1729 bis 1766 als erster Geistlicher der Stephanikirche zu Aschersleben eine lebenslange Freundschaft mit Pastor Abel pflegte, zeigt die engen Verflechtungen und Abhängigkeiten innerhalb der Bürgerschaft dieser Stadt. Adam Ölschläger, bekannt als Adam Olearius, läßt das Herz eines jeden Bibliophilen höherschlagen. Seine mit Kupferstichen reich versehene, großformatige »Beschreibung der moskowitischen und persischen Reise« aus der Mitte des 17. Jahrhunderts gehört zu den Kronjuwelen deutscher Reiseliteratur.

Die wenigen Spuren, die Bürger in der Stadt hinterließ, sind in den Wirren der Zeit untergegangen. Das Schülerverzeichnis

O Licht helleren Zeichens

des Stephaneums, das vom Dichter benutzte Handexemplar des römischen Schriftstellers Sallust mit persönlichen Anmerkungen und Namenseintrag, all dies sucht man vergeblich. Es muß wohl für die Stadt als verloren betrachtet werden.

Aber es gibt Fördervereine, Geschichtsvereine, aller Orten regt sich ein neues Bekenntnis zur Geschichte der alten Stadt. Engagiert sollen übriggebliebene Fachwerkhäuser, die Konradsburg und die noch vorhandenen zahlreichen Stadttürme einschließlich etwa 2000 Meter Stadtmauer aus mehr als 1200jähriger Stadtgeschichte erhalten, restauriert und geschützt werden. Der profunde Kenner und jahrzehntelange Sammler stadtgeschichtlicher Literatur, Gerhard Stolle, ist zum gefragten Mann, zum Mittelpunkt zahlreicher historischer Initiativen geworden. Heute weiß man, daß Geschichte auch Pfründe sein kann. Mancher Reisende eilt nicht mehr vorbei, sondern ergreift die Gelegenheit für eine Stadtbesichtigung.

Arbeitslosigkeit auch hier, wo viele ehemalige Großbetriebe keine Arbeit mehr geben können. Aber dennoch spürt man die neue Zeit und hört weniger Klagen als anderswo. Vielleicht entspricht es der Tradition der soliden Handwerker und Ackerbürger, sich trotz aller Träume den Sinn fürs Machbare zu bewahren.

Im November 1775 liegt die Mutter des Dichters, die nach dem Tode ihres Mannes zum Vater nach Aschersleben gezogen war, im Sterben. Der Sohn eilt zu ihr, aber er kommt zu spät. In den nun anstehenden Erbschaftsangelegenheiten sollte wieder einmal Verdruß im Zusammenhang mit dieser Stadt entstehen. Doch hier waren es eher die Schwestern, genauer Friederikes Ehemann, der für böses Blut sorgte. Gemeinsam erbte man verbliebene vierundsiebzig Morgen Land im Werte von 4000 Talern, die in einem Brief Bürgers an den preußischen König, in dem er vergeblich um Anstellung bat, Erwähnung finden.

Als sich Bürgers Freund und Mitschüler aus vergangenen Tagen auf dem Pädagogium in Halle, der Dichter Leopold Friedrich

O Licht helleren Zeichens

Günther Goeckingk, im Jahre 1790 für seine Wahl zum Ratsmann von Aschersleben einsetzt und dies mit dem Hinweis verbindet, »wie sehr ihnen diese Wahl ihres berühmten Landsmanns Ehre machen würde«, entschied man sich auch hier nicht für Bürger, sondern für den Ascherslebener Rektor, Prediger und langjährigen Beiträger des *Göttinger Musenalmanachs*, Christoph Friedrich Sangerhausen, mit dem der Dichter in jahrelangem persönlichen Kontakt gestanden hatte.

Ungeliebte Heimatstadt Aschersleben, »...mich ekelt, ja mich ekelt dieser Heimath«. Es gibt Bindungen, die begleiten einen ein ganzes Leben und manchmal auch darüber hinaus. Als Bürger 1794 von Göttingen aus dem Ascherslebener Bürgermeister Bollmann die Vollmacht zum Verkauf seiner Äcker überträgt, da mag der Kranke, Ausgezehrte, von Schulden Geplagte in eben jenem Verkaufserlös eine letzte Rettung gesehen haben. Aber als Ausländer wartet er vergeblich. Geldtransfers von Preußen ins Kurfürstentum Braunschweig-Lüneburg waren an vielerlei Vorschriften und Bedingungen geknüpft. Das von ihm so dringend benötigte »O Licht helleren Zeichens« sollte erst fünf Wochen nach seinem Tode eintreffen.

V. DER KLEINE BÜRGER

»Rettet die Franckeschen Stiftungen!« Ein Hilferuf aus aufgewühlten Tagen des Sommers 1990. Schon vor der Wende hatte man mit Ideen und Plänen zur Restaurierung von Gebäuden und mit der Belebung von überliefertem Gedankengut dieser berühmten Institution begonnen. Aber man hatte es auch einfacher als all die anderen Initiatoren aus den neuen Bundesländern.

Der gebürtige Hallenser und ehemalige Bundesaußenminister Hans-Dietrich Genscher nahm sich geradezu beschwörend seiner Heimatstadt an. Seiner Reputation, seinem Einsatz für die Franckeschen Stiftungen ist es in besonderem Maße zu verdanken, daß seit geraumer Zeit mit Nachdruck an der Instandsetzung des riesigen Gebäudekomplexes gearbeitet wird. Vorsitzender des Kuratoriums und Schirmherr des Freundeskreises der Franckeschen Stiftungen, in diesen Eigenschaften unterstützt der populäre Politiker eine Rettung, wie sie bei ähnlichen Projekten oft nur schwerlich vorankommt oder nach euphorischem Start schnell stagniert.

Als man in dem damaligen Direktor der Herzog August Bibliothek in Wolfenbüttel, Prof. Dr. Paul Raabe, einen zweiten Förderer und Helfer fand, sind Politik und Geist, die vieldiskutierten scheinbaren Antipoden, eine fruchtbare Symbiose eingegangen. In seiner jetzigen Funktion als Direktor der Franckeschen Stiftungen mag der Gelehrte ein neues »Bibliosibirsk« gefunden haben.

Überall Baugerüste, überall Aufräumarbeiten, die bis zur 300 Jahrfeier 1998 weitgehend abgeschlossen sein sollen. Schon kann der Besucher, der Forscher im renovierten Lesesaal in der reichen Sammlung von Schulprogrammen, Dissertationen und handschriftlichen Überlieferungen Franckes blättern sowie zahlreiche Bände pietistischer und frühaufklärerischer Literatur einsehen und sich bei jedem neuen Besuch über eine bessere, weniger improvisierte Situation freuen.

Schriften der Franckeschen Stiftungen 2, Halle 1992: »Die Zeit des Nationalsozialismus überstanden die Stiftungen, abgesehen von einigen allerdings verheerenden Bombentreffern, noch ohne inneren Schaden«. Ein schrecklicher, ein leichtfertiger Satz aus heutigen Tagen, in denen man doch so kritisch mit den Mächtigen der ehemaligen DDR und deren Umgang mit den Franckeschen Stiftungen abrechnet. Die Nationalsozialisten haben die Stiftungen als juristische Person zwar nicht angetastet, aber der Geist August Hermann Franckes wurde mit der Einführung der Fächer Rassenkunde und Vererbungslehre sowie dem Verbot des Hebräischunterrichtes mit Füßen getreten. Es gilt aufzuräumen mit der Auffassung, die Stiftungen seien während der zwölfjährigen nationalsozialistischen Herrschaft sozusagen eine Insel gewesen, die »ohne inneren Schaden« in der sie umgebenden Barbarei überlebte.

Die folgenden Hausherren waren auf eine andere, weniger barbarische, dafür bürokratische Art gründlich, in dem sie per Verordnung im September 1946 die Stiftungen in ihrer Rechtspersönlichkeit aufhoben. Die nun einziehende Arbeiter- und Bauernfakultät Walter Ulbricht, die verschiedenen Institutionen der Martin-Luther-Universität, die weiterexistierenden zahlreichen schulischen Einrichtungen, sie alle verbreiteten einen Geist, der den Idealen ihres Gründers entgegenstand und dem aufgewachte, mutige Bürger in der Endphase dieses Staates Montag für Montag eine Absage erteilten. Mit der Bekanntmachung des Ministeriums für Wissenschaft und Forschung des neu entstandenen

Bundeslandes Sachsen-Anhalt wurde am 18. September 1991 die Verordnung von 1946 für rechtswidrig und unwirksam erklärt.

August Hermann Francke, Professor für biblische Sprachen und Pfarrer, war als Pietist einer der großen, der wortgewaltigen Erneuerer der verkrusteten lutherischen Kirche des ausgehenden 17. Jahrhunderts. Er verstand Pietismus als seelische Erneuerungsbewegung, als emotional betonte Frömmigkeit, aber auch als religiös-soziale Bewegung, als Ausdruck der »Verkörperung eines thätigen Christentums«.

Die vor allem in den Jahren 1694 bis 1730 entstandenen Franckeschen Stiftungen waren die Verwirklichung jener Ideen, die ihr Gründer über die theoretische Auseinandersetzung hinaus in das Praktische, Faßbare umsetzte. Armenschule, Waisenhaus – aus kleinen Anfängen entwickelte sich ein Zentrum pietistischer Bildung mit einer Reihe von erwerbenden Anstalten wie Druckerei, Apotheke, Brauhaus und Meierei, eine eigene Stadt in der Stadt Glaucha, die erst im November 1817 ihre Eigenständigkeit verlor und mit Halle vereinigt wurde.

Hier, vor den Toren der Stadt Halle mit ihrer 1694 gegründeten Universität, im Kräftespiel von Aufklärung und Pietismus, bezog Bürger im September 1760 das Pädagogium Regium, das der »Erziehung und Information einiger Adlichen und Herrenstandes Kinder« dienen sollte und neben anderen selbständigen Einrichtungen im Rahmen der Franckeschen Stiftungen bestand.

Die Reise nach Halle wird für den dreizehnjährigen Jungen ein großes Erlebnis gewesen sein. Sicher haben Neugierde und Ungeduld in ihm jene Stimmung erzeugt, zu der Kinder in besonderem Maße fähig sind. Es ist anzunehmen, daß er nicht eine der vorhandenen Postkutschen benutzte. Vielmehr wird sich der sparsame Großvater umgehört haben, wann ein Handwerker oder Kaufmann beabsichtigte, mit dem Fuhrwerk ins 48 Kilometer entfernte Halle zu fahren.

Mit seinem unfreiwilligen Abschied vom Stephaneum ging er keinen schlechten Tausch ein. Die seit 1702 mit königlichem Privileg versehene höhere Lehranstalt hatte sich einen erstklassigen Ruf weit über Deutschlands Grenzen hinaus erworben. Selbst Schüler aus Amerika, Ostindien und der Türkei waren neben solchen aus England, Portugal und Rußland vertreten.

»Das Hallische Waysenhaus«
Kupferstich von Johann Christoph Sysang, 1727

Von Anfang an war geplant, der bescheidenen Anzahl von 60 bis 70 Schülern möglichst viele Lehrer zur Seite zu stellen. Berücksichtigt man neben den Pädagogen auch die mit der Betreuung der Internatszöglinge Beschäftigten wie »Speisewirth, Wächter und Bettfrauen«, so war damit nicht nur der Boden für die Umsetzung der Franckeschen Erziehungsideale bereitet, sondern auch den Ansprüchen der »Adlichen und Herrenstandes Kinder« Genüge getan.

Ein weiteres trugen dazu auch die Unterbringungsmöglichkeiten zu maximal drei Schülern und mehrere zur Auswahl stehende Menüs bei. Dieser Komfort hatte seinen Preis. Die gesamten jährlich von den Eltern zu entrichtenden Grundkosten beliefen sich auf ein Minimum von 180 Talern, die jedoch für zusätzliche Leistungen wie Klavier- und Fechtunterricht, aber auch für Lernmittel, Arztbesuche und sonntägliche Kollekten, auf die von der Schulleitung besonders hingewiesen wurde, schnell 300 Taler erreichen konnten. Zum Vergleich: Der Leser wird noch jene 160 Taler Jahressalär im Gedächtnis haben, welche die Pfarrstelle von Bürgers Vater in Molmerswende einbrachte.

Das Gebäude hatte man auf einer »beträchtlichen Anhöhe, die zugleich den Vorteil einer sehr gesunden Luft gewährt«, errichtet. In einer auch als Werbeschrift gedachten Abhandlung über das Pädagogium aus dem Jahre 1784 vergaß man nicht anzumerken, daß »sehr weißlich die Gemächer, welche so oft die Luft prächtiger Schulgebäude und großer Hotels in angesehenen Städten vergiften, in einer gehörigen Entfernung auf dem Hinterhofe angebracht, ohne daß man gleichwohl vergessen hätte, des Nachts im Nothfalle für nähere Bequemlichkeit zu sorgen«.

Neben den althergebrachten Fächern bot die Schule vielfältige Bildungsmöglichkeiten an: Philosophie, Theorie der Schönen Wissenschaften, Rhetorik und Poetik, mechanische Fertigkeiten und Künste. Sogar das Tranchieren von Wild und Geflügel sowie allerlei handwerkliche Fähigkeiten wie Drechseln, Glasschleifen, Lackieren, Gartenbau und auch Besuche bei Künstlern und Handwerkern standen auf dem in der damaligen Schullandschaft unüblichen Stundenplan.

Als der den »religiösen Eiferern« abgeneigt gegenüberstehende Friedrich der Große 1755 per Kabinettsorder dem Pädagogium die Anweisung erteilte, einen Tanzmeister anzustellen und »Lektionen für Edelleute« in den Unterricht einfließen zu lassen, war ein neues Schulfach kreiert. Die Stiftungen, damals unter der Leitung von Franckes Sohn, hatten sich »billig und bereit gefunden, alle dem Folge zu leisten, was S.[eine] M.[ajestät] befohlen«.

Mit Freude wird man dem nicht nachgekommen sein, hielt man doch schon immer Zerstreuungen dieser Art, so auch die Aufführung von Theaterstücken, für moralisch verwerflich. Aber man fand in Friedrich II. eben keinen Fürsprecher für die pietistischen Ideale wie noch in seinem Vater, dem Soldatenkönig. Der Alte Fritz jedenfalls mochte sich für dieses »Geistliche Mukerpack ... und Herrn Francke oder wie der Schurke heißt« nie erwärmen.

Titelkupfer zu: A. H. Niemeyer »Nachricht von der gegenwärtigen Einrichtung des königlichen Pädagogiums zu Glauchau vor Halle«, 1784

Über all den hochgesteckten pädagogischen Zielen der Anstalt thronte die pietistische Weltanschauung. Sie war zugleich Motor und Ziel aller schulischen Aktivitäten: »Wir sind zuförderst überzeugt, daß eine aufrichtige Liebe zur Religion das höchste vollkommenste und würksamste Mittel zu tugendhaften Gesinnungen und Handlungen sey«. Angestrebt wurde eine Religiosität, »die nicht bloß in mechanischem körperlichem Gottesdienst besteht, sondern bey der die äussere Verehrung Gottes, Ausdruck innerer Ehrfurcht, Liebe und Dankbarkeit, mit einem Wort thätiges Christenthum wird«.

Der kleine Bürger

Wieder berührt der Siebenjährige Krieg Bürgers Leben, denn sein dreijähriger Aufenthalt im Pädagogium war bestimmt von den letzten Jahren dieses unsäglichen Ereignisses. Einen Tag, nachdem sich der Knabe am 8. September 1760 in der Schulanstalt »recipirt«, also eingetragen hatte, wurde die Stadt von feindlichen Truppen besetzt. Ihr Führer, der gefürchtete Koschin von Freudenfeld, errichtete ein Schreckensregiment, das die Erzählungen über Aschersleben aus der gleichen Zeit verblassen läßt. Die zweimonatige Besetzung Halles, Bürgers erste Wochen hier waren geprägt von Plünderungen, von Menschen, die sich »ertränkten oder erhängten«, von Gebäuden, die, von Husaren und Kroaten angezündet, in Flammen aufgingen, vom »Weinen und Schreien der so schwer heimgesuchten Bürgerschaft« und von riesigen Summen, die man unter Androhung von »Sengen und Brennen« erpreßte.

Ähnliche Geschichten sind auch aus der folgenden Zeit überliefert, als die Stadt erneut von feindlichen Truppen heimgesucht wurde. Erst der Friedensschluß zu Hubertusburg am 15. Februar 1763 brachte der Stadt die langersehnte Ruhe. Die Rückkehr des in Halle stationierten Bernburgischen Regiments Ende Februar gleichen Jahres bot Bürger später das Motiv für die folgende Strophe seiner Ballade *Lenore*:

> Der König und die Kaiserin,
> Des langen Haders müde,
> Erweichten ihren harten Sinn,
> Und machten endlich Friede;
> Und jedes Heer, mit Sing und Sang,
> Mit Paukenschlag und Kling und Klang,
> Geschmückt mit grünen Reisern,
> Zog heim zu seinen Häusern.

Die Stiftungen blieben zwar von Plünderungen und Brandschatzungen verschont, aber der Lehrbetrieb, wie könnte es anders sein, sollte dennoch beeinträchtigt werden, wobei es schon »verwundert, wie in allen diesem kriegerischen Tumult die Frequenz des Instituts so bedeutend war. Doch brachte der Krieg sonst viel Verdruß und Mühsal, bald ernsterer, bald komischer Art. Die Ein-

»Das Waysen-Haus zu Glaucha vor Halle«
Kupferstich von Gottfried August Gründler, 1749

künfte der Anstalt liefen oft äußerst unregelmäßig ein, die allgemeine Landesnoth machte sich auch bei uns recht fühlbar und wurde für den Einzelnen oft ganz unerträglich. Viele nöthigen Bedürfnisse waren zuweilen selbst für die theuersten Preise nicht herbeizuschaffen. So wird vielfach über die Noth mit dem Holze geklagt und der Koch ist oft nicht im Stande, die schon damals wählingen Zungen seiner Kostgänger auch nur einigermaßen zu befriedigen«.

In dieser unruhigen Zeit gilt es für Bürger, sich einzurichten, einzuleben. Vielleicht überdecken die Tagesereignisse des Kriegsgetümmels manche seiner Unsicherheiten. Ein Eintrag in das Album eines Mitschülers deutet darauf hin, daß Bürger recht schnell Anschluß gefunden hat: »Schicksale regieren die Welt, alles steht fest unter dem Gesetz«, schreibt er vielsagend am 3. Dezember 1760, drei Monate nach seiner Ankunft in den Franckeschen Stiftungen, zur Erinnerung »des Namens Deines Dir sehr ergebenen Verehrers«.

Besonders die vielen adligen Mitschüler werden seine heimliche Neugierde, Bewunderung und Ehrfurcht hervorgerufen haben. Auffallend ist, daß sich Adlige und Bürgerliche in den ersten hundert Jahren der Geschichte des Pädagogiums geradezu mathematisch die Waage halten. Zu seinen Stubengenossen zählen von Hopfgarten aus Sachsen, von Vangerow, der Regierungsrat in Magdeburg werden wird, und der spätere preußische Etat- und Justizminister von der Reck. Neben weiteren illustren Mitschülern wie Christian August, des Heiligen Römischen Reichs Graf zu Solms Baruth-Wildenfels, Carl Wilhelm von Blücher sowie Carl Levin Friedrich von der Schulenburg ist insbesondere Leopold Friedrich Günther Goeckingk zu nennen.

»Da wir Landsleute sind, so bin ich schon längst begierig gewesen zu wissen, ob ich nicht auf dem Pädagogio in Halle das Vergnügen gehabt habe, Sie zu kennen? Es studirte da zugleich mit mir ein Herr Bürger aus Aschersleben, und was könnte mir erwünschter seyn, als wenn ich den nach so langer Zeit in Ihnen wieder fände!« Worte, mit denen Goeckingk am 21. April 1775 Verbindung mit dem verschollen geglaubten Mitschüler aus den Tagen des Pädagogiums aufnimmt. In vertraulichem Schalk dichtet er einen Monat später:

> Ich mögte, wie Lottchen in der Operette, sagen:
> Ich habe meinen Bürger wieder!
> Ich habe Dich, ich halte Dich,
> Und nie geb ich Dich wieder!

Der kleine Bürger

Nach jahrzehntelanger Freundschaft schreibt er in seinem Gedicht *Auf Bürger's Tod* über die gemeinsame Zeit auf dem Pädagogium: »So, so sank er dahin im schönsten männlichen/ Alter,/ Den ich schon herzlich geliebt, als er dem/ Rehe noch glich, Als sein kräftiger Arm den Federball über die Spitze/ Jenes Denkmals trieb, das sich einst Franke/ gebaut«.

Kurz vor sechs Uhr Wecken, eine halbe Stunde Morgenandacht und von sieben bis acht Uhr die erste Unterrichtsstunde. Danach eine Freistunde für das Einnehmen der ersten Mahlzeit. Unterricht bis zwölf Uhr und in der anschließenden Mittagspause die Ermahnung: »Über der Mahlzeit wird an Sonn- und Festtagen die Predigt wiederholet: in den übrigen Tagen aber wird ein Capitel aus der Bibel gelesen, und aus demselben wol zu einem nützlichen Gespräch Gelegenheit genommen. Auch werden die Teutsche, Lateinische und Französische Zeitungen nebst andern historischen und nützlichen Tractätchen laut vorgelesen, und allerhand nützliche Discurse darüber geführt«. Danach weiter Unterricht bis in die frühen Abendstunden, genau bis sieben Uhr, und »ein Viertel nach dem Schlage wird gespeiset: und dabey alles also gehalten, wie von der Mittagsmahlzeit gemeldet worden«. Spielen und Spazierengehen im Garten schließen sich an, aber welch kurze verbleibende Zeit zur Entspannung, wenn doch um 9 Uhr das Abendgebet folgt, das »im Winter noch wol etwas zeitiger angefangen werden soll«, und eine halbe Stunde später Nachtruhe. Mittwochs und sonnabends wurde »repetiret«, das Gelernte vertieft.

Zu den wenigen Zeugnissen aus Bürgers Schulzeit in Halle zählt eine Bemerkung des Dichters über den Instrumentalunterricht, insbesondere das dort eifrig gepflegte Flötenspiel: »Ich erinnere mich, daß mir in meinen Schuljahren die Flöte, die doch ein so lieblich tönendes Instrument ist, auf lange Zeit dadurch verleidet wurde, daß eine Menge meiner Mitschüler zur Linken und Rechten, über und unter, hinter und vor mir, die Flöte blasen lernten, und Tag für Tag mir die Ohren darauf voll dudelten«.

Der kleine Bürger

Vergangene Tage in Molmerswende, sorgloses Spiel mit Freunden in versteckten Winkeln und weit entfernt die Dächer des Heimatdorfes, die klein gewordene Kirche. Den Berichten Rektor Niemeyers zufolge war der ehemalige Dorfjunge aber in Halle nicht unglücklich, obwohl ständige Aufsicht und räumliche Enge ihn dort umgaben. Als er bei seinem Weggang in Tränen ausbricht, wird er über den Abschiedsschmerz hinaus gefühlt haben, daß dieser Rückruf kein erneutes Umherschweifen in Wald und Flur bedeutet, sondern großväterliche Aufsicht in Aschersleben und das Ende eines unwiederbringlichen Lebensabschnitts: der Kindheit.

Der 1723 in der Grafschaft Schaumburg-Lippe geborene Johann Anton Niemeyer und sein Bruder waren die Begründer einer Familiendynastie, die sich über ein Jahrhundert in hervorgehobenen Positionen den Franckeschen Stiftungen verpflichtet fühlte. Wie so viele, die später hier in Amt und Würden standen, begann Niemeyer seinen Weg auf der Lateinschule des Waisenhauses. Nachdem er im April 1743 sein Studium in Halle aufgenommen hatte, unterrichtete er, entsprechend der damaligen Sitte, an der Knabenschule dieser Anstalt. Seit Oktober 1746 war er nach abgeschlossenem Studium als Lehrer am Pädagogium tätig, und 1750 übernahm er zusammen mit Johann Friedrich Fiddichow die Leitung der Einrichtung. Als dieser im Jahre 1761 starb, führte Niemeyer »nun die Aufsicht allein, mit ausgezeichnetem Gewinn für das täglich blühender werdende Institut«.

In der Durchsetzung seiner Ideen und Ansichten war er ein sehr kleinlich handelnder Mensch. Vor allem bestimmte seine Religiosität, verbunden mit der der Anstalt eigenen pietistischen Weltanschauung, seinen Lebensweg. »Kindliches Spiel ist verpönt, Müßiggang wird unterbunden. Alles ist auf Nützlichkeit ausgerichtet«. Ein von ihm selbst geschildertes Erlebnis charakterisiert seine Persönlichkeit vielleicht am zutreffendsten: »Zu meinem großen Kummer traf ich neulich Einige auf Hr. Leistens Hinter-

Johann Anton Niemeyer (1723-1765)

stube im Spiele an. Es war ein kleines Damenbrett, das man in die Tasche stecken konnte. Hr. Leiste war auf der Vorderstube. Ich schalt und nahm das Ding weg. Hr. Leiste kam dazu und hörte meine Rede stillschweigend an. Ich ging mit ihm bei Seite, und er sagte, daß er versichern könnte, daß sie nicht um Geld gespielet, noch einige Unordnung dabei angefangen, das Damenspiel sei ein unschuldiges Spiel, er habe es sonst mit Nutzen gespielet und im Kloster U. L. Frauen, wo er gewesen, sei es auch erlaubet gewesen; daher, weil er gar nichts dabei Böses gefunden, habe er hier wol einigemale selbst mitgespielet u.s.w. Hierüber erschrak ich nun nicht wenig, zumal meine Verweise ihn auf diese Weise vor den Scholaren mitbetroffen hatten«.

Doch bestimmten nicht nur Strenge und Disziplin Niemeyers Persönlichkeit. Zahlreiche liebevolle, von sensiblen Gefühlen getragene Vermerke über den Schulbetrieb legen Zeugnis davon ab, daß er auch gütig und nachsichtig sein konnte: »Dem kleinen Bürger sind vier Thlr. gestohlen ... der kleine Bürger ist krank«, eine Nachricht, die zeigt, daß der Aufenthalt im Pädagogium nicht ungetrübt war und schon hier erste Anzeichen späterer Leiden auftraten. Im Sommer 1761 litt Bürger an Blutauswurf, im Januar 1762 am roten Friesel, einer Hautkrankheit.

Nie unterrichtete Rektor Niemeyer den jungen Bürger selbst. Entsprechend den Satzungen der Institution war er für Verwaltung und Aufsicht zuständig. Dennoch erkannte er nach ungefähr einjährigem Aufenthalt des Knaben mit der »Seelenkunde des alten Pädagogen«, welche Kräfte hier schlummerten: »Bürger, des alten Herrn Provisors Bauers in Aschersleben Enkel, hat ganz ungemeine Fähigkeiten und einen gleich großen Stolz«.

Voller Achtung für Niemeyer ist auch der Brief des königlich-preußischen Kriegs- und Domänenrats von Bülow an den »theuersten Lehrer und Freund« vom August 1752, in dem diesem im Spannungsfeld zwischen Strenge und Liebe ein beeindruckendes Zeugnis ausgestellt wird: »Sie trafen die rechte Mittelstraße. Wir hörten nie ein leichtsinnig Wort von Ihnen; Sie redeten uns auch

Christian Leiste (1738-1815)

oft bey Gelegenheiten zu, sprachen mit uns über die Predigt; und waren doch immer fröhlich und heiter, nicht so Kopfhängerich wie andre. Das hat mir tiefe Eindrücke gemacht, besonders auch weil ich so sah, wie gut Sie es mit mir meinten, und wie Ihnen es anlag, daß ich zeitlich und ewig glücklich werden sollte«.

Seinen Lieblingslehrer Christian Leiste hat Bürger sein ganzes Leben lang nicht vergessen. In der schon mehrfach erwähnten Biographie von 1798 wird ihm, dem späteren Rektor der Herzoglichen Großen Schule zu Wolfenbüttel, der 1786 den Titel eines Professors erhält, ein bleibendes Denkmal gesetzt. Einer neuen, offeneren Generation zugehörig stand er dem Jungen einfach näher als der gestrenge Rektor, so auch, wenn er das Taschengeld zum Entsetzen Niemeyers zwei Wochen im voraus verteilte oder sich selbst das eine oder andere Mal verspätete.

Französisch, Physik, Naturgeschichte und Latein waren die Lehrstoffe, die Leiste dem Schüler aus Aschersleben vermittelte. Gerade im Lateinunterricht fanden wohl die von Bürger so geschätzten poetischen Übungen statt, bei denen die Schüler Wörter in eine metrische Ordnung bringen oder den Inhalt von Gedichten poetisch bearbeiten mußten.

Seit geraumer Zeit hatte sich nämlich einiges im Lehrplan geändert, wovon der Chronist des Jahres 1794 berichtet: »Die Epoche, wo man mit Gründlichkeit zugleich einen besseren Geschmack zu verbinden anfing, kann man ohngefähr in das Jahr 1750 setzen. ... Die Zöglinge wurden itzt mit den besten Werken der deutschen Litteratur bekannt. Dies war die Epoche, in welcher sich einige Lieblingsdichter der Nation, z.B. Bürger und Göcking, hier bildeten«. Immer wieder wurden die Schüler zum Vortrag eigener literarischer Versuche angehalten. Im Sommer 1761 trug Bürger ein lateinisches Gedicht vor, und auch in den folgenden Jahren fehlte es nicht an ähnlichem poetischen Bemühen. So besang er in einer deutschen Ode *Christum in Gethsemane*.

Das herausragende Ereignis während Bürgers dreijähriger Schulzeit in Halle bilden die Feierlichkeiten des Pädagogiums zum 50jährigen Gedächtnistag der Einweihung der Gebäude am

Der kleine Bürger

18. und 19. April 1763. Besonderen Glanz geben diesen Tagen die ebenfalls stattfindenden Sieges- und Dankfeiern zum Ende des Siebenjährigen Krieges, zum Frieden von Hubertusburg. Im Festprogramm, verfaßt von »Johann Anton Niemeyer, des Königlichen Pädagogii Inspector«, wird angekündigt, daß Goeckingk in einer Rede in deutscher Sprache »die Huld Gottes, welche er dem Lande und den hiesigen Schulanstalten dadurch erwiesen, daß er unsern Monarchen siegreich zurückgebracht hat«, preist. Ein anderer Schüler dankt Gott in einer lateinischen Ode für den Frieden. »Gottfried August Bürger, aus dem Halberstädtischen, erfüllet eben diese Pflicht, in einer teutschen Ode«. Mit diesem Vortrag im großen Festsaal vor einer hundertköpfigen Zuhörerschaft unter dem Bildnis Friedrichs II. gibt »der kleine Bürger« sein Debüt als Dichter.

Selbst Rektor Niemeyer kann sich seiner Gefühle nicht erwehren: »Es war ein rührender Anblick, zwischen allen Vorgesetzten die sämtlichen Scholaren, gros und klein, wie eine Reihe lebendiger Bäume ... loben und danken zu sehen«.

VI. SIGNOR KLOTZ

Abschied von Aschersleben, so anders als der Weggang ins Pädagogium vor drei Jahren: kein Weiterreichen in eine nächste, neue Aufsicht, sondern Entrinnen der großväterlichen und elterlichen Fürsorge. Chance und Gefahr zugleich, wo man doch fast noch ein Kind war und das Erwachsenwerden nie gelernt hatte.

Ein halbes Jahr hatte Bürger nach seinem Aufenthalt im Pädagogium in der Heimat zugebracht. In diesen Monaten wird er noch nicht die von Ekel und Haß getragene tiefe Ablehnung gespürt haben, mit der er 1767 beim Rückruf vom Studium aus Halle seine Heimatstadt Aschersleben bedenken wird. Vor allem hielt er sich wohl beim Großvater auf, aber auch das nur 5 km entfernt liegende Westdorf, wo der Vater nach langer Wartezeit endlich die Pfarrstelle übernommen hatte, wird im Wechsel mit der Stadt sein Aufenthaltsort gewesen sein, bis er sich schließlich am 26. Mai 1764 als »Ascaniensis« – als Aschersleber – und »theologus« an der Universität in Halle immatrikulierte.

Die allenthalben vorgetragene Vermutung, er habe dieses Studium in Halle nur dem Wunsche des Großvaters gehorchend begonnen, ihm aber ansonsten eher ablehnend gegenübergestanden, bedarf einer Einschränkung. War es nicht eher folgerichtig, daß der Pfarrerssohn – vor allem nach dem Besuch der Franckeschen Stiftungen – das Theologiestudium aufnahm? Erst zwei Jahre später wird sich durch seine Neigung zur Philologie, zum

Schöngeistigen und sein in den Augen der Theologischen Fakultät diskreditierendes Verhalten die Unhaltbarkeit dieser Berufswahl ergeben.

»Prospect eines Theils des Marktplatzes von
Halle dem Rathhause gegenüber«, 1795

Bereits von weitem sieht der Halle-Reisende des 18. Jahrhunderts die Rauchwolken der Feuer, die die Sole in den großen Pfannen zum Verdampfen bringen und der Stadt das so begehrte Salz liefern, dem sie ihre Entstehung, Blüte und auch ihren Namen verdankt. Als dann noch 1694 unter dem Kurfürsten Friedrich III. die hallesche Universität gegründet wird und August Hermann Francke zur gleichen Zeit sein großes pietistisches Aufbauwerk beginnt, sind der alten Stadt mit prosperierendem Handel und langer handwerklicher Tradition die geistigen Attribute beigestellt, die das Leben Halles über Jahrhunderte nachhaltig bestimmen.

Ihr mittelalterliches Aussehen hat sie in all den Jahren dennoch nicht abgelegt: »Was sonst die Zierde der Städte ist, große geräumige Plätze, gute Brücken, und Spaziergänge unter Bäumen innerhalb der Stadt, – das habe ich hier fast ganz vermißt. – Alte, zum Theil hohe Häuser, mit hohen Giebeln, Erkern, welche sehr baufällig sind, und den Vorübergehenden über den Kopf zu stürzen scheinen«, so stellt sich die Stadt dem Neuankömmling dar. »Außerdem sind die Straßen noch dazu sehr enge, unrein besonders beim Regenwetter. Alles dies, nebst dem Kohlendampfe, Schweinemiste, den die Bäcker ungeahndet auf die Straßen befördern dürfen – und die ausgeleerten Nachtöpfe verursachen zuweilen einen unleidlichen Gestank«.

»Die anfänglich so friedliche Gemeinsamkeit der einander innerlich so wesensfremden pietistischen und rationalistischen Strömungen«, die zu Beginn des 18. Jahrhunderts die geistige Entwicklung der Stadt prägen, ist nicht von Dauer. Bald ist das geflügelte Wort im Umlauf: Wer zum Studium nach Halle kommt, verläßt die Stadt entweder als Pietist oder als Atheist. Als der Soldatenkönig 1723 auf Betreiben der Pietisten den Philosophen Christian Wolff von der Universität verweist und aus Halle verbannt, scheint diese religiöse Bewegung der Stadt vollends ihren Stempel aufzudrücken. Erst siebzehn Jahre später beginnt mit der Rückberufung des inzwischen zu Ruhm gelangten Philosophen durch Friedrich den Großen eine neue, glanzvolle Epoche der Aufklärung an dieser Universität.

Strenge und Zucht, Aufsicht und Reglementierung – bereits der Beobachter des Jahres 1779 erkennt, daß durch die Erziehung in den Franckeschen Stiftungen die Schüler »sich größtentheils zu einer äußerlich demüthigen, fast kriechenden Lebensart gewöhnen, im Grunde aber, sobald sie aus ihrem Käfich heraus fliegen dürfen, aller Leichtfertigkeiten, oft großer Ausschweifungen fähig sind«.

Auf den viel zu jungen und wenig gefestigten Studenten Bürger treffen diese Sätze in vollem Umfange zu. Den Ausführungen seines Freundes Heinrich Christian Boie aus Göttinger Tagen zufolge, findet man ihn in Studentenkreisen, die für die Anfechtungen und Versuchungen der Großstadt äußerst empfänglich waren: Laster wie Zechen, Spielen, Duellieren, grobe sexuelle Entgleisungen, Schulden machen waren an der Tagesordnung und den wissenschaftlichen Studien in erheblichem Maße abträglich. Eine Ausnahme, ein Einzelfall war Bürger nicht. »In Jena und Halle war die Roheit aufs höchste gestiegen, körperliche Stärke, Fechtergewandtheit, die wildeste Selbsthilfe war dort an der Tagesordnung; und ein solcher Zustand kann sich nur durch den gemeinsten Saus und Braus erhalten und fortpflanzen«, wie Goethe zu erzählen weiß.

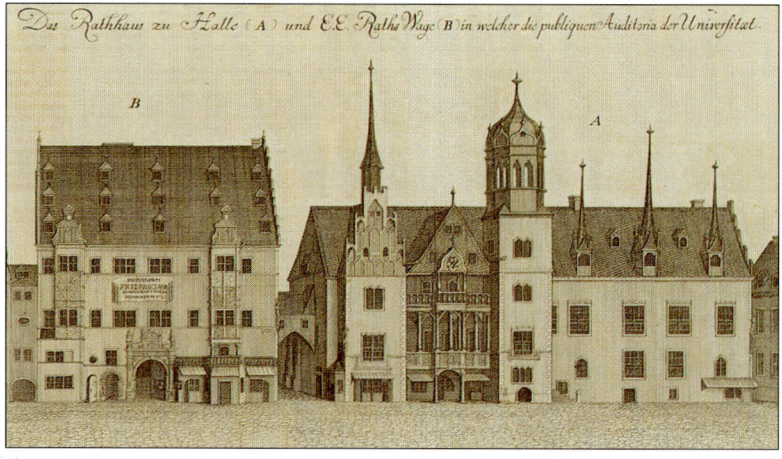

»Das Rathaus zu Halle (A) und E.E. Raths Wage (B) in welcher die publiquen Auditoria der Universität«, 1749

Die halleschen Studenten, denen man nachsagte, »viel beweibt und Kenner der weiblichen Reize« und »lüstern, mit ganzem Sinn der Liebe ergeben« zu sein, sie hatten »die Wahl, entweder die Vaterfreuden auf Kosten des guten Rufs und des Geldbeutels zu früh zu empfinden, oder was noch schlimmer ist, die Gesundheit gänzlich zu zerstören und noch in späteren Jahren ein ewiges Andenken an dem Körper zu tragen«. Die Syphilis grassierte erschrekkend unter den Studenten in Halle, und viele Zeitzeugen berichten, »daß der größte Teil der inficierten Studenten grade Theologen, Söhne von Schullehrern und Predigern, gewesene Waisenhäusler seien«.

Diese Zeit hat auch in der Umgangssprache ihre Spuren hinterlassen. Das in Halle von einem Pfälzer Flüchtling gegen Ende des 17. Jahrhunderts eingeführte Braunbier, Puff genannt, steht nunmehr für die verrufenen Keller und Spelunken, in denen man es ausschenkt und wo bestimmte weibliche Dienste angeboten werden.

Das Laster des Trinkens war in studentischen Kreisen sehr verbreitet, und in ritualisierten Trinkgelagen landeten nicht wenige unter dem Tisch. Ja, es traten sogar vereinzelte Todesfälle aufgrund von Alkoholvergiftungen auf. Bürger sollte zeitlebens dem übermäßigen Alkoholgenuß anhängen. Übermütige, aber auch selbstkritische Bekenntnisse hierzu finden sich in vielen seiner Briefe und in seinem poetischen Werk. Einem Kommilitonen schreibt er dem Trinkkult jener Tage gemäß ins Stammbuch:

> Der leere Franzmann pfeift und schneidet Capriolen,
> Der römische Castrate singt,
> Der Britte läßt am Strang sich Miltons Teufel hohlen,
> Der Teutsche, was tut der? er trinkt.

Auch die Spielleidenschaft, der Bürger immer wieder frönt, nimmt hier ihren Anfang. L'Hombre, ein damals beliebtes spanisches Kartenspiel, und die zahlreichen Glückslotterien vermehren nicht nur in halleschen Studententagen über den Umweg der betrogenen Hoffnungen seine Schulden.

Wie privilegiert es war, eine Universität zu besuchen, verdeutlichen einige Zahlen. Hundert bis zweihundert Taler im Jahr betrugen die Kosten für ein Studium, das durchschnittlich zwei Jahre dauerte. Zur gleichen Zeit bekam eine Köchin 12, eine Kindermagd 6 und ein Knecht 15 Taler Jahresgehalt. Nicht zuletzt daraus ergaben sich die aus heutiger Sicht geringen Studentenzahlen: Die Universität Halle kam, obwohl sie als eine der besuchtesten galt, damals nie über 1000 Studenten, Göttingen konnte 700, Wittenberg 300, Straßburg 250, Königsberg 300 und Breslau 200 Hörer aufweisen. Den 3500 Studenten, die sich pro Jahr im gesamten deutschsprachigen Raum immatrikulierten, stand eine Einwohnerzahl von knapp 20 Millionen gegenüber.

»Die S. Ulrichs Kirche zu Halle«, 1749

»Konzerthalle am Boulevard«. Nur der eingeweihte Hallenser weiß, daß es sich hierbei um die 1981 umgebaute, mehr als 600 Jahre alte St. Ulrichskirche handelt. Als man 1980 ihre nur noch wenigen Gemeindemitglieder in die Marienkirche eingepfarrt hatte, wurde das Gotteshaus der Stadt zur Verfügung gestellt und als Konzerthalle genutzt. Hinter der Bezeichnung Boulevard verbirgt sich die zur Fußgängerzone umgestaltete Leipziger Straße, eine schon seit Jahrzehnten bestehende Hauptgeschäfts- und Einkaufsstraße. In DDR-Zeiten wurde sie nach dem tschechoslowakischen Ministerpräsidenten Klement Gottwald umbenannt. Nur ältere Hallenser, die bei ihrer Leipziger Straße blieben, fanden ihre Hartnäckigkeit in der Rückbenennung belohnt, die in den Tagen nach der Wende stattfand.

Hier in der Galgstraße, der heutigen Leipziger Straße 94, die unter den Türmen der St.Ulrichskirche liegt, hatte Bürger während seines dreieinhalbjährigen Studienaufenthalts Quartier genommen. Er wohnte im Ulrichsviertel Nummer 394, wie die genaue Adresse nach der Durchnumerierung des Gemeindegebiets lautete, im Hause des angesehenen Theologieprofessors Johann August Nösselt, von dem Lessing sagte: »Das ist noch ein Theologe, wie er sein soll«.

Mit dieser Unterkunft schien Bürger ganz offensichtlich Glück gehabt zu haben, denn die »Wohnungen der Studenten sind in den meisten Häusern – zwar wohlfeil – aber auch schlecht, die Häuser der Professoren ausgenommen«. Daß die Dinge für ihn so liefen, hat er den Kontakten seines Großvaters zum Hauptpastor Johann Heinrich Goeze, dem ersten Geistlichen der Stephanikirche in Aschersleben, zu verdanken, dessen Enkel, Heinrich Cramer, nach seinem Schulbesuch im Stephaneum 1763 das Studium der Theologie in Halle begann und auch bei Nösselt eine Bleibe fand.

Den Gepflogenheiten damaliger Zeit entsprechend, nahm der seit 1760 lehrende Professor Nösselt über etliche Jahre Studenten in seinem Hause auf. Zu Bürgers weiteren Mitbewohnern gehörten neben Heinrich Cramer der Vater des berühmten Geographen Carl Ritter, der Medizinstudent Friedrich Wilhelm Ritter, sowie der spätere Rektor des Quedlinburger Gymnasiums Christoph Gottfried Hergt. Auch sein Nachfolger, Johann Heinrich Friedrich Meineke, der ihm nach nur halbjähriger Amtszeit auf diese Stelle folgte, lebte während seiner Studentenzeit in Halle als Zimmernachbar Bürgers im Hause des Professors. Zum Freundeskreis Gleims aus Halberstadt gehörig, kann man dort noch heute im Gleimhaus neben vielen anderen Bildnissen sein Porträt betrachten.

Christian Adolph Klotz (1738-1771)
Ölporträt von Johann Georg Rosenberg

Gerecht sein, ausgewogen sein, Christian Adolph Klotz differenziert beurteilen – wie schwer kann dies fallen, wenn sein Widersacher der bewunderte Gotthold Ephraim Lessing mit seinem vernichtenden Urteil ist! Doch die eigentliche Auseinandersetzung zwischen Lessing und Klotz, Bürgers verehrtem Mentor aus halleschen Studententagen, fällt in eine spätere Zeit, in der Bürger bereits als Jurastudent in Göttingen weilt.

Der Schulbesuch in St. Afra, der Fürstenschule in Meißen, das evangelische Pfarrhaus, dem beide entstammen – das sind die wenigen Gemeinsamkeiten der beiden Kontrahenten. Auf der einen Seite gewandtes Brillieren im eleganten Stil, auf der anderen zähes Ringen und engagiertes Vertiefen. Was als akademischer Streit um kunsttheoretische Fragen zur Antike beginnt, endet in persönlichen Anfeindungen, und wissenschaftliche Veröffentlichungen werden zu polemischen Kampfschriften. Es spricht für Lessings Argumentation, daß er in diesem Streit die Mehrheit der Gelehrten auf seiner Seite weiß.

Geradezu atemberaubend ist die Karriere des 1738 in Bischofswerda geborenen Klotz, der bereits mit 27 Jahren 1765 von Göttingen nach Halle berufen wird und dort als Professor der Philosophie und Beredsamkeit lehrt. Sogar seine größten Kritiker können ihm, dem ernannten Hofrat und später zum Geheimrat avancierten, eine außerordentliche Begabung nicht absprechen. Große Belesenheit, eine auch für damalige Ansprüche außergewöhnliche Kenntnis der lateinischen Sprache, in der er im tändelnden, kultivierten Stil vom Küssen und Trinken singt, stellen die Bandbreite dar, in der Klotz, »halb Poet, halb Philolog«, wirkt. Er, der Sprachgewandte, hat der klassischen Philologie wertvolle Impulse gegeben.

Mit der Theatergeschichte der Stadt bleibt sein Name untrennbar verbunden. Als 1771 die Schauspieltruppe Karl Theophil Döbbelins ein Gastspiel in Halle gibt, bei dem am 22. Mai auch Lessings *Minna von Barnhelm* dem halleschen Publikum vorgestellt wird, ist er der einzige Professor, der den Aufführungen mit Interesse beiwohnt und seine *Neuen Hallischen Gelehrten Zeitungen* zum Forum der Döbbelinschen Gesellschaft und des Theaterstreites macht. »Und wer will sich dem achtungswerten Mut verschließen, mit dem Klotz den Einpeitschern der Schau-

Johann August Nösselt (1734-1807)
Kupferstich von Johann Friedrich Bolt

bühnenverfolgung die Maske vom Gesicht riß?« Den Theaterbann vom 21. Juli des gleichen Jahres konnte er jedoch nicht verhindern, zu negativ waren die einzelnen Stellungnahmen, so von

Signor Klotz

Professor Nösselt: »...daß wir künftig von ähnlichen Banden verschont bleiben«.

Seine schnelle Karriere, seine fürstliche Besoldung, all dies verursacht viel Mißgunst. Zudem macht er es seinen Kritikern außerordentlich leicht: Seine Veröffentlichungswut, für die er seine Vorlesungstätigkeit vernachlässigt, seine rokokohafte Ausstaffierung, seine manierierte Gepflegtheit und seine zweifelhaften Bekanntschaften, mit denen er in Halles verruchtem Nachtleben verkehrt, gaben Anlaß zum Gerede, und so wußte man »in Halle bald genug über das Privatleben des ›Signor Klotz‹ wunderbare Dinge zu erzählen«.

Den inzwischen siebzehnjährigen Bürger, aus der pietistischen Strenge in die studentische Freiheit entlassen, irritiert dies alles nicht, vielmehr fühlt er sich von dem berühmten Professor und seiner ungezwungenen, offenen Lebensart und der Vielfalt seiner Begabungen angezogen und spürt manchen Gleichklang der Charaktere.

Daß Bürger mit seiner Haltung zu Klotz nicht allein dasteht, verdeutlicht ein Brief, in dem eine sensible Charakteristik des halleschen Professors gegeben wird, die neben viel Bewunderung auch nicht mit kritischen Anmerkungen spart. Als Verfasser ist der Dichter Johann Georg Jacobi zu nennen, der Klotz bereits 1763 in Göttingen kennengelernt hatte und, von diesem später als Professor nach Halle geholt, auch in dessen Haus wohnte: »Wir hatten uns kaum gesehen; so gewann ich die Zuneigung des Herrn Klotz, und mein höchster Wunsch war erfüllt; indem ich in der Litteratur einen Lehrer antraf, der sich nicht weigerte, mein Freund zu seyn. Ich vergnügte mich an der Lebhaftigkeit seines Genies, mir gefiel seine Offenherzigkeit; und ich gab mein völliges Zutrauen einer gewissen Güte der Seele, welche durch seine Satyrische Laune überall durchschimmerte. Würklich war Güte der Seele in dem Grunde seines Charakters; so sehr auch die Oberfläche desselben durch allerhand äusserliche Dinge zuweilen getrübt wurde. Sein allzufrühzeitiger Ruhm, mit einem zu schnellen

Signor Klotz

Glücke verbunden, hinderte sein biegsames Gemüth, die nöthige Stätigkeit zu bekommen. Oft überließ er sich den ersten Eindrücken, die er empfieng, verwickelte sich in mißliche Umstände; und besaß nicht Mäßigung genug, sich nach und nach aus den Schlingen herauszuziehen. Daher eine Menge von Handlungen, die er gemeiniglich bald nachher bereute; zumal, wenn er in eine Gesellschaft edler Seelen gerieht«.

Welch Gegensatz zu dem stillen, gestrengen, Bürger Unterkunft gebenden Nösselt, der zu dieser Zeit noch der pietistisch gefärbten Orthodoxie anhing, seine Vorlesungen im Ornat hielt und sie stets mit einem Gebet einleitete. Klotz, dem viel zu schnell zu Ruhm und Ehre Gekommenen, bleibt das Verdienst, die Begabung und das Talent des jungen Poeten gefördert zu haben. So war die Galgstraße, die leicht ansteigend am Leipziger Turm und Stadttor vorbei aus der Stadt heraus zu der Stelle führte, an der sich jahrhundertelang das Hochgericht befand, nicht das einzige Zuhause des Studenten Bürger. So manche anregende Stunde hat er als Gast des Gelehrten Klotz in der Kleinen Steinstraße verbracht, wo er dem durchreisenden Boie 1767 das erste Mal begegnete.

Obwohl Gottfried August Bürger noch im gleichen Jahr vom Großvater nach Aschersleben zurückgerufen wird, reißt bis in Göttinger Studententage der Kontakt zu seinem Förderer, der bereits am 31. Dezember 1771 mit 33 Jahre stirbt, nicht ab. Er ist für ihn »an Ruf, Geist und Gelehrsamkeit der Erste«, aber auch der einzige, dem er voller Offenheit anvertraut, wie schrecklich er den erneuten unfreiwilligen Aufenthalt in seiner Heimatstadt empfindet.

Doch enthält der in lateinischer Sprache verfaßte Briefwechsel nicht nur einen Austausch privater Nöte. Auch eine Dekade von Gedichten, die Klotz verspricht, in Druck zu geben, wird von Aschersleben nach Halle geschickt. Sie ist im Stile des griechischen Dichters Anakreon verfaßt und huldigt dem Wein, der Liebe, der Geselligkeit und überhaupt dem heiteren Lebensgenuß. Zur Ausführung kam dieses Vorhaben allerdings nicht, doch manches poetische Werk, das später veröffentlicht wurde, mag sich unter diesen Jugendgedichten befunden haben.

Als Klotz in seinen *Neuen Hallischen Gelehrten Zeitungen* im Oktober 1767 zur *Pervigilium Veneris*, einem der berühmtesten Stücke römischer Poesie aus den ersten Jahrhunderten n.Chr., schreibt: »Möchte sich doch ein Mann von Gleimschem Geiste durchdrungen, oder Hr. Gleim selbst entschließen, uns die Zärtlichkeit des Römers in unserer Sprache empfinden zu lassen!« fühlt sich Bürger, dessen poetische Phantasie bis zu seinem Tode von Autoren des klassischen Altertums sowie von französischen und englischen Dichtern angeregt wird, zur Nachdichtung ermuntert, und Klotz antwortet: »...es ist ein weiches, süßes, liebliches, auch stellenweise schwieriges Gedicht, weshalb die Verdolmetschung nicht leicht scheinet. Doch Ihre Geisteskraft, lieber Bürger, wird alle Schwierigkeiten leicht überwinden. Ich weiß ja, was für ein Mann Sie sind, und was ich von Ihnen erwarten kann«.

Nein, er war nicht der Dichter, der seine epochemachenden Werke mit genialem Federstrich schuf: »Ich fühle – wie Lessing an einem Orte der Dramaturgie sagt – ich fühle nicht die lebendige Quelle in mir, die unaufhaltsam und von selbst hervorströmt, sondern ich muß jeden armseligen Tropfen erst mit großer Anstrengung heraufpumpen«. Immer war es der Poet und der Philologe zugleich, die in ihm miteinander rangen. Neben dichterischer Begabung prägte seine sprachliche Akribie, ja geradezu ein Kult der Form, die Arbeit.

Die Nachtfeier der Venus, die er immer wieder »unter der Feile« hatte, gibt exemplarisch Einblick in Bürgers Schaffensprozeß: »Ich habe mir vorgenommen in diesem Stück den Wohlklang und die Korrectheit so weit zu treiben, als in meinen Kräften stehet«. Beweis für die tatsächliche Durchführung dieses Vorhabens sind viele Fassungen, die sowohl im Druck als auch handschriftlich vorliegen. Als er sich, getroffen von Schillers Kritik des Jahres 1791, in seiner Schrift *Rechenschaft über die Veränderungen in der Nachtfeier der Venus* erneut mit diesem Werk auseinandersetzt, sind es allein zum vierzeiligen Refrain 42 Textvarianten, die er beleuchtet, analysiert und zur Diskussion stellt.

Eine dieser Varianten befindet sich im *Göttinger Musenalmanach* für das Jahr 1796, entnommen dem Nachlaß des Dichters. Jene sinnlichen Tage des halleschen Studenten haben hier wohl ihre Spuren hinterlassen:

> Morgen liebe, was bis heute
> Nie der Liebe sich gefreut!
> Was sich stets der Liebe freute,
> Liebe morgen, wie bis heut!

Immer wieder beeinflußte Christian Adolph Klotz in den fünf Jahren ihrer Freundschaft entscheidend den Lebensweg des Dichters. Dies allein der Eitelkeit des halleschen Professors zuzuschreiben, ist so nicht glaubhaft. Es ist zwar richtig, daß er mit seiner mehr als umfangreichen Korrespondenz, in der er Freunde hätschelte, vermeintliche Feinde in Verruf brachte und zu sehr dem akademischen Klatsch huldigte, darauf bedacht war, um sich herum eine Clique Wohlgesinnter zu scharen. Bürger hatte er aber mehr als einmal selbstlos und kollegial geholfen, Beispiele dafür gibt es genug.

So waren Lorbeeren für Klotz nicht zu gewinnen, als er, nachdem der Großvater in den Göttinger Studententagen dem Enkel seine finanzielle Fürsorge entzogen hatte, bei diesem vorsprach: »Abends um 5 Uhr kam ich nach Aschersleben, und um 6 Uhr ließ ich mich zum Herrn Hofisherrn führen: durch kleine und große Straßen, Brücken und Waßer. >Wer ist da?< Gutfreund! >Ich mach nicht auf.< Ich habe etwas von ihrem Enkel zu sagen. >Wer weiß, wer ihr seyd; ich mache nicht auf.< Endlich, nachdem wir uns fast eine Viertelstunde so becomplimentirt hatten, und ich Nahmen und Titel gesagt, riegelte er auf und führte mich in eine Stube linker Hand. Nun gieng es an ein Schreyen, so daß mein Bedienter vor der Thüre alle Worte verstehen können: >Mein Enkel kostet mich 5000 Thaler: ich gebe nichts weiter<«. Doch Klotz will dies nicht so stehenlassen: »Allerliebster Bürger, überlegen Sie einmahl Ihre ganze Situation, und befehlen Sie mir dann, was ich für Sie thun soll. ... Ich will alles in der Welt für Sie thun; und wenn der Himmel nicht uns grade entgegen ist, soll es gehen«.

Als der väterliche Freund bei einer Durchreise in Halberstadt Gleim von seinem in Nöte geratenen Zögling berichtet, ist es dieser Hinweis, der den Kanonikus veranlaßt, Bürger mit 50 Talern aus der mehr als prekären finanziellen Lage in Göttingen zu befreien.

Auch ermutigte er Bürger eindringlich, sich doch nun endlich über seine Disputation hinaus einer umfangreichen wissenschaftlichen Arbeit zu widmen, um so mit seiner Hilfe eine Professur in Halle zu erlangen: »Alles kommt nun auf Ihren Eifer und Fleiß an. Gott! wenn Sie doch nur geschrieben hätten, da Sie soviel Geschicklichkeit dazu haben! ... Leben Sie wohl, stehen Sie von nun an eine Stunde früher auf, und unterstützen Sie mich durch Ihre eigene Hülfe«.

Johann Georg Meusel hatte bereits in Göttingen mit Interesse Vorlesungen von Klotz verfolgt. Seine Jugendschriften zur klassischen Philologie waren wesentlich von diesem beeinflußt. In Halle, wohin er Klotz 1766 folgte, las er, der nunmehrige Magister, an der Universität über griechische und lateinische Schriftsteller. Themen, die ihn, da auch er zu den >Klotzianer< gehörte, in Verbindung mit dem Studenten aus Aschersleben brachten.

Unter seinem Vorsitz führte Bürger das öffentliche Streitgespräch *De Lucani Pharsalia* – Über die Pharsalia des Lucanus. Offensichtlich mit gutem Erfolg, denn in den *Neuen Hallischen Gelehrten Zeitungen* war zu lesen: »Unter dem Vorsitz des Herrn Magister Meusel verteidigte am 23. April 1767 mit seltener Fertigkeit Herr Gottfried August Bürger aus Aschersleben, dessen vorzügliche Geschicklichkeit und wißbegierigen Fleiß wir allen

> DE
> # LVCANI PHARSALIA
> DISPVTATIO
>
> ---
>
> QVAM
> EX AVCTORITATE ORDINIS PHILOSOPHICI AMPLISSIMI
> A. D. XXIII. APRILIS cIɔIɔCCLXVI I.
> DEFENDENT
> ## IOH. GEORG. MEVSEL
> ART. MAGISTER ET INSTITVTI REGII DISCIPLINAR. HIST.
> QVOD GOTTINGAE FLORET, SODALIS
> ET
> ## GOTTFR. AVG. BÜRGER
> ASCHERSLEBIENSIS
> LITTERARVM SACRARVM ET ELEGANTIORVM
> CVLTOR.
>
> ---
>
> PARS PRIOR.
>
> ---
>
> HALAE
> EX OFFICINA CVRTIANA.

Titelblatt von Bürgers Disputation
»DE LUCANI PHARSALIA« vom 23. April 1767

Studierenden zum besten anpreisen können, den ersten Teil einer Disputation, die den Titel führt de Lucani Pharsalia«. Diese in lateinischer Sprache im Druck vorliegende Disputation ist Bürgers erste Veröffentlichung. Wer war jener Lucanus, und was verbirgt sich hinter dem Begriff Pharsalia?

Mehr als ein Jahrhundert war vergangen, als Marcus Annaeus Lucanus, der in Cordoba geborene Dichter, in seinem Epos über den römischen Bürgerkrieg auch jene Schlacht vom 9. August 48 v. Chr. beschreibt, in der Julius Caesar seinen Widersacher Magnus Pompejus trotz Übermacht besiegt und so die Weichen für seine Alleinherrschaft endgültig stellt und den Traum von einem Fortbestehen der römischen Republik begräbt. Das damals reiche und mächtige Pharsalia, vor dessen Toren sich das berühmte Schlachtfeld dieses Entscheidungskampfes ausbreitet, sollte von da an Namensträger dieses Ereignisses sein.

Zu Beginn seiner Ausführungen beschreibt der Disputant sein Vorhaben: »Zu einer Zeit, in der ich mich mit den Streitigkeiten, die in Frankreich über die Bewertung der Pharsalia ausgebrochen sind, beschäftigt und mir die Mühe gemacht habe, die Gründe für diese Streitigkeiten zu ermitteln, war ich wahrlich sehr erstaunt, als ich die gewaltigen Meinungsverschiedenheiten über diesen edlen Dichter viele Jahrhunderte hindurch von Lucan an bis in unsere Zeiten bemerkte«. So stehen in der dreißigseitigen Streitschrift nicht etwa geschichtliche Aspekte, sondern vielmehr philologische Probleme nach der Zuordnung des antiken Verfassers im Mittelpunkt. War er Historiker, Redner oder Dichter? Wie ist er mit Horaz, Vergil oder Homer zu vergleichen?

Weniger die philologischen Fragen als vielmehr die Angabe auf dem Titelblatt: »Gottfried August Bürger aus Aschersleben, Freund der heiligen und gebildeten Wissenschaften. Erster Teil« und der konkrete Hinweis des Autors im Text, daß bestimmte Probleme »im anderen Teil der Disputation ausführlicher dargelegt und illustriert werden«, wecken Neugierde. Jedoch einen zweiten, einen anderen Teil hat Bürger nie verfaßt. Offensichtlich hat der Großvater mit seinem Entschluß, den Enkel vom Studium zurückzubeordern, nicht nur dessen Ausschweifungen beendet, sondern auch seine Weiterarbeit an diesem Projekt verhindert.

Doch sind dies nur Vermutungen. Allein das Hineindenken in die Situation, in der sich Bürger im Frühjahr 1767 befand, kann ein wenig Licht in das Dunkel bringen. Sicher war der Großvater durch vielerlei Kontakte, die sich durch Mitbewohner in Professor Nösselts Haus ergaben, über Bürgers Leben in Halle unterrichtet. Als Reaktion darauf wird den Enkel mancher bitterböse Brief erreicht haben: Ein Theologiestudium, das letztendlich keines war, sechs verbummelte Semester, die auf den angestrebten beruflichen Werdegang ohne entscheidenden Einfluß blieben, förmlich greifbar sind Entsetzen und Verärgerung des Aschersleber Hofesherren.

Die Disputation, eben nicht bei seinem Gönner Klotz, den Bürger jedoch bewundernd erwähnt, sondern bei dem eher unverdächtigen, scheinbar seriöseren Meusel abgehalten, galt wohl auch als Rechtfertigung gegenüber den Vorwürfen des Großvaters. Hatten seine wissenschaftlichen Interessen auch längst nichts mehr mit dem begonnenen Theologiestudium zu tun – er hielt nur einmal in einer Dorfkirche bei Halle eine Predigt –, so sollten mit der Disputation möglicherweise Ernsthaftigkeit, Bemühen und Fleiß nach Aschersleben signalisiert werden. Auch vom späteren Jenaer Professor und Herausgeber der *Allgemeinen Litteratur-Zeitung*, Christian Gottfried Schütz, ist überliefert, daß dieser im Nachlaß seines Schwagers, Professor Johann Ludwig Vogel, einen lateinischen, von Bürger verfaßten Aufsatz fand, dessen Inhalt nach seinem Urteil vermuten ließ, daß aus Bürger eher ein »professor linguarum orientalium« und nicht »einer unserer Lieblingsdichter« werden wird.

Vielleicht hätte sich der Großvater tatsächlich in seinem Zorn besänftigen lassen, wäre nicht ein Ereignis gefolgt, das wohl seine unumstößliche Entscheidung herbeiführte.

Der Vorfall, der von Anfang an unter einem verhängnisvollen Stern stand, nahm am Sonntag, dem 19. Juli 1767, seinen Lauf. Per Rundschreiben hatte man zur Gründung einer an der Universität strengstens verbotenen landsmannschaftlichen Vereinigung aufgerufen und dabei aufgefordert, die »ganze Sache zu verschweigen«. Doch wie so oft im Leben sollte die Methode >sag es aber nicht weiter< den Effekt haben, daß wenige Tage später die landsmannschaftlichen Studenten durch einen anonymen Hinweis denunziert wurden.

Am darauffolgenden Sonnabend traf man sich zu Festschmaus und Trinkgelage beim Billardeur Wagner in der Kleinen Ulrichstraße. Wie die anwesenden Studenten dort schwelgten, verdeutlichen vierzig Kannen vom berühmten Merseburger Bier, zwanzig vom Wettiner, Schinken, Wurst und Torten, die die Tafel füllten. Auch der Punsch, der die Sinne so schnell verwirren kann, durfte nicht fehlen: 20 Flaschen Wein, 10 Flaschen Rack – ein klarer Weinbrand –, 7 Dutzend Zitronen, 7 Pfund Zucker und ein Viertelpfund grüner Tee waren – laut Rechnung – seine Zutaten.

Als man so in fröhlicher Runde bei ausgelassener Stimmung zusammensaß und Bürger, wie der Dichter Klamer Schmidt berichtet, einen selbstverfaßten Trinkspruch vorgetragen hatte, fand sich zu später Stunde die Stadtwache ein, um die Anführer festzunehmen. Bürger, in hervorgehobener Position als einer der Adjutanten, wurde zu acht Tagen Karzer verurteilt. Ob er diese Strafe antrat oder von der Umwandlung in eine mögliche Geldstrafe von fünf Talern Gebrauch machte, geht aus den Unterlagen nicht hervor. Bekannt sind aber Auszüge aus dem Verhör, dem sich der Student unterziehen mußte: »Stud. theol. Gottfried August Bürger, 20 Jahr, aus Aschersleben, 3 1/2 Jahr hier, >höre anitzo nur die Universalhistorie beym Herrn Prof. Hausen<, sei mit Adjut. wie Weinreich, Hagen, Abel etc. Die Gesellschaft sei erst in voriger Woche gestiftet, am 25. die erste Zusammenkunft auf dem Wagnerschen Cafehause gewesen. Sie hätten diese Verbindung für erlaubt gehalten, >weil es weder ein Orden noch Landsmannschaft sein sollen, sondern bloß eine Gesellschaft guter Freunde gewesen, daher sei auch die Sache gar nicht heimlich gehalten, sondern solche ganz öffentlich tractiret hätten<«.

Nun, seinen Schutzbehauptungen soll nicht weiter nachgegangen werden, die Satzungen jedenfalls tragen die Überschrift »Statuta der hochgeehrten Magdeburgisch – Halberstädtischen Gesellschaft«, und auch der Aufruf spricht eine andere Sprache: »Zugleich aber werden die Herren gebethen, bei ihrer Ehre ... diese ganze Sache zu verschweigen«.

Als Gottfried August Bürger im anschließenden Urteil vom 8. August nicht mehr als »theologus«, sondern mit dem Hinweis »studiret jura« gekennzeichnet wird, mag dies eher ein Versehen oder eine Verwechslung des Schreibers gewesen sein, und doch wird damit vorweggenommen, welchen Weg der Dichter in Zukunft einschlagen wird.

VII. GEORGIA AUGUSTA

Frühling – Zeit des Neubeginns, Abschied von grauen, dunklen Wintertagen, von Stimmungen, unter denen besonders jene leiden, die mit ihren Lebensumständen hadern. All dies ist nun wie weggewischt. Für Bürger bedeutet das Frühjahr »Erlösung«, Aufbruch nach Göttingen zum Studium der Rechte. Verdrängt ist die ergebnislose Zeit der theologischen Studien in Halle. Sicher bedurfte es keiner großen Überredung. Denn was sollte aus dem gescheiterten Studenten werden? Dreieinhalb Jahre vertan, unzählige Male wird der Großvater den Enkel mit Vorwürfen überhäuft haben, wohl wissend, daß auch sie nicht die Lösung des Problems bringen.

Doch die neue Studienrichtung – konnte sie in die Zukunft weisen? Eine Unterstützung für Philosophie, für Philologie oder ein anderes Studium, das dem angehenden Dichter entgegengekommen wäre – für das Weltbild eines Bewohners aus der geistigen Enge Aschersleben war dies undenkbar. Bürgers Freund und Ratgeber Klotz aus Halle schildert in der Satire *Brief eines Vaters an seinen auf der Universität sich aufhaltenden Sohn* treffend solch einen Konflikt: »Du lernst Griechisch und Lateinisch? ... Welcher Wahnsinn hat Dich angetrieben, den Cicero und Plato zu lesen? Haben diese Männer nicht das lasterhafteste Leben geführt? ... Brennen sie nicht jetzt schon in der Hölle? Hüte Dich, hüte Dich, mein Sohn, für diesen Büchern«.

Für das Jurastudium sprachen die Beispiele aus der eigenen Familie: Bürgermeister, Ratssyndikus – noch schien nichts verloren, und die vielen Versprechen Bürgers, ohne die das Wohlwollen des an Vaters Statt bemühten 76jährigen Großvaters wohl nicht erreicht worden wäre, wie leicht gehen sie einem jungen Menschen von den Lippen!

»Prospect des Großen Marckts samt dem Rath-Hauß zu Göttingen«
Kupferstich von Georg Balthasar Probst, 1780

Für den Wechsel nach Göttingen sprach der gute Ruf der Georg-August-Universität. Hier sollte der Enkel disziplinierter, ohne die zweifelhaften Abwechslungen von Halle studieren. Aber die im Hannoverschen liegende Stadt war Ausland für den aus Preußen kommenden Dichter und daher für eine spätere, mögliche Beamtenlaufbahn in der Heimat eher hinderlich. Doch zu diesem Zeitpunkt wird der Student keinen Gedanken an ferne Zukunftspläne verschwendet haben. Schließlich lag ein neuer Lebensabschnitt mit neuen Chancen und Erwartungen unmittelbar vor ihm, als er sich Ostern 1768 in Göttingen immatrikulierte.

Die 6000 Einwohner zählende Stadt am Rande des Harzes, wie hatte sie sich durch die Gründung der Universität, die mit der feierlichen Inauguration am 17. September 1737 offiziell eröffnet wurde, verändert. Mit Umsicht förderte ihr Stifter und Namensgeber Georg II. August, der in Personalunion als englischer König und Kurfürst von Braunschweig-Lüneburg hier regierte, ihre Entwicklung. Es bedurfte nur weniger Jahrzehnte, um die Institution zur führenden ihrer Art in Deutschland werden zu lassen.

Dabei stand der vom König eingesetzte Kurator Gerlach Adolph Freiherr von Münchhausen vor gewaltigen Problemen. Noch zu Beginn des 18. Jahrhunderts waren die Auswirkungen des Dreißigjährigen Krieges in der Stadt spürbar. So verfielen durch den wirtschaftlichen Zusammenbruch mehr als ein Drittel ihrer Fachwerkhäuser. Unmöglich konnten die Bewohner, größtenteils ehrbare Handwerker, aber auch Kaufleute, die nicht selten noch Schweine und Kühe hielten, all jene Dienstleistungen erfüllen, die die herbeieilenden Studenten von ihnen erwarteten. Vom Perückenmacher, Silberschmied bis hin zum Reitlehrer mußten ganze Berufsgruppen in der provinziellen Stadt neu angesiedelt werden, und nur mit erheblichen Fördermitteln konnte die für den Universitätsbetrieb nötige Infrastruktur geschaffen werden. Mit vielen Ideen versuchte man, den neuen wirtschaftlichen und kulturellen Bedürfnissen gerecht zu werden, denn Studenten und vor allem Professoren, die länger blieben, verlangten nach Attraktivitäten, die gerade erst im Entstehen waren. Hotels und Kaffeehäuser wurden errichtet, nichts überließ man dem Zufall, und Kupferstecher, Verleger und Buchdrucker wurden von weit hergeholt. Die im traditionellen Rahmen aufgewachsenen Stadtbewohner übernahmen unweigerlich – trotz anfänglicher Ressentiments – schnell Mode, Eßgewohnheiten und Bräuche ihrer neuen, aufgeschlosseneren Mitbewohner.

Bautätigkeit in der Stadt und Universitätsaufbau – jäh unterbrach der Siebenjährige Krieg dies alles, und die Studentenzahl reduzierte sich in den Kriegsjahren 1756 bis 1763 erheblich. Doch schnell erholte sich die im Gegensatz zur Stadt verschonte Universität. Durch die umsichtige und erfolgreiche Berufungspraxis ihres Kurators erlebte sie ihre erste Blütezeit. Aber auch in der Stadt gehörten die Auswirkungen des Krieges bald der Vergangenheit an, und ein neues Haus nach dem anderen entstand.

Die umfangreichen Festungsanlagen, die während des Krieges vor Eroberung und Einnahme schützen sollten, hatten den Göttingern viel Leid gebracht. So ist es verständlich, daß nach Ende der kriegerischen Auseinandersetzungen der Wunsch, »es möchten die Festungswerke niedergelegt und Göttingen eine offene Stadt werden«, immer stärker wurde, zumal einer Universitätsstadt ein weniger kriegerisches Aussehen sicher auch besser steht.

»Studenten verschiedener Universitäten in ihrem charakteristischen Habitus« aus: Stammbuch des Studenten Friedrich Becker, 1778

Sofort nach dem Kriege begannen die Abbrucharbeiten, die der Stadt ihr wehrhaftes Aussehen nach und nach nahmen. Im Gefolge dieser Aktivitäten gestaltete man den Wall zu einem mit Linden bepflanzten Spazierweg um, legte neue Straßenzüge an und verwandelte den alten Stadtgraben in zahlreiche Gärten.

Eine kleine zeitgenössische Aquarellzeichnung verrät, wie fremde Studenten die Studierenden der Georgia Augusta sahen: »Fleisig und galant dabey«. Es kann dem aufmerksamen Betrachter nicht entgehen, daß der Göttinger Studiosus der einzige ist, der mit dem wichtigsten Utensil eines Studenten, einem Buch, vorgestellt wird.

Von Anfang an hatte man in Göttingen ein eifriges wissenschaftliches Streben gefördert, einen feineren Umgangston gepflegt und rohe Sitten weniger gestattet als auf anderen Universitäten. »Adelsuniversität« war eine Klassifizierung, mit der man die Lehranstalt in jener Zeit bedachte, denn die Initiatoren bemühten sich, eine vornehmlich adelige und großbürgerliche Studentenschaft für Göttingen zu gewinnen. Schließlich war die Universitätsgründung nicht allein wissenschaftlichen, sondern auch wirtschaftlichen Interessen unterworfen. »Ein Graf oder Baron bringt mehr Geld ins Land als hundert theologische Kaltaunenschlucker«, derart findet man mehr als zynisch den Sachverhalt formuliert. Häufig waren die aus weniger begütertem Hause kommenden Theologiestudenten auf ein Stipendium angewiesen, und nichts als billige Innereien standen mehrmals in der Woche auf ihrem Speiseplan. Bei den Überlegungen zur Universitätsgründung ging man aber davon aus, daß der Stadt durch die Studenten etwa 100 000 Taler jährlich zufließen würden.

Den Privilegierten, die später auf eine entsprechende Anstellung, etwa in der staatlichen Verwaltung, hoffen durften, war das Studium der Rechte vorbehalten. »Juristenuniversität« war damals ein weiterer Name für diese Hochschule, denn mehr als zwei Drittel der Göttinger Studenten des Jahres 1770 studierten an der renommierten Juristischen Fakultät. Doch der Anspruch hatte seinen Preis, und es dauerte nicht lange, bis Stadt und Universität in den Ruf kamen, allzu teuer zu sein.

All die Schwüre Bürgers auf Besserung verflüchtigten sich, je weiter er sich von Aschersleben entfernte. Schon die Wahl des

Quartiers signalisiert eine Wiederaufnahme, eine Fortsetzung des Lebensstils aus halleschen Tagen. Das Haus der Apothekerwitwe Agnesa Maria Sachse, der Schwiegermutter von Professor Klotz, hatte einen üblen Ruf. In der Roten Straße 28 beherbergte sie in dem weitläufigen, wie ein Studentenheim eingerichteten Gebäude vor allem russische Studenten, mit deren großzügigen finanziellen Wechseln aus der Heimat der Student Bürger mitzuhalten versuchte, obwohl doch von vornherein feststand, daß dieser Versuch scheitern mußte und nur eins bedeuten konnte: Schulden zu machen, die ihn wieder in jene verhängnisvolle Lage bringen würden, der er hoch und heilig abgeschworen hatte.

»Studenten beim 'Commersch', bei dem sie ein 'Vivat' auf den 'Landesvater' bringen« aus: Stammbuch des Studenten Levin Joachim von Barner, 1765

Andrewsky aus Nowgorod, Novicoff aus Moskau, Smirnoff, Rosanoff – sie alle werden die derbe Trinkfestigkeit aus ihrer Heimat mitgebracht haben. So nimmt es nicht wunder, daß im Hause Gleims in Halberstadt davon gesprochen wird, der Student Bürger habe sich »dem Trunk zu sehr ergeben«. Aber mehr als die Geselligkeit in lauter, fröhlicher Männerrunde sollte die junge Witwe, Maria Catharina Bandmann, die älteste Tochter seiner Wirtin, ihn in ihren Bann ziehen. Hatte sie, seine neun Jahre ältere ›Lilla‹, nicht bereits Erfahrungen im Ehebett? Eine Vorstellung, die die sinnliche Phantasie des 20jährigen beflügelte. Doch ungetrübt war Bürgers Werben nicht, denn auch der später hinzugekommene Jurastudent Jacob Ludewig Ratig war von den Reizen der jungen Frau angetan und stieß bei ihr auf Gegenliebe. Dies war ein Wermutstropfen, der das ersehnte Tête-à-tête aus dem Bereich des Möglichen verdrängte.

Die von Zeitgenossen mit dem Attribut der Lüsternheit bedachte junge Witwe wird die Rolle der vielfach begehrten Frau gerne angenommen haben, die Studentenbesuche in ihrem abendlich-unbeleuchteten Schlafzimmer geben der Phantasie genügend Raum.

Zwischen beiden Männern, es liegt in der Natur der Sache, konnten Konflikte nicht ausbleiben. Als sich die Waage zuungunsten Bürgers neigte und der triumphierende Liebhaber das spüren ließ, war es Bürger, der »dem Ungestüm und der Händelsucht dieses Menschen nicht entgehen« konnte und sich mit einer Klage an den Prorektor der Universität wandte. Schon seit Wochen hatte ihn der Student Ratig mit beleidigenden Ausdrücken bedacht. Vor allen Dingen sah er in Bürger einen ungeliebten Konkurrenten.

So wird es auch bei jenem Vorfall gewesen sein, der Bürgers Klage auslöste. Als Ratig wieder einmal aus dem Wohnzimmer, wo man mit Madame Sachse plaudernd beisammensaß, in der dunklen Schlafkammer der Angebeteten verschwand, folgte ihm Bürger mit zwei weiteren Studenten, und scherzhaft stichelte er: »Nun sind wir alle hier bis aufs Licht«. Dem gestörten Liebhaber blieb nichts weiter übrig, als seiner Wut freien Lauf zu lassen: »Es habe keiner Licht verlanget, ich [Bürger] sey ein dummer nichtswürdiger Junge«. Nur mit Mühe konnten die Anwesenden die beiden Kampfhähne trennen und drohende Tätlichkeiten verhindern. In den anschließenden Verhören werden Bürgers Aussagen im wesentlichen erhärtet, doch noch hatte Madame Bandmann genügend Einfluß auf den verliebten Dichter. Auf ihre Bitten hin verständigte er sich mit dem Beklagten, so daß auf diesen neben Ermahnungen letztendlich nur die Kosten der Untersuchung zukamen. Für den angehenden Dichter waren die Ereignisse, die sich um die Witwe rankten, alles andere als ein amouröses Abenteuer. Er hatte sich das erste Mal über alle Maßen verliebt.

»*Unerwünschte* Ergötzlichkeit«
aus: Stammbuch des Studenten Ludwig August Rupstein, 1773

In den Gedichten aus dieser frühen Göttinger Zeit sind autobiographische Hinweise geradezu greifbar. Es waren nicht mehr die unbestimmten tausend Küsse der anakreontischen Dichtung, sondern es war die Hinwendung zu einer auf eigenen Erfahrungen beruhenden Liebeslyrik. Noch dichtet Bürger verzückt »Ich liebe dich! Ich liebe dich!« und beschwört in dem Gedicht *An Lilla* Madame Bandmann: »Auch mir hat Natur Empfänglichkeit gegeben,/ Sinne, Feuer, Leben; glühend Blut«. Doch schließlich bleibt dem ins Abseits gedrängten eifersüchtigen Dichter nur die literarische Klage über sein bittersüßes Liebesleid: »Schön, wie die Morgenstunde«, doch »hart, stolz und unempfindlich« zeigt sich ihm die Angebetete, so daß er »gleich einem kranken Kinde« nach ihr »kläglich girrt«. Dabei hatte er sich selbst keinen Illusionen hingegeben. Bürger war kein Adonis. Von seiner kleinen, eher zierlichen Statur gibt es Zeugnisse mehr als genug. So drückt er in mancher Strophe Unzufriedenheit mit seinem Äußeren und Neid auf den anderen, den »hübschen Knaben«, aus.

> Wär' ich doch so hold wie jener
> Freund der Liebeskönigin;
> Oder nur ein bißchen schöner,
> Als ich Armer itzo bin!
>
> Denn von einem hübschen Knaben
> Dauerte dich wohl der Schmerz,
> Und mit jenen süßen Gaben
> Wähltest du sein ehrlich Herz.
> [...]
> Schöne Buhler werden kommen
> Und um deine Liebe flehn.
> Ach! der Schöne wird den frommen
> Zärtlichen bald übergehn.
> [...]
> Aber itzo darf ich nimmer
> Murren über deine Wahl,
> Beten aber will ich immer,
> Mitten unter meiner Qual:
>
> Daß dein Herz nicht übel wähle,
> Was dein Auge wohl erkor.
> Gott bewahre, liebe Seele,
> Gott bewahre dich davor!

Noch einmal erinnert sich Bürger, inzwischen längst vom Liebeskummer geheilt, der jungen Frau bei der Nachricht ihres Todes zur Weihnachtszeit 1771. Nachdem sie, wie Bürger formuliert, aus den »langen Lenden« des Konkurrenten einen Knaben empfangen hatte, der nur wenige Monate lebte, starb auch sie. Die Folgen der Syphilis sollen sie dahingerafft haben. »Glücklicher Weise verdrängte ihn ein rüstigerer Liebhaber bei der Witwe, und er warf sich wieder in das Studium der alten Litteratur«, schreibt sein Freund aus Götttinger Tagen, Heinrich Christian Boie, nach fast 25 Jahren in einem Brief über Bürgers erste Verliebtheit. »Ein vollkommener Körper ... und die rüstige Jugend«, Attribute, die auch Goethe in unmittelbare Beziehung setzt, begünstigen den für Bürger schmerzlichen, doch letztlich besseren Ausgang dieses Liebesabenteuers.

Von seinen ersten Göttinger Tagen an hatte sich der Student Bürger nicht allein mit ›Wein, Weib und Gesang‹ begnügt. Wenn er auch anfangs wieder Sinn und Zweck des Studiums völlig aus den Augen verlor, waren es doch gerade seine dichterischen Ambitionen, die er nicht vernachlässigte. Der im Frühjahr nach Göttingen Gekommene hatte bereits im August sein erstes Gedicht in den *Göttingischen Gelehrten Beyträgen* veröffentlicht, und die Nachdichtung von *Lais und Demosthenes* aus dem Werk des römischen Schriftstellers Aulus Gellius verhalf ihm zu seinem ersten Honorar.

Mit der Gründung der Universität in Göttingen war auch die Entstehung der Deutschen Gesellschaft 1738 verbunden. Beispielgebend war Leipzig, wo Johann Christoph Gottsched, Professor für Poesie und Beredsamkeit, 1727 die erste Deutsche Gesellschaft ins Leben rief. Sein Wirken galt, dem französischen Vorbild folgend, der Aufwertung der deutschen Sprache und Literatur. Für die Mitglieder der Göttinger Gesellschaft war eine ihrer Grundregeln, sich »der Reinigkeit und Richtigkeit der Sprache [zu] befleissigen; das ist, nicht nur alle ausländische Wörter, sondern auch alle Deutsche unrichtige Ausdrückungen vermeiden«. Profaner drückt es der ehemalige Sekretär der Gesellschaft und spätere Rektor des Göttinger Gymnasiums, Rudolf Wedekind, aus: »Ihr Werk ist die deutsche Sprache, aber auch Tugend und Freundschaft, und ihr beständiger Wunsch ist: Gott segne den König!«

Seine Liebe zur Literatur der Antike ließ den jungen Jurastudenten Bürger nicht los. Als er sich im Februar 1769 um die Aufnahme als Beisitzer in die Deutsche Gesellschaft in Göttingen bewarb, geschah dies mit der Probeschrift *Etwas über eine deutsche Übersetzung des Homers*, die er 1771 in überarbeiteter Form in der *Deutschen Bibliothek der schönen Wissenschaften* des Professors Klotz mit einigen Übersetzungsbeispielen veröffentlichte. Gemäß der Tradition ließ man das Gesuch unter den Ältesten der Gesellschaft zirkulieren, wobei die hohen Herren nicht mit kritischen Einwänden bei ihren Entscheidungen sparten. So beurteilt Heyne Bürgers Schrift als »durch und durch unverdauet«. Man sah in ihm den eitlen und eingebildeten jugendlichen Autor, aber man konnte sich der Tatsache nicht verschließen, daß »er doch Genie zeigt«. Der der Gesellschaft vorstehende Epigrammatiker und Mathematiker Abraham Gotthelf Kästner drückt seine letztendlich positive Beurteilung folgendermaßen aus: »Ich glaube, ein Baum, der zu sehr ins Holz treibt, läßt sich allemahl noch durch Beschneiden verbessern, und ist mir lieber als einer, der an Mangel an Saft duerre steht«.

Sonnabends traf man regelmäßig zusammen, und dem Brauch folgend wurden eigene Werke vorgetragen. »Ich habe – pour passer le temps – eine Ode auf den Herzog von Gloucester gemacht«, schreibt der neu Hinzugekommene in einem Brief an Professor Kästner über seine literarische Arbeit, die den Besuch des Neffen des englischen Königs in Göttingen zum Inhalt hat. Vom Sekretär der Gesellschaft, Professor Johann Andreas Dietze, erhält Bürger den Rat, sein Gedicht »künftigen Sonnabend in der Deutschen Gesellschaft zu deklamieren«.

Johann Wilhelm Ludwig Gleim (1719-1803)
Ölporträt von Johann Heinrich Tischbein d. Ä., 1772

Beisitzer der Königlich Deutschen Gesellschaft zu Göttingen! Gesellschaftliche Anerkennung, aber auch Ansehen als Dichter. Ihren Höhepunkt erfährt diese Entwicklung mit der Aushändigung der Ernennungsurkunde als ordentliches Mitglied jedoch erst 19 Jahre später, am 22. Mai 1788.

»Hätte er so viel Talent gehabt als Charakter, so würden ihn seine Werke zum ersten Range in der Dichterwelt erheben«. Trotzdem gehörte der hier Charakterisierte zwischen 1745 und 1775 zu den beliebtesten und meistgelesenen Dichtern Deutschlands. Mit seinen *Kriegsliedern eines preußischen Grenadiers* hatte Johann Wilhelm Ludwig Gleim in volkstümlicher Form während des Siebenjährigen Krieges die Empfindungen vieler Menschen getroffen. In Friedrich dem Großen verherrlichte er den aufgeklärten Absolutisten. Aber seine Gedichte, Fabeln, Lieder haben ihre Zeit nicht überdauert, und wenn heute von Gleim die Rede ist, dann steht nicht sein Werk im Mittelpunkt, sondern seine einzigartige Rolle als Förderer der deutschen Literatur. Wem hatte er nicht alles geholfen? Mit wem hatte er nicht in persönlichem oder brieflichem Kontakt gestanden? Klopstock, Lessing, Wieland, Herder, Goethe, Schiller, Seume, Jean Paul, Kleist – die Liste ließe sich um viele berühmte Zeitgenossen Gleims, von denen mancher in Vergessenheit geraten ist, erweitern.

Als der 84jährige Gleim 1803 stirbt, hat sich seine Wohnstätte der letzten 56 Jahre, ein kleines Fachwerkhaus in unmittelbarer Nähe des Doms zu Halberstadt, in ein Literatur-Museum der deutschen Spätaufklärung verwandelt. Sein Sammlerehrgeiz veranlaßte ihn, möglichst von jedem seiner Briefpartner, seiner Freunde ein Porträt zu besitzen. In dem von ihm so bezeichneten »Freundschaftstempel« ließ er Bildnisse der Großen und weniger Großen aus seiner langen Lebenszeit zurück. Unter den Dargestellten befindet sich auch ein junger Student aus Göttingen. An der Bekanntschaft zwischen Gleim, dem Kanonikus des Stiftes Walbeck und Domsekretär in Halberstadt, und Gottfried August

Bürger wird beispielhaft Gleims Wirken in der literarischen Landschaft seiner Zeit deutlich.

Das Gleimhaus in Halberstadt, Photo Schrader 1992

»Zu Göttingen, mein liebster Herr Boie, soll ein ganz vortreflicher Kopf sich aufhalten, Nahmens Bürger; er soll aus Aschersleben gebürtig, und folglich eine Meile von mir, zu Hause sein. Man hat mir Wunder von ihm erzählet. Er soll den Homer übersetzen, und vortreflich!« So lautet ein Brief vom Januar 1771, der eine Beziehung einleitet, die für Bürger noch sehr hilfreich sein wird. Wahrscheinlich hatte Klotz, der sich im Vormonat in Göttingen aufgehalten und auf seiner Rückreise Station bei Gleim in Halberstadt gemacht hatte, von seinem außerordentlich begabten Schützling erzählt. Aber auch die in Halberstadt lebenden Dichter Klamer Schmidt und Johann Georg Jacobi, die zum Freundeskreis Gleims gehörten, werden ihm von gemeinsamen Tagen mit Bürger in Halle berichtet haben.

Der Befragte sendete dem Empfänger in Halberstadt eine kurze biographische Skizze Bürgers zu. Voller Sympathie zeichnet Boie ein Bild des jungen Dichters aus halleschen und göttingischen Tagen und baut immer wieder Brücken für seinen Freund: »Herr B. lebt itzt auf eine untadelhafte Art und ich verspreche der Nation von seinen Talenten nicht wenig«. Aber er spart auch nicht mit kritischen Äußerungen zu dessen vorangegangenem Lebenswandel. So unterrichtete er Gleim davon, daß der Großvater »seine Hand gänzlich von ihm abzog«, nachdem der alte Mann voller Grimm hatte feststellen müssen, daß der »Hochmuthsteufel« von den letzten 110 übersandten Talern ein rotes Kleid mit silbernen Borten hatte anfertigen lassen. Schließlich sollte der Brief nicht nur Neugierde wecken und über Bürgers literarisches Schaffen informieren, sondern insbesondere den den jungen Talenten zugeneigten Gleim zur dringend benötigten Hilfe veranlassen.

Im Sommer besucht »Vater Gleim«, wie er von seinen Freunden liebevoll genannt wird, Bürger in Göttingen. Hier sieht er in sein »ofnes Auge, durch welches ein ehrlichs Herz so deutlich spricht«, und hilft ihm mit einem Darlehen von 50 Talern aus der schlimmsten Not. Bürger fühlt sich wie befreit, und Anerkennung, Bewunderung und Dank sind grenzenlos. Nur mit Mühe kann er bei der Verabschiedung die Tränen zurückhalten. Warum hat ihm Gleim so selbstlos geholfen? Warum zeigt er ihm so viel Zuneigung? Der nach Halberstadt Heimgekehrte kann nur vage auf all die Fragen Antwort geben. Immer wieder kommt er voller Begeisterung auf Bürgers *Das Dörfchen* zurück. In keinem der vielen Briefe dieser Tage vergißt er, sich bewundernd über dieses Gedicht zu äußern. Als er den Maler Johann Heinrich Tischbein beauftragt, Bürger zu porträtieren, fügt er hinzu: »Das Stellchen in meiner Bildersammlung verdiente sich, nicht der Übersezer Homers, sondern der Sänger des Dörfchens durch das darin sichtbare ganz eigene deutsche Genie«. Über den Konrektor Ahrendts in Aschersleben, der mit einer Nichte Gleims verheiratet ist, versucht er den sturen Großvater umzustimmen, doch scheitert die-

Bürger, Ölporträt von Johann Heinrich Tischbein d. Ä., 1771

ses Vorhaben an dem Starrsinn des Hofesherrn in Aschersleben. Wenn ihn doch nur der alte Mann jetzt sehen könnte! Die Zeit der Trinkgelage und großzügigen Geldausgaben gehört der Vergangenheit an. Mit Energie und Fleiß hatte er sich seit der Affäre um Madame Bandmann, die dem Großvater wohl durch Bürgers Cousin Carl Sigismund Bürger, der ebenfalls seit November 1769 bei der Apothekerwitwe wohnte, nicht verborgen geblieben war, seinen Studien an der Juristischen Fakultät gewidmet. Einen Beweis dafür stellt insbesondere die Tatsache dar, daß er als einer der eifrigsten Benutzer der Universitätsbibliothek gilt. »Wenn jeder von den 678 Studenten, die 1770 in Göttingen waren, ebensoviel Bücher benutzt hätten, wie Bürger, so hätten über 14 000 Werke verliehen sein müßen, während nur etwa 3000 an Studenten verliehen wurden«.

Sicher hat Bürger, seinen Neigungen folgend, manche Vorlesung des Altphilologen Professor Heyne über griechische und römische Schriftsteller besucht und die modernen Sprachen, bei denen er »das spanische sehr weit getrieben« hat, gepflegt. In Testaten, die für seinen angestrebten Abgang von der Universität im Frühjahr 1772 erforderlich sind, wird dem Studenten »glaubwürdig« bescheinigt, »mit Fleiß und Aufmerksamkeit« den juristischen Studien nachgegangen zu sein.

Die Professoren Johann Heinrich Christian von Selchow, Christian Georg Friedrich Meister und Johann Stephan Pütter stellen ihm für sein weiteres Fortkommen vorteilhafte Zeugnisse aus. Bei Meister widmete er sich mit »größtem Eifer und bestem Fortgang« dem altrömischen Privatrecht und dem peinlichen Recht, dem späteren Strafrecht. Bei der Abfassung seiner juristischen Probearbeit *In peinlichen und Inquisitions Sachen entgegen und wider Anna Margaretha Kerlin* für die Bewerbung um die Amtmannstelle in Altengleichen wird ihm gerade die Beschäftigung mit letzterem sehr geholfen haben. In Pütters angesehenem »collegio practico« hatte er »sowohl in mündlichen Vorträgen als schriftlichen Relationen und an practischen Ausarbeitungen sich fleißig und mit vieler Geschicklichkeit geübt«.

Noch ein Jahrhundert später erinnert man sich an Bürgers geschätzten Lehrer, den großen Rechtsgelehrten Pütter, der zu all

Christian Gottlob Heyne (1729-1812)
Ölporträt von Johann Heinrich Tischbein d. Ä., 1772

seinen Vorlesungen eigene Lehrbücher verfaßte: »Wer an den Glanz Göttingens denkt, erinnert sich Pütters vor den meisten seiner Genossen. ... Während zweier Generationen saßen Deutschlands beste Söhne zu seinen Füßen, und kaum war eine bedeutende Stelle, welche nicht einer seiner Schüler eingenommen hätte«. Reichshistorie, Staatsrecht, Privatfürstenrecht, seine Tätigkeit für das an der Juristischen Fakultät gebildete Spruchkollegium – »er hat damit zu einem wesentlichen Teil den wissenschaftlichen Rang Göttingens mitbegründet«.

Wieder sind dreieinhalb Jahre Studienzeit vorbei, diesmal in Göttingen. Das zu damaliger Zeit ungeheure Privileg, studieren zu dürfen, hatte Bürger zweifach genossen. War es nun nicht endlich an der Zeit, nach einer Anstellung Ausschau zu halten? Klotz bemühte sich, ihm eine Stelle als Legationssekretär in Warschau zu verschaffen, und Gleim versuchte über seine vielfältigen Kontakte zu helfen. Die Suche stellte sich trotz Protektion der Freunde als wenig erfolgreich heraus. Ein Verlassen Göttingens schien aufgrund seiner Schulden nur schwer möglich, zu sehr fürchteten die Gläubiger um den Verlust ihres Geldes.

Nachdem seit Ende des Jahres 1770 trotz zahlreicher Bittbriefe jegliche Unterstützung aus Aschersleben ausgeblieben und der Dichter nun auf sich allein gestellt ist, beginnt die Zeit der Gelegenheitsgedichte zu Hochzeiten, Taufen und ähnlichen Anlässen. So ward mancher poetische Versuch »bezahlt, gedruckt und vergessen«. Beim Advokaten Hesse tritt er im Sommer 1771 als Gehilfe in die Kanzlei ein. Durch Vermittlung von Professor August Schlözer, in dessen Haus er Unterkunft gefunden hat, erhofft er sich eine Tätigkeit bei einem Buchhändler.

Im Dezember 1770 leiht sich Bürger aus der Bibliothek das Werk des griechischen Schriftstellers Xenophon von Ephesus aus und übersetzt zwischen seinen juristischen Studien den Roman *Anthia und Abrokomas*. Klotz in Halle bietet sich hilfsbereit an, die Geschichte des jungen Liebespaares zu barer Münze zu machen. Doch der Tod des Professors und die Verpflichtungen des Studenten lassen das Manuskript erst einmal in Vergessenheit geraten. Als Bürger es 1775 an den Leipziger Verleger Weygand verkauft, sind es ganze 20 Taler, die er dafür bekommt.

Sicher, der Engländer Alexander Pope war durch seine Übersetzung des Homer reich geworden, und Gleim hatte bei Übergabe seines Kredites an Bürger voller Optimismus verkündet, daß eine Rückzahlung erst nach dem zu erwartenden Wohlstand Bürgers durch dessen Homerübersetzung nötig sei.

Aber welch irrige Verheißung! Freier Künstler, Dichter zu sein, war ein Wunsch, der unerfüllt bleiben sollte. Noch war die Zeit nicht reif, und ob es nun der Förderer in Halberstadt, der väterliche Freund in Halle oder der geschätzte Minister in Weimar war, auch ihnen verschaffte erst eine gesicherte Anstellung die Möglichkeit, ihren dichterischen Neigungen nachzugehen.

VIII. DAS IST MEIN LOOß

Der umherstreifende Freund, der literarische Ratgeber und Gutachter Heinrich Christian Boie, dessen Kontakten in Göttingens Umgebung Bürger seine Anstellung als Amtmann des Gerichtes Altengleichen verdanken sollte, hatte sich aus Jena kommend Ostern 1769 an der Juristischen Fakultät der Universität Göttingen eingetragen. Seinen Aufenthalt in der Universitätsstadt finanzierte der in einem holsteinischen Pfarrhaus 1744 geborene Boie als Hofmeister – Hauslehrer und Erzieher – adliger, häufig aus England kommender Studenten. Wie Bürger widmete auch er sich zu Beginn seiner Studien der Theologie und wechselte später zum Studium der Rechte über. Einige Gemeinsamkeiten, doch die charakterlichen Gegensätze konnten nicht größer sein: Boie war der Feinsinnige, Überkorrekte, in Wesen und Handlungen nie übers Ziel Hinausschießende, mit weltmännischem Habitus sich zu den oberen Gesellschaftskreisen hingezogen Fühlende. Über die Verschiedenheit hinaus gab es freilich den gemeinsamen Nenner Literatur. Vor allem fühlte sich Boie von der zeitgenössischen französischen Poesie angesprochen. Seinen wenigen künstlerischen Versuchen war jedoch kein Erfolg beschieden, selbstkritisch hat er dies schnell erkannt. Als Kritiker war er Bürger aber unentbehrlich und durch nützliche Anregungen am endgültigen Zustandekommen vieler Gedichte beteiligt. Auch nach seinem Weggang aus Göttingen blieb Boie dem bewunderten Dichter in

Heinrich Christian Boie (1744-1806)
Pastellporträt von Leopold Matthieu, 1774

herzlicher Freundschaft verbunden, erst 1791 – wenige Jahre vor Bürgers Tod – riß ihre Korrespondenz ab.

Als Herausgeber des *Göttinger Musenalmanachs* der Jahre

1770 bis 1774 ist Boie Mittelpunkt eines dichterischen Zirkels, der als Göttinger Hain ein Kapitel deutscher Literaturgeschichte füllen sollte. Unterstützt von dem zwei Jahre jüngeren Dichter Friedrich Wilhelm Gotter und protegiert von Professor Kästner wird er in Deutschland zum Begründer einer Buchgattung, die, nach dem Vorbild des seit 1765 in Paris erscheinenden *Almanac des Muses*, bald einen festen Platz in der literarischen Entwicklung des 18.Jahrhunderts einnimmt. Der im Januar des Jahres 1770 mit Verspätung erscheinende Musenalmanach, der unter wechselnden Herausgebern bis 1804 existiert, ist vor allem mit eigenen Texten, aber auch mit bereits veröffentlichten Gedichten anderer Poeten versehen. Noch nimmt das leichte anakreontische Gedicht den größten Raum ein, nur Klopstocks zeitkritische Ode *Wir und Sie* mit dem einprägsamen Eingangsvers »Was that dir, Thor, dein Vaterland?« fällt aus dem Rahmen. Später folgen Ausgaben, in denen renommierte Autoren ihre literarischen Schöpfungen für Erstveröffentlichungen zur Verfügung stellen.

Dabei begann die Geschichte des ersten deutschen Musenalmanachs mit einem verlegerischen Schurkenstück besonderer Art. Wenige Wochen vor Boies Göttinger Publikation erschien bei Dodsley und Companie, einer berüchtigten Raubdruckfirma des Leipziger Verlegers Schwickert, der *Almanach der deutschen Musen*. Doch nicht nur die Idee war gestohlen, vollständiger Druckbögen hatte man sich durch die Unehrlichkeit eines Buchdruckergesellen in Dieterichs Verlag bemächtigt, so daß bis dahin unveröffentlichte Gedichte bereits in Leipzig erschienen, noch bevor sie in Göttingen auf den Markt kamen.

Bürger veröffentlicht seit 1771 in dem literarischen Kalender aus Göttingen seine Werke. Als 1775 Voß, der in Boies Abwesenheit die Herausgeberschaft übernimmt, zugunsten eines eigenen Konkurrenz-Almanachs mit Dieterich bricht, bedrängt der Verleger den Dichter. Doch Bürger schlägt »standhaft alle angebotenen Vortheile aus«, zu sehr fürchtet er die Verstimmung der Freunde. Kurzerhand verbindet sich der Verleger mit Goeckingk.

Nur drei Jahrgänge später ergibt sich für Bürger erneut die Chance, Herausgeber des Musenalmanachs zu werden. Der ausbleibende Erfolg seines Almanachs bringt Voß auf die Idee, den eigenen mit dem aus Göttingen zusammenzulegen. Nach der Aufkündigung Goeckingks bei Dieterich glaubt er sich seinem Ziel nahe, denn für ihn steht außer Frage, daß der Verleger daraufhin das Erscheinen des Musenalmanachs einstellen würde.

Doch Dieterich denkt nicht daran, vielmehr sieht er sich nach einem neuen Herausgeber um und findet ihn in Bürger, der dieses Mal ohne Zögern zustimmt. Wie konnte er das lukrative Angebot von 500 Talern pro Jahr erneut abschlagen und auch das Drängen Professor Heynes und die schriftliche Bitte des Hofraths Brandes aus Hannover unbeachtet lassen? Von seinen Freunden muß Bürger sich gefallen lassen, als »Verräther in der Freündschafft« beschimpft zu werden. Wenn der Vorwurf auch nicht unerwartet kommt, so kränkt er ihn doch sehr. In seinem *P[ro] M[emoria] an Goeckingk und Voß* legt er den Freunden dar, wie wenig mit seiner Absage gewonnen wäre: »Freilich mache ich Parthey gegen Voß. Aber mache ich sie nicht, so wird sie ein anderer machen; und ich werde einen Vortheil aufgeopfert haben, der Vossen nichts frommt. ... Teütschland ist groß und kann sehr füglich zwey gute Almanache vertragen, ohne daß die Interessenten des einen, oder andern sich in die Queere kämen«.

Tatsächlich werden die beiden Almanache keine Konkurrenzunternehmen, ungeachtet des Grolls, der sich bei Voß nie verliert. Zu verschieden ist ihre literarische Konzeption: »Wenn der Vossische Musenalmanach zuweilen in Gedichten von hohem lyrischem Schwunge den Vorrang verdiente, so war hingegen die Bürgersche Blumenlese schon seit einigen Jahren reicher an Gedichten der leichtern gefälligen Gattung«, urteilt 1787 die *Allgemeine Litteratur-Zeitung*.

»Fast kein einziges Stück von den bisher abgedrukten habe ich reinweg, so wie es ein gekommen ist, brauchen können, sondern das meiste, was noch einiger massen war, fast ganz umarbeiten müssen«, seufzt Bürger, in dem von Anfang an der Herausgeber mit dem Dichter ringt. »Schofel« – das Schlechte, das Erbärmliche, von »Schofellieferanten« geschickt, erregt bis zu seinem Tode seinen Unmut. Wenn er sich auch in einem Selbstzeugnis eine »faule Bestie« nennt, hier ist er bestrebt, »den Wohlklang und die Korrektheit so weit zu treiben«, wie es ihm möglich ist.

Daß es nun statt der eigenen Werke die Beiträge weniger Talentierter sind, die unter seiner »Feile kreischen«, wird ihm schnell zur Last. Als er im Jahrgang 1789 das beißende Epigramm *Fürbitte eines ans peinliche Kreuz der Verlegenheit genagelten Herausgebers eines Musenalmanachs*, unterzeichnet mit »Dietrich Schofelschreck«, veröffentlicht, ist die Aufregung groß. Ein »Königl. Reskript« bezichtigt ihn der sprachlich allzu großen Nähe zu religiösen Texten.

> Vergib, o Vater der neun Schwestern,
> Die unter deinem Lorbeer ruhn,
> Vergib es denen, die dich nun
> Und immerdar durch Schofelwerke lästern:
> Sie wissen ja nicht, was sie thun.

Doch aufs Sammeln, Ordnen und Veröffentlichen allein konnte Bürger sich nicht beschränken. »Gut und gern dreiviertel des ganzen Almanachs habe ich so gut als selbst gemacht, und ob schon fremde Namen und Buchstaben unter den Stücken stehen, so ist doch oft nichts ausser der Überschrift von den ersten Verfassern stehen geblieben«. Seine Herausgebertätigkeit – sie brachte dem Dichter neben finanziellem Zugewinn vor allem Unbehagen und Verdruß.

Göttingen ist heute eine Stadt, die mit ihren liebevoll restaurierten Fachwerkhäusern, ihren beeindruckenden Gebäuden der Gründerzeit und anderen historischen Bauten trotz Krieg und mannigfacher Zerstörung überraschende Einblicke in die Vergangenheit gewährt. Von der Kantine im 16. Stockwerk des 1986 errichteten Neuen Rathauses, in dem das Stadtarchiv ein Zuhause gefunden hat, schaut der Besucher auf die Altstadt. Wie eine Spielzeugwelt liegt sie da, Schnee hat sie zugedeckt.

Eine alte und eine junge Stadt zugleich. Die Studenten verlieren sich nicht wie in Berlin, Hamburg oder München. In der trotz aller modernen Entwicklung beschaulich gebliebenen Universitätsstadt sind sie stets gegenwärtig. Zwischen altem Marktplatz und winkligen Gassen spürt man die Lebendigkeit, die junge Menschen verbreiten.

Die Gleichen, Kupferstich von Heinrich Martin Grape, um 1810

Unüberschaubar sind die vielen an den Häusern angebrachten Gedenktafeln, die von denjenigen erzählen, die in der Stadt eine ständige Bleibe fanden oder nur kurz zum Studium hier weilten: Freiherr vom und zum Stein, die Gebrüder von Humboldt, Turnvater Jahn, Arthur Schopenhauer, Otto Hahn – ihnen und vielen, vielen mehr hat so die Stadt Göttingen ein bleibendes Denkmal gesetzt. In der Roten Straße, welche vom Marktplatz wegführt, trägt das um die Jahrhundertwende neuerbaute Haus Nummer 28 eine Tafel, die an eine von Bürgers Studentenunterkünften in der Stadt erinnert.

Noch immer lädt der alte Wall aus Festungstagen zu Spaziergängen ein. Der Abschnitt des Ringes, der den westlichen Teil der Altstadt umschließt, trägt den Namen des Dichters. Paulinerstraße, Gotmarstraße, Papendiek, seit Jahrhunderten sind die Namen unverändert, und einige dieser Straßen sind mit dem Lebensweg des Studenten und späteren Professors Bürger verbunden.

Von Göttingen führt der Weg über Geismar, das im ausgehenden 18. Jahrhundert noch weit außerhalb der Stadt gelegen, heute mit ihr zusammengewachsen ist. Wie vielerorts wurden auch hier die an der Peripherie liegenden Dörfer von der wachsenden Stadt geschluckt. Nun, in den letzten Jahrzehnten, findet häufig die Umkehrung dieser Entwicklung statt. Für stadtmüde Menschen ist es ein verführerischer Gedanke, in der Natur zu leben und in der Stadt zu arbeiten. Aber dieser Prozeß hat Folgen, denn in Jahrhunderten gewachsene Infrastrukturen zerbrechen, die Innenstädte werden zu seelenlosen Ansammlungen von Büros und Geschäften, die Dörfer zu Wohnstätten stadtmüder Menschen, die weder säen noch ernten.

Das ehemalige Amt Altengleichen, nur wenige Kilometer von Göttingen entfernt, verdankt seinen Namen der gleichnamigen Burgruine, die wie die Überreste der Burg Neuengleichen auf den Bergrücken der Gleichen schon zu Bürgers Zeiten ehemalige Stattlichkeit nur noch erahnen ließ. Gelliehausen, Wöllmarshausen, Appenrode – hier lebte der Dichter während seiner zwölfjährigen Amtmannszeit.

Die Schneefälle der letzten Tage, die diesige Stimmung haben den lieblichen Charakter der Landschaft noch verstärkt. Anheimelnd ist die weiße Decke auf Dörfern, Wald und Flur, nur schemenhaft erkennbar sind in einiger Entfernung die beiden Gleichen. Die Garte, noch nicht Fluß und nicht mehr Bach, schlängelt sich durchs Tal. Die Stille unterbricht ein Traktor, der auch am

>dritten< Weihnachtsfeiertag 1993 nicht ruht. Mühelos meistert er die verschneiten, schmalen Nebenwege.

Voller Tatendrang stapft der ungeübte Stadtbewohner durch den Schnee. Wald und tiefverschneite Felder, Ebenen und zu kleinen Bergen angewachsene Hügel, die auf die Nähe zum Harz verweisen, wechseln miteinander ab. Bilder aus Bürgers Heimat drängen sich auf. Vielleicht liegt es an den verstreuten, winzigen Dörfern, der Wanderer jedenfalls glaubt sich hunderte von Kilometern von der nächsten Stadt entfernt, von der Wegweiser nüchtern künden: Göttingen 16 km.

Die Bürgergrotte bei Niedeck, Photo Gellert 1993

Einfach ist das Auffinden der Tafel über dem Portal der Kirche von Benniehausen, die an die Feierlichkeiten zu ihrer Grundsteinlegung erinnert: »Zur Ehre Gottes und Erbauung christl. Gemeine Benniehausen ... ist zu dieser Kirche ... der neue Grundstein am 29ten Jul. 1779 geleget worden von Gottfr. Aug. Burger zeit. Gesamt Ger. Amtmann ... «.

Die Suche nach der »Bürgergrotte« hingegen, dem heimlichen Treffpunkt des Dichters mit seiner Molly, ist mühsam und scheint erfolglos. ›Schwierig zu finden‹, so die Einheimischen, und die freundlichen Hinweise ›am rechten Pfad links ab, an den alten Steinbrüchen vorbei, wo der Baumschlag ist, durch einen Graben, rechts oben‹ lassen den Ortsunkundigen beinahe verzweifeln, denn die Pfade sind verschneit, die Steinbrüche von Bäumen und Sträuchern längst überwuchert, und auch die anderen Ortsangaben scheinen ungenau und im tiefen Wald überall möglich.

Ein alter, behauener, mit Moos bewachsener Stein steht am Wegrand. Eine Grenzmarkierung? Nach eingehender Säuberung zeigt sich der Schriftzug »Bürgergrotte« mit einem richtungsweisenden Pfeil. Umherirren trotzdem. Erst nach langem Suchen im Walde die Entdeckung des von Legenden umwobenen Ortes. Ein Irrtum ist ausgeschlossen, denn die vielen Initialen und Jahreszahlen, von denen die ältesten aus dem Jahre 1810 stammen, bringen ebenso wie die Inschrift »Bürgerg. 1904« und das in den Sandstein geritzte, eher verunglückte Porträt des Dichters Gewißheit. Wenig aufregend ist der kleine Felsvorsprung. Erst bei dem Gedanken, daß Bürger hier weilte, gewinnt er an Bedeutung, erst die Phantasie hebt ihn von der Umgebung ab.

Ausgangspunkt der letztlich doch erfolgreichen Wanderung waren die verfallenen Bauten des einstmals so bekannten Gasthauses »Waterloo«, nahe dem Ortsausgang von Benniehausen an der Landstraße von Göttingen nach Duderstadt. Weit über hundert Jahre war das Wirtshaus ein beliebtes Ausflugsziel der Göttinger und ihrer Studenten, erbaut im Jahre 1817 von dem Schuhmachermeister Georg Wilhelm Hoffmann, der an gleichnamiger großer Schlacht gegen Napoleon teilgenommen hatte.

Zum Glück liegen die kleinen Dörfer des Amtes nahe beieinander, dennoch ist Eile geboten. Vor der heraufziehenden Dämmerung hastet der Besucher in das nur wenige Kilometer entfernte Gelliehausen. An dem ehemaligen Wohnhaus des Hofrats Listn, in dem Bürger in den ersten eineinhalb Jahren seiner Amtmannstätigkeit wohnte, entdeckt er die zu Beginn des Jahrhunderts angebrachte Gedenktafel, die von der Entstehung der berühmten *Lenore* 1773 in diesem Hause kündet.

Fröstelnd streicht er im Ort umher. Erst die endgültige Dunkelheit läßt ihn Zuflucht im warmen Ratskeller des alten Rathauses zu Göttingen suchen, von dem glaubhaft anzunehmen ist, daß auch schon der Dichter hier manch guten Tropfen zu sich nahm.

Wohnhaus des Hofrat Listn in Gelliehausen
Hier wohnte und dichtete Bürger 1773 die »Lenore«

Was für eine Frau, was für ein Weib! Sie hatte das Privileg, von zwei Dichtergenerationen besungen zu werden. Als Boie und kurz darauf auch Bürger sie kennenlernen, ist die anziehende, gebildete und geistvolle, aber auch schwärmerische Anne Juliane Elisabeth Listn, die dem Hofrat Listn Angetraute, bereits im 50. Lebensjahr. Von den beiden jungen Männern trennen sie Jahrzehnte.

In Molmerswende stand die Geburt des Pfarrerssohns noch

aus, als man ihr, der Poetin, 1746 die Ehrenmitgliedschaft in der »Hochlöblichen Königlichen Deutschen Gesellschaft in Göttingen« antrug. Im Geburtsjahr des Dichters war sie vom Göttinger Orientalisten Johann David Michaelis in einer anonym erschienenen *Allerunterthänigsten Bittschrift an Seine Königliche Majestät in Preußen um Anlegung einer Universität für das schöne Geschlecht* für die Tätigkeit einer Dozentin vorgesehen. Sie sollte die Poesie auf dem Katheder vertreten, denn:

> Sie mäht der Worte Überfluß
> Mit scharfer Sichel ab, bis eine reine Schöne
> Des klügesten Gedichts die Geister rühren muß.

Der Dichter satirisch-komischer Versepen, Justus Friedrich Wilhelm Zachariae, besang die Bewunderte als Lucinde und Seline, und in einem Schreiben aus dem Jahre 1749 beschrieb er die langjährige Briefpartnerin mit den Worten: »Wenn ich Ihnen Ihren Carackter machen wollte, so würde ich Ihnen mit den grösten Lobeserhebungen ein Frauenzimmer beschreiben müßen, von dem Sie glauben würden, daß so viel Tugend und so viel Vollkommenheit in keiner menschlichen Seele wohnen könnte«. Wenn er in Briefen an den Freund vertraulich-liebevoll von seiner »Mad[ame] L.« spricht und gesteht, »dass sie auch in der Ferne noch sein ganzes Sinnen und Trachten ausmachte«, fällt es schwer zu glauben, daß es sich um die Ehefrau eines anderen handelt. Auch sein Dichterfreund Eberhard Friedrich Freiherr von Gemmingen betete sie als Elise gleichermaßen an. So wurde für die beiden Studenten aus Göttingen der Aufenthalt in Gelliehausen zu einem Musenerlebnis besonderer Art.

Als eine neue Generation von Schwärmern ihren Weg in den kleinen Ort findet, mag Madame Listn in der ihr für kurze Zeit entgegengebrachten Bewunderung noch einmal rauschhaft aufgegangen sein. Friedrich Wilhelm Gotter, Rudolf Erich Raspe, die Bürgerfreunde Boie und der empfindsame Johann Martin Miller, der sie ebenfalls dichterisch verehrte, werden jene Glücksgefühle in ihr hervorgerufen haben, die beim Zerstreuen der jungen Männer in alle Winde jäh zerbrechen.

In ihrem Hause nun nimmt der neue Amtmann Bürger Quartier, und auch er besingt »nach einem Gespräch über ihre irdischen Leiden und Aussichten in die Ewigkeit« in seinem Gedicht *An Agathe* Madame Listn, die »in den paradiesischen Lauben« seine »Genossin« werden soll.

Bewunderung, Sympathie, räumliche Nähe und die monatelange Abwesenheit des Hofrats lassen Altersunterschiede schnell vergessen. Was zwischen ihr und Bürger geschah – niemand weiß es. Bekannt ist nur – Zufall oder nicht –, daß die Frau Hofrätin gerade zu jener Zeit, als Bürger sich seiner zukünftigen jungen Frau zuwendet, in tiefe Depressionen fällt. Vom Hofrat Listn ist zu berichten, daß die herzliche Sympathie und das dem Mitbewohner Bürger entgegengebrachte Vertrauen später geradezu in Haß umschlagen.

»Es mag schwerlich je einem polnischen Könige saurer geworden sein, sich seines Zepters, als mir, mich dieses Richterstäbchens zu bemächtigen«, charakterisiert Bürger die Umstände, die aus ihm, einem Studenten der Rechte, den Amtmann und Gerichtshalter des Adlig Uslarischen Gesamtgerichts Altengleichen werden ließen.

Durch die Bekanntschaft mit dem gebildeten, aber mit schlechtem Leumund versehenen Hofrat Ernst Ferdinand Listn, der im Siebenjährigen Krieg den Bewohnern des Gartetals mit seiner Verschlagenheit geholfen hatte, erfährt Boie von der Vakanz der Stelle eines Amtmanns und Gerichtshalters zu Altengleichen. Nachdem er selbst diese abgelehnt hatte, bringt er seinen Freund Bürger ins Gespräch und empfiehlt ihn wärmstens.

Listn selbst war von 1742 bis 1767 Amtmann dieses Gerichtssprengels und übt als Vormund der minderjährigen Söhne des Majors Karl Friedrich Ferdinand von Uslar entscheidenden Einfluß auf die Neubesetzung des Amtes aus. Diese Tatsache zählt umso mehr, als sich der um Anstellung Bemühte sieben stimmberechtigten Familienmitgliedern gegenübersieht. Aber schnell sind die Fronten geklärt, und Bürger, der auf Anraten seines Freundes Boie im Frühjahr 1772 den entscheidungsberechtigten Mitgliedern des Uslarischen Familienverbandes einen Besuch abstattet, kann sich über fünf Stimmen zu seinen Gunsten freuen.

Weit abgeschlagen scheint der Kandidat der gegnerischen Partei, der Göttinger Ratsauditor Christoph Friedrich Oppermann, der vom zweiten Bürgermeister Göttingens, Meyenberg, protegiert wird.

Doch es wäre nicht Bürgers Leben, stellte sich diesmal die Sachlage einfach dar. Denn die beiden Opponenten sind zugleich die Senioren der beiden Linien des Uslarischen Geschlechts. Besonders der auf Gut Elbickerode lebende Senior des Ludolfschen Zweiges, Oberst Adam Henrich von Uslar, macht aus seiner Ablehnung gegenüber Bürger keinen Hehl und hintertreibt geradezu mit Besessenheit die bevorstehende Ernennung des Dichters zum Amtmann. Ihn, der sich als Repräsentant der Gesamtfamilie betrachtet, wird zu Beginn der Auseinandersetzungen weniger die Person Bürgers als vielmehr die Niederlage seines Kandidaten und damit auch die eigene aufgebracht haben, glaubte er doch, bereits »sechs von sieben Stimmen für seinen Candidaten Oppermann schwarz auf weiß zu besitzen«. Daß sein Sohn, wenn auch nicht stimmberechtigt, zu Bürgers größten Bewunderern zählt, erschwert zusätzlich die Entscheidungsfindung.

Man kann sich des Eindrucks nicht erwehren, daß traditionell zahlreichen Querelen in der Uslarischen Familie nunmehr auf Bürgers Rücken ausgetragen werden. Aber auch der Auditor Oppermann kann für sich in Anspruch nehmen, vielleicht doch gewählt worden zu sein, wäre da nicht die Protektion des widerspenstigen Alten gewesen. Überstimmt von der Familie, schlägt der ehrgeizige Oberst nun vor, die beiden Kandidaten einer juristischen Prüfung zu unterziehen, deren Ausgang die Besetzung der Amtmannstelle entscheiden soll.

»Beynahe bin ich nunmehr Amtmann. Ich habe den sämtlichen HE[rrn] v.[on] Usl.[ar] von neuem Cour machen müssen. Sie sind itzt alle für mich eingenommen; und es ärgert sie selbst, daß sie sich so weit mit Oppermann verquackelt. Doch haben sie nun den Ausweg beliebt, daß uns beyden Actenstücke zu Relationen cum votis vorgelegt und beyderseitige Ausarbeitungen von hiesiger Juristenfacultät beschnobert und beurtheilt werden sollen. Der beste soll Amtmann seyn«. So stellt Bürger aus seiner Sicht die Vorgänge dar.

Vereinbarungsgemäß findet er sich am 19. April in Gelliehausen ein und beginnt unter Aufsicht des ihm zugetanen Hofrats Listn mit der Ausarbeitung von drei verschiedenen Akten ohne weitere Hilfsmittel. Wieder scheint die Amtmannstelle zum Greifen nahe, denn vom Kandidaten Oppermann fehlt jede Spur. Als dieser schließlich beim Obersten Adam von Uslar in Elbickerode erscheint und seine Verhinderung durch diverse Geschäfte entschuldigt, sind die Karten wieder neu verteilt. Die Familie ist aufgebracht, besonders erregt sie, daß der alte Herr – entgegen der Absprache – Oppermann gestattet hatte, einen Teil der Aufgaben zu Hause in Göttingen zu bearbeiten. Der Oberst verlangt lediglich eine eidesstattliche Versicherung, wonach Hilfeleistungen anderer ausgeschlossen sein sollen.

Bürger und Boie, die Briefe zwischen den Freunden fliegen hin und her. Der in Göttingen Zurückgebliebene unterstützt Bürger mit ganzem Herzen, er scheut sich nicht, die Gläubiger zu vertrösten und seine zahlreichen Kontakte für die Sache Bürgers zu nutzen. Er ist es auch, der triumphierend an Gleim nach Halberstadt Bürgers Sieg über dessen Widersacher verkündet. Sehr voreilig, denn noch lange ist kein Ende der Intrigen und des Gerangels abzusehen.

Vorsorglich nimmt die >Bürgerpartei< für sich in Anspruch, daß man auf das Gutachten der Juristischen Fakultät nicht den geringsten Wert lege, sei doch mit ungleichen Waffen gefochten worden. Salomonisch scheint der Spruch der Gutachter, Bürger mehr Kenntnisse, dem Mitbewerber aber mehr praktische Erfahrungen zu bestätigen.

Als der Gutsherr von Elbickerode erkennen muß, daß er mit der Einsetzung seines Kandidaten wenig erfolgreich und Bürgers Berufung aufgrund der Stimmenverteilung nicht zu verhindern ist, besteht sein letzter Trumpf gegenüber Bürger in der Forderung einer Kaution von 600 Talern. Schnell sind der Kaufmann Backhausen und der Traiteur Rühlender gefunden. Beide haben an einer Anstellung Bürgers großes Interesse, sehen sie doch darin eine reale Chance, an das dem Dichter gestundete Geld zu gelangen. Daß Boie für die Summe bürgt, bedeutet für sie eine zusätzliche Absicherung. Auch die dem Dichter wohlgesonnenen Familienmitglieder erbieten sich, die Kaution zu stellen.

Am 1. Juli 1772, die Gönner in der Familie von Uslar haben die Berufung nun endlich durchgesetzt, findet im Hause des Hofrats Listn in Gelliehausen die Vereidigung des zukünftigen Amtmanns und Gerichtshalters statt. Die Schultheißen und Vorsteher sämtlicher Gemeinden und die ihm zugeneigten Familienmitglieder sind anwesend, als Bürger seine Eidesformel spricht: »Ihr sollet geloben und schweren einen Eyd zu Gott und sein heiliges Wort, daß ihr denen gesamten Herren von Uslar Treu- Hold- und gewärtig seyn, deren Bestes, und wahren Nutzen in alle Wege suchen und befördern, Schaden und Nachtheil aber so viel in eurem Vermögen abwenden, kehren und warnen wollet«.

Nur sechs Tage sollten vergehen, bis sich die beiden Senioren, wobei der zweite der der Melchorischen Linie vorstehende Hans Lebrecht von Uslar ist, am 6. Juli 1772 mit einer »Gemüßigten Anzeige und Bitte« an das Hofgericht zu Hannover wenden. Ihre Klagen und seitenlangen Argumentationen münden in die Forderung, die Wahl für null und nichtig zu erklären. Die schwersten Geschütze, die gegen Bürger aufgefahren werden, zielen darauf, daß er nicht aus dem Hannoverschen komme und mit den Landesgesetzen keinerlei praktische Erfahrung habe. Auch das Gutachten der Juristischen Fakultät, das nach ihrer Lesart den Kandidaten Oppermann favorisiert, wird in die Waagschale geworfen. Das Original hiervon, das Listn in Verwahrung hat, sollte trotz mehrfacher Anmahnung nie zu den Akten gegeben werden. Ein Brief an Listn, der zu dieser Zeit in Hannover weilt, verrät, daß auch der neugebackene Amtmann den Spruch der Juristischen Fakultät nicht eindeutig in seinem Sinne sieht: »Das Göttingische Gutachten wird man wohl produzieren müssen«.

Am 12. August erfolgt nunmehr von Bürgers Freunden die »Gemüßigte Gegenanzeige und Bitte«, der wiederum die Gegner die »Ferneweiten gehorsamste Anzeige und Bitte« folgen lassen, in der man die rechtmäßige und rechtsgültige Wahl Bürgers in den Hintergrund rückt und mit größtem Nachdruck auf seine völlige Untauglichkeit verweist. Am 18. Januar 1773 kommt Bürger der Aufforderung des Hofgerichts in Hannover nach und liefert einen eigenen ausführlichen Bericht. Diese schlichte, doch geschickt abgefaßte »Verantwortung« verfehlt bei der Regierung in Hannover und dem Obristen Adam nicht ihre Wirkung, er fühlt sich zu einer erneuten Gegenschrift herausgefordert. Aber auch sie zeitigt keinen Erfolg, und so bleibt letztendlich nur noch zu berichten, daß mit dieser Schrift, auf die weder Bürger noch die Uslarische Gegenpartei antwortet, die Akten geschlossen werden. Auch der Tod des Seniors Oberst Adam Henrich von Uslar am 30. Januar 1775 wird zur endgültigen Ruhe in dieser Angelegenheit beigetragen haben.

Wie glücklich ist der Großvater in Aschersleben über diese Entwicklung! Schnell ist jeglicher Groll verschwunden und vergessen der Vorsatz, den undankbaren Enkel nicht mehr zu unterstützen. Bereits zum Ende des Jahres 1771 hatte der Hofesherr Bauer »voll der besten Gesinnungen« nach Halberstadt an Gleim geschrieben und diesen gebeten, Bürgers Ernennung zum Ascherslebener Bürgermeister zu unterstützen, da der Amtsinhaber Loeber wohl bald sterben werde. Vorausahnend, daß Tätigkeiten dieser Art dem Dichter wenig Glück bringen, übermittelt Gleim nach

Göttingen: »... ich, und, ohne Zweifel auch Sie, wir wünschen dem Herrn Burgemeister langes Leben, denn Homer und Bürger möchten nirgends als zu Rom, oder zu Athen, gute Burgemeister seyn«.

Doch was zählen in dieser Hochstimmung, unterstützt vom Besuch des sorgenden Großvaters, der 1000 Taler für Kaution und »kleine schreyende Schulden« daläßt, wohlmeinende Ratschläge! Vergessen ist der Juli 1771, als der Enkel seinen Wohltäter »als einen höchst geizigen, gefühllosen, in seinem Alter lächerlichen und kindischen Mann« betitelte. Als der alte Herr am 31. Dezember 1773 stirbt, hat der Dichter die Gewißheit, daß sie in Frieden voneinander scheiden.

Seine neue Tätigkeit erfüllt Bürger mit Genugtuung: »Ich bin mit meinem Schicksale recht sehr zufrieden. Aber Arbeit, sehr viel Arbeit ist allhier mein Looß! – Doch will ich gern arbeiten, wenn nur erst Ordnung wieder hergestellt und der alte Sauerteig ausgefegt seyn wird«. Voller Stolz erinnert er sich gerade jetzt seiner Studienfreunde aus halleschen Tagen. »Ich Gottfried August Bürger bin nicht allein itzt aller meiner Schulden quit, sondern bin auch, arrige aures Pamphile! – bin – bin Amtmann des Hochadel. von Ußlarischen Gerichts Alten Gleichen, eine Meile von Göttingen, praeter propter auf dem Wege zwischen Duderstadt und Göttingen«.

Häufige Stimmungswechsel, wenig Beständigkeit, kaum Voraussicht charakterisieren Bürger in dieser Zeit. Bei seinem Weggang hatte er Göttingen wie vormals Aschersleben mit Flüchen bedacht: »O wie fatal ist mir hier alles!« Daß er auch Klage über das dunkle, regnerische Wetter in dieser Stadt erhebt, beweist seinen Überdruß. Aber wie sollten Himmel und Wolken, nur wenige Kilometer von der Leinestadt entfernt, anders sein? Der Elan hält nicht lange vor, die Hoffnung auf bessere Zeiten schwindet.

Nach dem Ausscheiden von Hofrat Listn aus dem Amt 1767 wechselten sich in den Jahren bis zu Bürgers Einsetzung 1772 vier Nachfolger ab. Unordnung, Liegengebliebenes findet sich

Bürger, Ölporträt von Leopold Matthieu, 1774

überall, und nur wenige Wochen nach der Amtsübernahme fallen auf Bürgers neues Leben schon die ersten Schatten. »Eine Familie von Gerichtsherrn, die aus 7 Stimmen und Theilhabern an dem Gericht besteht, wovon jeder sein eigenes Interesse hat, welchen insgesammt es der hiesige Beamte nie recht machen kann, wo also der Fehde und des Cujonirens von einer oder andern Seite nie ein Ende wird! – Verwilderte Unterthanen etc. etc. etc.! Das ist mein Looß, geliebter Freünd! das ist mein Looß! Ich weiß nicht, ob ich es lange ertragen kann«.

Sicherlich, sowohl die Querelen um seine Einsetzung als auch das in den letzten Jahren verkommene Amt bieten keine günstigen Voraussetzungen für den ersehnten Neuanfang. Unterschlupf finden, mit sich und der Welt ins Reine kommen – ehe all diese Vorhaben richtig beginnen, sind sie bereits gescheitert.

In vertrauten Briefen an Freunde enthüllt der Dichter seine Schwächen. Freimütig muß er bekennen, wie säumig, unzuverlässig und unordentlich er ist und welchen Abscheu er vor den Amtspflichten hat. Versäumnisstrafen, die seinen Geldbeutel arg strapazieren, gibt es unzählige. An seinen Freund, den Rat Sprickmann in Münster, schreibt er: »Ich bin eine so faule Bestie selber, daß ich noch Amt, Haus und Hof drüber werde verlaufen müssen. Aber doch, daß ich mir selbst kein Unrecht thue, mag ich wol arbeiten, aber nur nicht solche Nichtswürdigkeiten, wie ich hier sol und mus«.

Stellvertretend für viele überlieferte Zeugnisse gleichen Inhalts ist ein Brief an seinen Schwager Georg Leonhart, der tiefe Einblicke in Bürgers verzweifelten Seelenzustand in Amtmannstagen gewährt: »Es ist nicht anders, als ob mich der leidige Satan selbst von einem Tage zum anderen abhielte. Dabei habe ich Tag und Nacht eine Unruhe auf dem Balge, als ob ich einen ermordet hätte. Darüber geschieht denn nun platterdings gar nichts. Alles, was an Briefen und Papieren ankommt, wird auf den Tisch eins übers andere geworfen, und wenn vollends so Kraut und Rüben da durcheinander liegen, so graut mich noch mehr vor der Aufräumung des alten Mistes. Ich stehe mit dem Vorsatze auf, den Tag über recht viel zu beschicken, und kommt der Abend heran, so ist nichts geschehen. Manchmal möchte ich meinen ganzen Papierplunder ins Feuer werfen, und alsdann auf und davon gehen«.

Wie lange wollte Bürger sich dies antun? Zwölf Jahre Amtmann sind eine Ewigkeit, wenn man doch schon nach kurzer Zeit voll des Verdrusses ist und »aus diesem Loch erlöst« werden will! Daß Abscheu und lähmende Schwere sich auch auf seine poetische Arbeit übertrugen, mag seine Niedergeschlagenheit noch verstärkt haben. Aber wie sollte er, der des Amtes so überdrüssig war, kreativ sein?

Ja, Bürger leidet, und manchem Besucher, der ihn für Stunden aus tiefer Niedergeschlagenheit und Lethargie herausreißen konnte, blieb sein angegriffener Gesundheitszustand nicht verborgen: »Den 13ten machte ich eine Bekanntschaft, die ich lange zu machen gewünscht hatte, die des Amtmanns von Wölmershausen B[ürge]r, eines offnen freundschaftlichen Mannes. Er sieht sehr kränklich aus; hat in seinen Augen sehr viel Geist, der aber durch seine Kränklichkeit gemildert wird; in seinem ganzen Gesicht einen rührenden Zug von Güte. Auf unsere Bitte las er uns eine freye Uebersetzung vom Makbeth vor, und es braucht wohl keiner Versicherung, wie schön! Wir spazierten den Abend und es wurden Gespenstergeschichten erzählt, die fürchterlichsten, die ich je gehört habe. Wir giengen bey Sonnenuntergang aus; es ward Abend, der Mond stand am Himmel, und die Sterne mit ihm; wir gingen noch immer, und erzählten, und wurden nicht müde zu erzählen; endlich rief die tiefe Stille uns nach Hause«.

Aus 150 Talern zuzüglich 30 Talern für die Hausmiete bestand sein jährliches Grundgehalt, zu dem noch die sogenannten Sporteln, vom Amtmann einzufordernde Verwaltungsgebühren, kamen. Doch einfordern, das hieß Aktenberge bearbeiten, Vorgänge endlich abschließen, und wenn man wie Bürger oft säumig war, dann wurden aus möglichen Einnahmen Strafen, die man zu bezahlen hatte. Nie sollte er auf die geplanten 500 Taler im Jahr kommen, seinen eigenen Aussagen zufolge waren es zumeist 300 Taler und manchmal etwas mehr. Doch selbst diese Summe war nicht schlecht bemessen, zieht man vergleichbare Anstellungen aus der Zeit heran. Das Einkommen des Volkes, der sogenannten einfachen Leute, soll hier erst gar nicht aufgeführt werden, zu kraß ist der Gegensatz.

Das ist mein Looß

Er müsse mit einem Maximalgehalt von 400 Talern »zwischen andern Seigneurs auch wie ein Seigneur leben«, der wenigstens 1000 Taler hat, berichtet Bürger. Ohne Umschweife ist ihm zuzustimmen, wenn er schreibt: »Man lebt ja nicht, wenn man nicht so leben kann, wie man zu leben wünscht«. Wäre es doch so einfach! Das Machbare erkennen, die Sterne den Träumen lassen und nach den Trauben streben, die erreichbar sind, entsprach nie seinem Denken. Diszipliniert sein, wo doch eher das Gegenteil den Poeten ermöglicht, die Doppelrolle von Dichter und Amtmann – sie gelingt Bürger nicht.

Der Alltag, die Amtsgeschäfte, welch Unbehagen bereiteten ihm »das Räuspern, Husten und Murmeln der Klienten und das Schlorfen und Trampeln der Bauernfüsse« vor seiner Amtsstube. »Actum Gelliehausen – In Sachen – Hiermit wird« und nicht »Ich rühme mir mein Dörfchen hier« bestimmen seinen Tagesablauf.

Mit vielerlei Vorwürfen und Rechtshändeln verfolgt all die Jahre Pastor Zuch aus Gelliehausen den jungen Amtmann. »Niemals ist die Polizei so schlecht in unserm Gericht gewesen, als bei diesem Mann. Keine Völlerei, Dieberei, kein Saufen und Schwelgen wird bestraft, er selbst hat keine Furcht und keinen Respekt!« Was den Pastor so gegen Bürger aufbringt, sind unterschiedliche Auffassungen von Anstand und Moral: Da soll die Braut des Hirten bis zur vollzogenen Trauung aus dessen Wohnung entfernt und zwei in wilder Ehe lebende Personen getrennt werden. »Es wäre gleichviel, ob sie jetzt zusammen schliefen, oder nach der Kopulation«, ist die lakonische Antwort des amtierenden Amtmanns. Daß sich die Fronten zunehmend verhärten, ist leicht vorstellbar.

»O Sprikmann, ich möchte des Teufels werden über allen den Zwei-Pfennigsgeschäften«, klagt Bürger. Unbezahlte Arztrechnungen, die er kraft seiner Stellung einfordern soll, Schwangerschaften, zu denen der Vater gesucht wird, Beischlaf ohne eingelöstes Eheversprechen, Handwerksrechnungen, die zu hoch seien, er fühlte sich völlig fehl am Platze. Vielen wird es wie dem Chirurgus aus der Ortschaft Großscheen mit einem Anliegen an den Amtmann Bürger ergangen sein. Auf seine zahlreichen Schreiben erhielt er nie eine Antwort.

Dabei war der Dichter ein guter, ein versierter Jurist. Nicht von ungefähr nimmt der Göttinger Hofrat und Professor Justus Claproth in seine *Samlung verschiedener vollständiger gerichtlicher Acten zum Gebrauch der practischen Vorlesungen* den von Bürger geführten Prozeß gegen eine Kindesmörderin auf. Was war geschehen?

Die Tochter des Schuhmachers in Benniehausen, Catharina Elisabeth Erdmann, hatte zu Beginn des Jahres 1781 das von dem Metzger Daniel Riemschneider empfangene Kind aus Angst vor ihrem gewalttätigen und trunksüchtigen Vater in die nur wenige Schritte vom elterlichen Hause entfernte Garte geworfen.

Gütig und streng zugleich führt der Amtmann das Verhör. Bürgers Befürchtung, daß die Angeklagte »ohngeachtet der christmenschenfreundlichen Luft, die alleweile über den Erdboden weht, dennoch mit dem Schwerte vom Leben zum Tode gebracht und ihr Körper auf das Rad geflochten werden dürfte«, erfüllt sich zum Glück nicht. Nach ihrer Verurteilung zu langjähriger Zuchthausstrafe verliert sich die Spur der Schuhmacherstochter im Dunkeln.

Bereits seit längerer Zeit hatte sich der Dichter mit der Idee eines Werkes zum Thema Kindesmord beschäftigt. Nun, angeregt durch die aktuellen Ereignisse, beginnt er mit der Ausführung. In seiner Ballade *Des Pfarrerstochter von Taubenhain* wird der Verführer zum adligen Ritter, und die vom Liebesverrat Betroffene ist ein bürgerliches Mädchen. Daß er die Handlung auf gegensätzlichen sozialen Ebenen ansiedelt, den Konflikt dadurch verschärft, das ist für ihn nicht nur gestalterisches Mittel. Die Pfarrerstochter und der Junker: In kleinen Schritten treibt Bürger die spannungsgeladene Handlung voran, versetzt sie mit schaurigen, dramatischen Elementen bis hin zur tragischen Konsequenz des Kindesmordes und der Hinrichtung der Verzweifelten.

Das ist mein Looß

Die Laube im Pfarrgarten, der heimliche Treffpunkt der Liebenden, wo es im Frühling »flüstert und stöhnt«, wird im Winter »bei eisigem Regen und Winden« für die unglückliche Frau zum Ort der Geburt und dann – des Kindesmords. Weit spannt der Dichter den Bogen. Die Parteilichkeit für Rosette steht für ihn außer Frage, doch ist es nicht die banale Geschichte vom schrecklichen Junker und seiner bedauernswerten Geliebten, die Bürger erzählt. Vorgestellt wird vielmehr eine neue, bürgerliche Moral, in der die Schwangere das »Hegen und Pflegen« des jungen Adligen, das Versorgtsein und die zur Wahrung des äußeren Scheins angebotene Ehe mit einem Jäger kategorisch ablehnt und die Heirat mit dem Vater ihres Kindes und damit ihre Ehre fordert. Als ihr der Junker diesen Wunsch verwehrt, bleibt nur tödliche Tragik, ein anderer Weg scheint Rosette – auch von der eigenen Familie verstoßen – undenkbar.

Nicht unerwähnt bleiben soll ein Lebensabschnitt während Bürgers Amtmannszeit, der viel von seinem Wesen verrät. Zu berichten ist von den Jahren 1780 bis 1784, in denen er das Gut Appenrode, genauer das Untergut, in seinem Gerichtssprengel gepachtet hat. Wieder einmal hofft er auf das große Glück, auf die Befreiung von allen Sorgen, und wieder einmal ist der Weg von der vielversprechenden Verheißung bis hin zur »verfluchten Pachtung« nicht weit.

Aber noch schreibt er an Goeckingk: »Es ist wahrhaftig nicht unangenehm, Freund, seine Rosse um sich herum wiehern, seine Stiere und Kühe brüllen, Schaafe blecken, Schweine grunzen, Gänse und Enten schnattern, Hühner gackern, und Tauben murken zu hören. Meine jezige Hauptliebhaberei ist Gartenbau und Blumenzucht. Ich wühle in der Erde, wie ein Maulwurf. Der Schreibtisch stinkt mir an. Frau Justitia des GesamtGerichts Altengleichen klagt, daß ich so selten in ihrer Kirche mit den mir anvertrauten Schäflein erscheine. Ich thue alles brevi manu in meinem Garten, den Grabespaden oder den Harken in der Hand ab, und wenn sich die Partheien nicht ergeben wollen, so wil ich künftig dazwischen blaüen. Ich fühle, dass ich in meinem Bauernstande sehr gesund und munter werde. Ich mache viel Verse im Kopfe, habe aber selten Lust, sie aufzuschreiben«.

Untergut Appenrode, Photographie um 1935

Daß es kam, wie es kommen mußte – bei ihm wurde aus dieser Floskel oft bittere Wahrheit. Das Gut war respektierlich, in einer Aufstellung des Jahres 1912 wird von 96 Hektar Ackerland und darüber hinaus von Weiden, Gärten, Wiesen und Forsten gesprochen. Aber Bürger war nun mal kein Landwirt, und seine Unfähigkeit, mit Geld umzugehen, steigerte erheblich die Verluste. Daran konnte auch ein Verwalter nichts ändern. Die Pachtung eines Gutes bedeutete schließlich mehr als die Liebhaberei zu Gartenbau und Blumenzucht. Mangelnder Realitätssinn und Selbstüberschätzung waren häufig die Ursache solch dramatischer Verstrickungen in seinem Leben. Die Bilanz der vierjährigen Pachtung war verheerend, sie hatte den Dichter um eine Menge Geld gebracht.

Von dem Besuch des in Göttingen inkognito weilenden Herzogs Karl August von Weimar in Appenrode erhoffte sich Bürger Vorteile. Doch der heimliche Wunsch, es könne sich für ihn daraus eine Anstellung in Weimar ergeben, erfüllte sich nicht. So ist die Bitte des Herzogs, der Dichter möge ihn noch bis nach Heiligenstadt begleiten, wo sie die ganze Nacht in einem Wirtshaus zusammensitzen, eine Auszeichnung, die ohne Folgen bleibt.

Abseits kleinster Landstraßen dämmert das Untergut Appenrode bis heute vor sich hin, und nur der seltene Besuch des einen oder anderen Bürgerinteressierten reißt es für wenige Augenblicke aus seinem Dornröschenschlaf. Der große, steinerne Schafstall von 1730 ist noch vorhanden, und auch ein Wohnhaus, das 1801 auf dem alten, massiven Steinfundament errichtet wurde, erinnert an den einstigen Besitzer Bürger.

Lange hatte sich die Familie von Uslar mit den Unzulänglichkeiten von Bürgers Amtsführung herumgeschlagen. Nun konnte auch der Teil der Familie, der immer schon mehr den Dichter als den Amtmann bewunderte, seine Amtsführung nicht mehr tolerieren. Als man in den Augusttagen des Jahres 1783 wieder einmal in Hannover um Amtsenthebung nachsucht, findet man dort mehr Gehör. Auch dem Bürger wohlgesonnenen Hofrat Georg von Uslar, der in der Justizkanzlei mit der Untersuchung beauftragt ist, können die nicht enden wollenden Versäumnisse und Widrigkeiten des dichtenden Amtmanns nicht mehr entgehen.

Dieser Hofrat wird es gewesen sein, der Bürger zur Vermeidung eines langwierigen Prozesses empfahl, dem Verfahren durch seine Demission zum 24. Juni 1784 ein Ende zu setzen. Bürger spürte wohl, daß er seine Position beim Gericht Altengleichen dienstlich und menschlich verspielt hatte. Daß, wie so oft behauptet, seine Entscheidung zurückzutreten nur vor dem Hintergrund drohender schwerer Anschuldigungen und einer Amtsenthebung getroffen wurde, entspricht nicht der Wahrheit. Lange schon – in den letzten Jahren immer dringlicher – war es Bürgers Wunsch gewesen, der für ihn so mißlichen Tätigkeit zu entfliehen. Bereits im Juli 1782 hatte er in einem Brief an Friedrich den Großen beschwörend um eine Anstellung in seinem Heimatland Preußen nachgesucht. Doch im Justizdienst war aufgrund der Gesetzeslage, nach der ein jeder »zuvor bei einem Landes-Justiz-Kollegio als Referendarius gestanden« haben mußte, eine Anstellung für Bürger nicht möglich, und auch die ins Auge gefaßte Lehrtätigkeit an einer preußischen Universität scheiterte am Votum des Unterrichtsministers von Zedlitz. Entscheidendes Argument gegen eine Anstellung war hier, »daß die Jugend keinen frühen Hang zu der alle Seelenkraft und alle zu Geschäften erforderliche Thätigkeit untergrabenden Poeterei bekomme«.

In seiner viele Seiten umfassenden »Verantwortung« vom Januar 1784 gegenüber der hannoverschen Regierung versucht Bürger, sich zu rechtfertigen und seinen Ruf zu retten. Auch die Regierung will um den berühmten Dichter nicht allzuviel Staub aufwirbeln und ist erleichtert, daß die Angelegenheit »ohne Nachteil für die öffentliche Ehre des Mannes, welche in andern Rücksichten eine billige Schonung verdient«, geregelt werden kann.

IX. CONDOR DES HAYNS

Eigentlich war die Göttinger Universität, an der die Jurisprudenz und die historischen sowie exakten Wissenschaften den Ton angaben, wenig geeignet, der neuen geistigen Bewegung des Sturm und Drang, die sich der Entfesselung des Gefühls verschrieben hatte, Raum zu geben. Doch diese Hochschule mit ihren intensiven englischen Einflüssen und zahlreichen englischen Studenten war auch mehr als jede andere dafür geschaffen, dem bürgerlichen Lebensgefühl zu huldigen und dem höfisch orientierten französischen Geist eine Absage zu erteilen.

Für die Bewunderer dieser Ideen stellte die Bibliothek der Georgia Augusta einen großen Anziehungspunkt dar. Von ihren exzellenten und auf Vollständigkeit bedachten Beständen fanden vor allem die neuesten Werke englischer Autoren reges Interesse. Thomas Percys Sammlung alter Balladendichtungen *Reliques of Ancient English Poetry* und James Macphersons *Ossian* sind hier ebenso zu nennen wie Robert Woods epochemachendes Werk *Essay on the Original Genius of Homer*, das, in nur sieben Exemplaren für Freunde gedruckt, in Deutschland seinen Weg lediglich nach Göttingen fand.

Daß diese geistige Bewegung zur gleichen Zeit auch in Darmstadt, Straßburg und anderswo eine begeisterte Anhängerschaft hatte, berichtet Goethe in *Dichtung und Wahrheit*: »So waren wir denn an der Grenze von Frankreich alles französischen Wesens auf einmal bar und ledig. Ihre Lebensweise fanden wir zu bestimmt und zu vornehm, ihre Dichtung kalt, ihre Kritik vernichtend, ihre Philosophie abstrus und doch unzulänglich, so daß wir auf dem Punkte standen, uns der rohen Natur wenigstens versuchsweise hinzugeben, wenn uns nicht ein anderer Einfluß schon seit langer Zeit zu höheren, freieren und ebenso wahren als dichterischen Weltansichten und Geistesgenüssen vorbereitet und uns erst heimlich und mäßig, dann aber immer offenbarer und gewaltiger beherrscht hätte. Ich brauche kaum zu sagen, daß hier Shakespeare gemeint sei, und nachdem ich dieses ausgesprochen, bedarf es keiner weiteren Ausführung«.

»Universitäts Bibliothec deren Saal 100. Fuß lang und 40. Fuß breit ist«
Kupferstich von Georg Daniel Heumann, 1750

So trafen sich in Göttingen zu Beginn der 70er Jahre des 18. Jahrhunderts die Studenten Gottfried August Bürger, der zukünftige Herausgeber der *Berlinischen Monatsschrift* und königliche Bibliothekar Johann Erich Biester, der spätere Historiker Matthias Christian Sprengel aus Rostock, der Baron Christian Albrecht von Kielmannsegge, später Präsident des Hof- und Landgerichts zu Güstrow, Johann Matthäus Tesdorpf, der Bürgermeister von Lübeck werden sollte, und weitere Kommilitonen in einem Zirkel, der die enthusiastische Verehrung William Shakespeares auf seine Fahnen geschrieben hatte. Sei es in der Studierstube, sei es auf einem übermütigen Fest anläßlich des Geburtstags ihres großen Vorbildes, von dem sich die Feiernden, einschließlich Bürger, im Karzer ausschlafen mußten, überall ließ man seiner Bewunderung freien Lauf. Zu sein wie er, strebten die jungen Männer an und scheuten keine Mühe, seiner Sprache nachzueifern, ihn in Wort und Schrift zu imitieren. Hatte etwas vor ihren Augen Bestand, versahen sie es nicht mit Attributen wie gelungen oder erhaben, für sie galt als höchstes Lob, daß es »Shakespearisch« sei.

Bürgers Beurteilung von Goethes 1773 in Darmstadt anonym erschienenem *Götz von Berlichingen* steht dafür beispielhaft: »Erschütterung, wie sie Shakesp[eare] nur immer hervorbringen kann, habe ich in meinem innersten Mark gefühlt. Mitleid! Schrecken! ... Gott! Gott, wie lebendig, wie Shakespearisch! ... O Boie, wissen Sie nicht, wer es ist? Sagen Sie mirs, daß ihm meine Ehrfurcht einen Altar baue. Ich behalte das Stück; wills gerne bezahlen und wenn es auch noch so viel kostete und wenn ich alle Werke Voltaires und Corneilles darum verkaufen sollte«. Noch muß als Vorbild der englische Dichter bemüht werden, doch über das Zurückdrängen französischer Literatur beginnt die Suche nach einer eigenen deutschen Dichtung.

In der Öffentlichkeit fand das Wirken dieses Zirkels wenig Widerhall, nur die Selbstzeugnisse Biesters und Boies berichten von seinem Bestehen. Aber ein neuer, weithin Furore machender Dichterbund – der Göttinger Hain – sollte bald folgen.

Bürger und der Göttinger Hain – das ist der häufig anzutreffende Widerspruch vom Nah- und doch so Fernsein. Nein, er sollte, er wollte nie Mitglied werden und hegte trotzdem die freundschaftlichsten Gefühle für einige Studenten dieses poetischen Zirkels. An ihrem dichterischen Können maß er sich, und im gegenseitigen Anspornen wuchs er weit über sie hinaus. Aber ihren Weg vom hellenischen Parnaß zum deutschen Hain mit Franzosenhaß und Bücherverbrennung konnte er nicht mitgehen. Ihre Deutschtümelei, ihr moralischer Rigorismus waren ihm Grund genug für eine nur wohlwollende Distanz.

Göttingen von Norden [von Weende aus], um 1792
kolorierte Federzeichnung von Heinrich Martin Grape

Aus den verschiedensten Regionen Deutschlands und zu den unterschiedlichsten Studien kamen Dichtertalente, die Boie aufspürte und denen er seinen Musenalmanach als Sprachrohr öffnete, in die Leine-Stadt. Was sie aneinander band, das war nicht nur ihre gemeinsame Liebe zur Poesie, prägend war für sie ein Freundschaftskult, der Tränen tiefster Rührung und heftigster Gefühlswallungen zuließ, ja geradezu heraufbeschwor.

Bei ihren sonntäglichen Zusammenkünften reihum in den Stuben der Freunde stellten sie ihre literarischen Arbeiten vor, und der kritische Ratgeber Boie lobte oder regte Verbesserungen an: »Wir bekommen nachgerade hier einen Parnassum in nuce. Es sind einige feine junge Köpfe da, die zum Teil auf gutem Wege sind. Ich suche das Völkchen zu vereinigen. Gegenseitige Ermunterung, Kritik, hilft mehr als man glaubt«.

Vor den Toren der Stadt, nahe dem nördlich gelegenen Dorf Weende, im vielgerühmten Eichenhain, wird in den Septembertagen des Jahres 1772 ein Dichterbund gegründet, der sich in Anlehnung an Klopstocks Ode *Der Hügel und der Hain* Göttinger Hain nennt und Vaterland und Tugend, Freundschaft und Freiheit auf seine Fahnen schreibt.

»Ach den 12. Sept., mein liebster Freund, da hätten Sie hier seyn sollen. Die beiden Millers, Hahn, Hölty, Wehrs und ich giengen noch des Abends nach einem nahegelegnen Dorfe. Der Abend war außerordentlich heiter, und der Mond voll. Wir überließen uns ganz den Empfindungen der schönen Natur. Wir aßen in einer Bauernhütte eine Milch, und begaben uns darauf ins freye Feld. Hier fanden wir einen kleinen Eichengrund, und sogleich fiel uns allen ein, den Bund der Freundschaft unter diesen heiligen Bäumen zu schwören. Wir umkränzten die Hüte mit Eichenlaub, legten sie unter dem Baum, und faßten uns alle bey den Händen und tanzten so um den eingeschloßenen Stamm herum; riefen den Mond u[nd] die Sterne zu Zeugen unseres Bundes an, und versprachen uns eine ewige Freundschaft. Dann verbündeten wir uns, die größte Aufrichtigkeit in unsern Urtheilen gegen einander zu beobachten, u[nd] zu diesem Entzwecke die schon gewöhnliche Versammlung noch genauer u[nd] feyerlicher zu halten. Ich ward durchs Loos zu Aeltesten erwählt. Jeder soll Gedichte aus diesen Abend machen, und ihn jährl[ich] begehn«.

Wer so anschaulich und begeistert von der Gründungsfeier an diesem Spätsommerabend berichtet, ist Johann Heinrich Voß, aus einem kleinen Ort in Mecklenburg stammend. Neben dem in sich gekehrten, stets liebenswürdigen Ludwig Christoph Hölty aus Mariensee bei Hannover, dem empfindsamen Johann Martin Miller und seinem Vetter Gottlob Diederich aus Ulm, Schriftführer des Hain, dem betont franzosen- und wielandfeindlichen Johann Friedrich Hahn aus Zweibrücken sowie dem poetisch nie hervor-

Hainbunddenkmal in Göttingen

getretenen Johann Thomas Ludwig Wehrs aus Göttingen ist er Gründungsmitglied eines Bundes, dessen zwanglose Treffen zunehmend mehr zu ritualisierten Zusammenkünften werden.
Mit »Teuthart, Sangrich, Haining« geben sie sich, den Klopstockschen Oden entlehnt, Bardennamen, ja, der am 12. September abwesende Boie wird gar als »Werdomar« – Chorführer der *Hermanns Schlacht* – zum Ehrenpräsidenten ernannt.

Zweifach dokumentierte man die Geschichte des Bundes, dem man im Gefühlsüberschwang das Motto »Der Bund ist ewig« vorangestellt hatte. In das in schwarzes Leder gebundene Bundesbuch wurden feierlich die Gedichte eingetragen, die der gemeinsamen Kritik und Prüfung standgehalten hatten. Im Bundesjournal verewigte man die allwöchentlichen Treffen. Als aber mit der 69. Versammlung am 27. Dezember 1773 nach nur knapp zwei Jahren die Eintragungen abbrechen, wird Ewigkeit zur Endlichkeit, und auch die letzten Mitglieder zerstreuen sich in alle Winde. Allzuschnell hatte der Schwur des Bundesältesten Voß »Ewigkeit ist unser Ziel; und welch ein andere Ewigkeit, als wonach Homer und Virgil lief« seine Gültigkeit verloren.

In den euphorischen Tagen des Jahres 1772 ist davon noch nichts zu spüren. Neue Mitglieder schließen sich an, so die beiden Reichsgrafen Christian und Friedrich Leopold zu Stolberg. Gerade die Aufnahme der beiden Brüder am 19. Dezember verleiht dem Bund der Bürgersöhne neuen Glanz.

Besonders der Jüngere der Stolbergs, Friedrich Leopold, ist es, der mit seiner Begeisterung und mit seinen deutschen Gesängen im Winter 1772/73 die Freunde in ihrem Schaffensdrang beflügelt. Schwer vorstellbar, wie sie in ihren Kammern und Studentenbuden bis in die späte Nacht hinein ohne Licht auf- und abgehen, von Vaterland, Klopstock, Freiheit und großen Taten sprechen und Rache gegen Wieland fordern.

An der Georgia Augusta und in der biederen Stadt Göttingen sorgt der Beitritt der Grafen für Aufsehen. Welche Brücken werden

Johann Heinrich Voß (1751-1826)
Ölporträt von Georg Friedrich Adolph Schöner, 1797

von den beiden Adligen geschlagen, welche Gräben überwunden! Denn »Grafenbänke« in den Hörsälen gehörten noch nicht der Vergangenheit an. Auch liegt die Zeit, als der Großvater des Bundesältesten Voß aus der Leibeigenschaft entlassen worden war, noch nicht allzufern. Entsprechend die Begeisterung über die neuen Mitglieder: »Die Grafen Stolberg ... – ach! welche Leute sind das ! Es ist an sich ungewöhnlich, Leute von mittelmäßigem Geschmacke nur unter den französirenden Großen und Landsassen zu finden; aber Leute von der feinsten Empfindung, dem edelsten Herzen, voll Vaterland und Gott, den vortreflichsten Talenten zur Dichtkunst, und – ohne den kleinen Stolz – kurz! Leute, die Klopstock schätzt und liebt, in diesem Stande zu finden, das ist ein großer Fund, denk' ich!«

Trotz Bürgers Weggang nach Gelliehausen im Frühjahr 1772 reißt der Kontakt zu den Dichterfreunden in der nahen Stadt nicht ab. Oft steht Boie den neugierigen Erkundigungen des aufs Land gezogenen Dichters nach den poetischen Freunden Rede und Antwort. In dieser Zeit zählt für den Amtmann vor allem die Freundschaft zu einzelnen Mitgliedern wie Boie, Johann Martin Miller und dem neu hinzugekommenen und im Hain wenig beliebten Carl Friedrich Cramer. Von dem sich immer mehr in den Vordergrund drängenden Voß hält er sich dagegen fern. Doch schon mischt sich auch leiser Spott in seine Anfragen: »Was macht das BardenChor? Und was ihr Führer, Werdomar?«

Bei einem denkwürdigen Treffen nur wenige Wochen nach Gründung des Bundes ist es Bürger, der mit seinem provozierenden Einwurf die Anwesenden herausfordert, Stellung zu beziehen und damit ihr Inneres nach außen zu kehren. »Einige Tage vor seiner Abreise nöthigte Ewald [Schack Hermann Ewald, Odendichter aus Gotha] den ganzen hiesigen Parnaß, auch Bürger von Gelinhausen, zum Abschiedsschmause. Das war nun eine Dichtergesellschaft, und wir zechten auch alle, wie Anakreon und Flaccus; Boie, unser Werdomar, oben im Lehnstuhle, und zu beiden Seiten der Tafel, mit Eichenlaube bekränzt, die Bardenschüler. Gesundheiten wurden auch getrunken. Erstlich Klopstocks! Boie nahm das Glas, stand auf, und rief: Klopstock. Jeder folgte ihm, nannte den großen Namen, und nach einem heiligen Stillschweigen trank er. Nun Ramlers! Nicht voll so feierlich; Lessings,

Gleims, Geßners, Gerstenbergs, Uzens, Weißens u.s.w. Ein heiliger Schauer muß Sie den Augenblick ergriffen haben, wie der ganze Chor, Hahn, die Miller mit ihrer männlichen deutschen Kehle, Boie und Bürger mit Silberstimmen, und Hölty und ich mit den übrigen (meine Stimme kennen Sie) das feurige: Lebe! ausriefen. Jemand nannte Wieland, mich deucht Bürger war's. Man stand mit vollen Gläsern auf und – Es sterbe der Sittenverderber Wieland, es sterbe Voltaire!«

In der Folgezeit spitzt sich die Verehrung zeitgenössischer Poeten immer mehr auf die Vergötterung einer einzigen Person zu: Friedrich Gottlieb Klopstock. Der Dichter des *Messias*, ihr »Profet, ein Engel Gottes«, war dem Bund einer der größten Deutschen neben Luther und Hermann, dem Cheruskerfürsten, der im Teutoburger Wald die Römer unter ihrem Statthalter Varus schlug. In Klopstock finden sie ihre Ideale vollkommen verwirklicht. Seiner Würdigung ordnen sie nun alles unter: »Was ist Milton, Ossian, was Virgil und Homer gegen den Messiassänger!«

Der Kontakt zu Klopstock wurde über die beiden Brüder Stolberg hergestellt. Bereits als Kinder hatten sie durch den frühen Tod des Vaters den Dichter als Beistand und Ratgeber schätzengelernt. Sie waren es auch, die Ostern 1773 anläßlich einer Reise zu ihrer Mutter den Gedichtband des Göttinger Hain, unter anderem mit zwei Gedichten *An Bürger* von Cramer und Christian Stolberg, dem großen Vorbild in Hamburg übergaben. Wenn die erbetene Beurteilung – »wer Genius hat und wer nicht« – auch nie gegeben wurde, so war die Freude über die Zuneigung der Jünglinge aus Göttingen doch groß.

Am 2. Juli feiern die Hainbündler Klopstocks Geburtstag, und nicht mehr Boie, der Führer Werdomar, sitzt im Lehnstuhl, sondern die Werke des Jubilars mit Rosen und Levkojen geschmückt sind auf ihm dekoriert. Unter dem Stuhl liegt Wielands *Idris* – zerrissen. Beim Genuß von Kaffee und Rheinwein entzünden sie mit Wielands Werk ihre Pfeifen. Auch Boie, kein Raucher, muß sich an der Zeremonie beteiligen und auf dem geschmähten Buch herumtreten. Zum Schluß wird es zusammen mit einem Bild seines Autors verbrannt.

»Klopstock ist der Gott und Wieland der Teufel«. Zwischen dem geistigen Vater des Bundes, der vaterländische Gesinnung im hohen pathetischen Sprachstil gegen ausländische Einflüsse heftig verteidigte, und seinem Gegenspieler, der eher weltoffen im anmutig-galanten Ton die Entfaltung der menschlichen Natur nach antikem Vorbild erstrebte, offenbart sich das Wirken der Hainbündler mit Ovationen für den einen und Diffamierungen gegen den anderen. Kein Ausdruck war ihnen kraftvoll genug, Christoph Martin Wieland als »Sittenverderber, Schurken, Priester der Geilheit« zu betiteln und ihn mit Worten wie »infamer französischer Hundsfot« der allzu großen geistigen Nähe zum französischen Nachbarn zu bezichtigen. Nach der Veröffentlichung einiger geschmackloser Epigramme gegen den literarischen Feind merkt Bürger vorurteilsfrei und kritisch an: »Wieland geht mir zwar wenig an, aber doch wollen mir die wüthigen Bisse nicht gefallen, die nach ihm geschehn. Unsere BundesGenossen verlieren dadurch in der That etwas von der Würde, die sie behaupten sollten«.

Warum sollte sich Bürger an dieser Hetzkampagne beteiligen? Schließlich war es Wieland gewesen, der ihn im *Deutschen Merkur* ein Jahr vorher aufs allerhöchste gelobt hatte, so daß Bürger seinem Freund Boie voller Stolz »von dem honigsüßen Wielandischen Löbchen« berichten konnte.

Doch Bürger schickt mit gleicher Post auch »so viel Grüße in den Hain, als Sänger drinnen sind« und offenbart damit sein widersprüchliches Verhältnis zu der Gemeinschaft. Für den gerade 24jährigen jungen Mann, soeben voller Stolz zum Amtmann ernannt, stellt der Kontakt zu den Bündlern trotz mancher Vorbehalte die Brücke von seinem Dörfchen Gelliehausen mit Papierkrieg und Aktenbergen zur literarischen Welt, zu seiner eigentlichen Welt dar. Sie braucht er für die Belebung seiner Schöpferkraft, dieses Miteinander liefert den Nährboden, ohne den die endgültige Fassung seines wichtigsten Werkes, der *Lenore*, nur schwer denkbar ist.

Über die Anfänge seiner *Lenore* informiert er am 19. April 1773 Boie, den er ausgelassen als »Herrn Repräsentanten« des Bundes betitelt: »Ich habe eine herrliche RomanzenGeschichte aus einer uralten Ballade aufgestöhrt. Schade nur! daß ich an den Text der Ballade selbst nicht gelangen kann«. Von den Bruchstücken eines alten Liedes

> Der Mond, der scheint so helle,
> Die Todten reiten schnelle

sowie den Splittern eines Gesprächs »Graut Liebchen auch? – Wie sollte mir grauen? Ich bin ja bei dir« hatte ihm das Bauernmädchen Christine erzählt. Ohne Zweifel wird ihn die gespenstisch-schaurige, geheimnisvolle Stimmung gereizt haben, die schon immer eine magische Anziehungskraft auf ihn ausgeübt hatte. Auch mögen ihm als Vorlage zur zweiten Strophe seiner Ballade die Verse eines »Coffee-Tuchs« zum Frieden von Hubertusburg bekannt gewesen sein.

> Zwey Kayser und drey Könige
> sind nun des Krieges müde.
> Drum machten sie auf Gottes Wink
> mit Preußen Friedrich steten Friede.

So wird er um diese Fragmente eines seiner bewegendsten, eindringlichsten und poetisch vollkommensten Werke bauen.

Doch bis zur Vollendung der *Lenore* im Herbst 1773, die ihn zum Begründer der deutschen Kunstballade werden ließ, vergehen arbeitsreiche Monate. Schöpferisches Hochgefühl und Tatendrang spornen ihn an. Die Korrespondenz zwischen Gelliehausen und Göttingen ist intensiver denn je, Bürger schickt die erste Strophe zur Begutachtung an die Hainbündler, sie reagieren mit Ungeduld und voller Neugierde. »Itzt, mein lieber Boie, wacht mir doch das Gewissen auf, daß es unrecht ist Sie so wegen der Ballade zu necken. Sie existirt! Aber Sie bekommen Sie heute noch nicht, weil sie noch unter der Feile kreischt. Ich möchte gern, daß sie so untadlich als möglich unter Ihre Augen träte. Denn Ihr kritischen Bullenbeißer mögt eüre Zähne gewaltig drauf gewetzt haben.« Trotz dieser übermütigen, neckenden Worte läßt der Briefschreiber drei weitere Strophen seines »Schooßkindes« für den neugierigen Adressaten folgen. Er spürt, daß ihm Außergewöhnliches gelingt, und Ehrgeiz, auch Selbstbewußtsein wachsen unter dem Beifall der Freunde.

Ende Mai kann Bürger als Zwischenergebnis seiner Arbeit melden: »Lenore nimmt täglich zu an Alter, Gnade und Weisheit bei Gott und den Menschen. Sie thut solche Wirkung, daß die Frau Hofräthinn des Nachts davon im Bette auffährt. Ich darf sie gar nicht daran erinnern. Und in der That, des Abends mag ich mich selbst nicht damit beschäftigen. Denn da wandelt mich nicht minder ein kleiner Schauer.« Mit dieser Wirkung seiner Ballade ist er zufrieden, genau so soll sie von Lesern und Zuhörern aufgenommen werden. Kein Wunder, daß er mit gleicher Post ähnlich einer Regieanweisung seinem Freund Boie rät: »Wenn Sie solche unsern Göttingischen Freunden zum ersten mal vorlesen, so borgen Sie einen Todtenkopf von einem Mediciner, setzen solchen bei einer trüben Lampe, und dann lesen Sie«.

Von Herders *Auszug aus einem Briefwechsel über Ossian und die Lieder alter Völker* fühlt sich der Dichter der *Lenore* in seinem Vorhaben bestärkt. Der »Lyric des Volks« spricht er das Wort. Volksverbundenheit und Volkstümlichkeit sind der Motor seines Schaffens. Nicht die eher nationalistische Verengung des Hains, nicht Gedichte wie »Ich bin ein deutsches Mädchen!/ Mein Aug' ist blau, und sanft mein Blick« von Klopstock oder »Daß ein deutscher Mann ich bin,/ Deß erfreuet sich mein Sinn!« von Miller, die bei den Bündlern großen Anklang fanden, schätzte er. Bürger strebte vielmehr die Besinnung auf die eigenen Wurzeln im Volke, die Aufnahme überlieferter Sagenmotive, Märchen, Balladen, Narrenweisheiten und Volkslieder in die eigene Dichtung an. »In deutscher Zunge deutsche Gedichte verdaulich und nährend fürs ganze Volk machen«, ist sein *Herzensausguß über Volkspoesie*. Die *Lenore* sollte ein Baustein auf diesem Wege sein.

So steht am Anfang die Erinnerung eines einfachen Mädchens an altes Volksgut und nicht die literarische Umsetzung eigenen Erlebens. »Noch eins! Ich gebe mir Mühe, das Stück zur Composition zu dichten. Es sollte meine gröste Belohnung seyn, wenn es

»Lenore«, Aquarell von Daniel Chodowiecki, 1784

recht balladenmäßig und simpel componirt, und dann wieder in den Spinnstuben gesungen werden könnte« – Worte, die Bürgers Wunsch nach Popularität unterstreichen.

Der Freude Boies darüber, daß Herders Aufsatz bei dem Freund in Gelliehausen Anklang gefunden hat, folgt sogleich die Mahnung, möglichst bald die *Lenore* fertigzustellen. Ob sich der Amtmann die Worte des Freundes zu Herzen genommen hat? Jedenfalls fügt er den bereits vorhandenen Strophen, nicht zuletzt unter dem Eindruck des *Götz von Berlichingen*, drei weitere hinzu.

Am 12. August kann er dem treuen Brieffreund in Göttingen stolz berichten: »Gottlob nun bin ich endlich mit meiner unsterblichen Lenora fertig. ... Ists möglich, daß MenschenSinne so' was köstliches erdenken können? Ich staune mich selber an, und glaube kaum, daß ichs gemacht habe. Ich zwicke mich in die Waden, um mich zu überzeügen, daß ich nicht träume. ... Ihr Gesellen dort, wie tief werdet Ihr die Hüte davor abnehmen müssen!«

Ja, er ist glücklich, er strotzt vor Selbstzufriedenheit, und so folgt an diesem Tage auch ein Brief an den Hainbündler Cramer mit gleicher Mitteilung. Ausgelassen, schelmisch, auch erleichtert und voll sprachlichen Witzes teilt er mit, daß er sich den Titel eines »condor des hayns« zugelegt habe, da »Wir durch die gnade Gottes in der Lenore ein werk hervorgebracht haben, dergleichen noch nie gewest, auch wohl nie wieder werden dürfte«. Seine Freunde im Hain verstehen ihn, sie antworten auf seine übermütigen Zeilen in gleichem Ton: »Unserm Ehrsamen, lieben Sperber, Gottfried August Bürger, nesthaft und zu erfragen in den Felsritzen zu Gleichen«.

Die geistvollen, stichelnden Briefe wären noch weiter hin- und hergeflogen, hätte es nicht die vom Dichter inszenierte Lesung seiner *Lenore* am 21. August in Göttingen gegeben. Noch lange bleibt den Anwesenden im Gedächtnis, daß Bürger bei den schaurig vorgetragenen Versen mit einer Reitgerte gegen eine Tür schlug und einer der Anwesenden mit einem Schrei des Entsetzens aufsprang.

> Rasch auf ein eisern Gittertor
> Ging's mit verhängtem Zügel.
> Mit schwanker Gert' ein Schlag davor
> Zersprengte Schloß und Riegel.
> Die Flügel flogen klirrend auf,
> Und über Gräber ging der Lauf.
> Es blinkten Leichensteine
> Rund um im Mondenscheine.

Was den gemeinsamen Stunden folgt, sind noch einmal Tage und Nächte voller Arbeit. Detaillierte Änderungsvorschläge erreichen ihn, in seitenlangen Briefen wird Zeile für Zeile analysiert, zunächst verworfen und dann doch bestätigt: »Diese Geburt ist mir noch zuletzt sehr schwehr geworden, und der ganze Hain hat Accouchiren [Gebären] helfen. Ein Wink des Hains hat mir noch zu einigen neüen Strophen Anlaß gegeben auf die ich nicht wenig stolzire«.

Bürger trägt im Göttinger Dichterbund seine »Lenore« vor.
Lithographie von Fuhr und Holzhamer

Korrekturen ohne Ende, doch in den frühen Herbsttagen geht die Ballade »vortrefflich und Shakespearisch« in den Druck und mit dem Musenalmanach des Jahres 1774, dem literarischen Denkmal des Göttinger Hain, hinaus in die Welt.

Der Erfolg, er war ungeheuer. Wer zählt die Gesellschaften, in denen die schaurig-schöne *Lenore* vorgetragen wurde? Wer zählt die Abschriften, die von Hand zu Hand gehen? Illustrationen und Kompositionen, ihre Zahl ist Legion. Auch ein Jahrhundert später ist ihr Glanz noch nicht erloschen, als Theodor Fontane bewundernd schreibt: »Der Ruhm Bürgers hat mir immer als ein Ideal vorgeschwebt: ein Gedicht und unsterblich«.

Es gibt aber auch Ablehnung. Therese Heyne, selbst Schriftstellerin und Gattin des Göttinger Philologen, bezeichnete die noch ungedruckte *Lenore* als gotteslästerlich. Für den Konsistorialrat Professor Adolf Friedrich Reinhard aus Bützow ist sie eine verabscheuungswürdige Romanze. Einzelne Stimmen, die wenig zählen im Chor der Begeisterten.

Eindrucksvoll ist die Zahl der literaturwissenschaftlichen Interpretationen: Ist *Lenore* katholisch oder evangelisch? Ist es »das alte und doch so selten verstandene Lied vom Zerfall eines Gottesglaubens«? Ist sie die »Trägerin eines entschiedenen Protestes gegen die herrschende Gewalt«? Der Fragestellungen viele, doch letztlich muß der Leser mit seinen spontanen Empfindungen, mit seinen eigenen Erlebnissen und Erfahrungen urteilen.

Wer in den Wochenschauen der Nachkriegszeit ergriffen und ängstlich die Ankunft der endlosen Züge in Friedland sah, wer die suchenden Schilder verzweifelter Angehöriger las, wird die Verse verstehen.

> Sie frug den Zug wohl auf und ab,
> Und frug nach allen Namen;
> Doch keiner war, der Kundschaft gab,
> Von allen, so da kamen.
> Als nun das Heer vorüber war,
> Zerraufte sie ihr Rabenhaar,
> Und warf sich hin zur Erde,
> Mit wütiger Geberde.

Es ist bemerkenswert, daß sich in den vielen Briefen, die Bürger mit seinen Freunden über die *Lenore* wechselte, nicht eine einzige inhaltliche Fragestellung findet. Dies gilt auch für die letzte Strophe, die später häufig Anlaß für die unterschiedlichsten Auslegungen bot: Moralisierender Richterspruch, Blasphemie oder Befangenheit des Dichters in der Tradition des elterlichen Pfarrhauses – das Spektrum ist breit.

»Lenore«, Lithographie von Uwe Pfeifer, 1994

Ist es nicht eine immerwährende Wahrheit, daß Liebe zu jener Steigerung fähig sein kann, bei der mit dem Tod der geliebten Person der Lebensinhalt verlorengeht? Wie hatte doch Bürger später in seiner erschütternden Totenklage auf Molly an seine Schwester geschrieben: »Gott! Gott! Allbarmherziger Gott! Ich dachte nicht, dass Du eins Deiner Geschöpfe so elend machen könntest. ... In den Himmel werde ich erhoben und kaum thut sich mir alle seine Herrlichkeit auf, als ich rücklings wieder in eine Hölle voll Qual zurückgestossen werde. O es ist entsetzlich«.

Der Dichter hatte die Seele der Menschen getroffen: Er verknüpfte die in einer preußischen Kleinstadt kurz nach dem Ende des Siebenjährigen Krieges angesiedelte Handlung mit dem in der Sagenwelt des Volkes seit altersher vorhandenen Motiv vom toten Bräutigam, der nachts aus dem Grabe steigt und die Geliebte aufsucht.

So ist auch die Frage, warum Gott dies alles zuläßt, nicht eine Frage, die nur für Bürgers Zeit gilt. Wie oft ist sie angesichts all der Schlachtfelder, angesichts all der schrecklichen Szenarien der Menschheit gestellt worden. Wenn Lenore am Ende ihres Lebens verzweifelt und zerbricht, dann steht nicht im Mittelpunkt ein wie auch immer gearteter Verrat an Gott, sondern die Liebe, die ein Weiterleben nach dem Tode des Liebsten ausschließt. Lenores Tragik und Größe liegt in der Unbedingtheit ihrer Treue zu dem im Felde gebliebenen Wilhelm. Nur über die Absage an das Diesseits kann sie mit ihm im Jenseits Hochzeit feiern.

Als die beiden Brüder Stolberg am 12. September 1773, genau ein Jahr nach Gründung des Bundes, in einer melancholischen Zusammenkunft allzu tränenreich Abschied von den Haingenossen nehmen, ist ihr Weggang zugleich der Wendepunkt, an dem sich die Auflösung des Kreises ankündigt. Klopstocks Besuch in Göttingen, sein Beitritt im Juni 1774 können diesen Prozeß nicht aufhalten. Hochgesänge auf Vaterland und Religion, Freiheitsenthusiasmus, zu vieles war Prahlerei und Pathos und hielt dem Anspruch der Wirklichkeit nicht stand. Jahre später wird auch der Wielandhaß verfliegen, und Voß kann 1794 dem nunmehr »liebreichen Vater« anläßlich seines Besuches in Weimar von den Jugendsünden erzählen.

Doch das Bild des Hain wäre nicht vollständig ohne die vielen liebevollen Momentaufnahmen von Ausflügen in die ländliche Umgebung mit Ewald von Kleists *Der Frühling* im Gepäck, vom gemeinsamen Erlernen fremder Sprachen und von wunderlichen Auswanderungsplänen nach Tahiti, von häufigen Besuchen beim Konrektor von Einem in Münden und von Schwärmereien für dessen Tochter Charlotte, die sie »das kleine Entzücken« nannten. Zwischen Bardengesang und Pathetik gab es den anderen, den stillen Hain. Aus seinem Kreise kommen sensible, einfache Texte, die wenig mit hochtrabendem »Oden-Geschnaube« zu tun haben und vielleicht gerade deshalb ihre Zeit überdauerten: *Komm*

Hainbunddenkmal in Göttingen

lieber Mai und mache, *Was frag' ich viel nach Geld und Gut* gehören ebenso dazu wie *Üb' immer Treu und Redlichkeit*, das vom Turm der Potsdamer Garnisonkirche noch bis zu ihrer Zerstörung im Zweiten Weltkrieg ertönte.

Bücherverbrennung, Wielandhaß – es gab noch weitere Gründe für Bürgers Vorbehalte gegen den Bund. Der Dichter der *Lenore* war viel zu stolz und selbstbewußt, den Göttinger Kreis um Aufnahme zu bitten. Vielleicht wäre eine Mitgliedschaft denkbar gewesen, hätten die Hainbündler ihm diese angetragen. Doch ein Beitritt nach den Vorstellungen des jüngeren Grafen Stolberg kam für ihn wohl nie in Frage: »Von Bürgern wünsche ich, dass er möge Lust bekommen, dass er ansuchen möge, dass er mit ganzer Empfindung der Grösse unsers Bundes bitten möge, aufgenommen zu werden und dass er aufgenommen werde. Der Grund seines Herzens ist wahrlich sehr gut. Er hätte können verdorben werden, aber er wird immer besser, und die Verbindung mit dem Bunde kann ihm sehr heilsam sein. Als Dichter ist er des Bundes wert. Er wird immer origineller«.

Daß Voß im Hain die erste Geige spielte, war sicher ein weiterer Grund für Bürgers Reserviertheit, die auch Voß dem Dichter gegenüber empfand: »Im Feuer, worin ich bin, darf ich wol ein bischen stolz sein. Ich will's also auf den Bund sein, der ohne mich nicht entstanden wäre. Vor mir hat Bürger, zwar viel Gutes, aber auch viel Schaden gestiftet. Sein Geschmack war zu einseitig und zu weichlich«.

Wenn auch die literarischen Ziele nicht weit auseinanderlagen, welch gewaltiger Unterschied in der Ausführung. Mit einfachen Bildern aus der Erfahrungswelt des leidenden Volkes formuliert Bürger provozierende Fragen an den absolutistischen Fürsten seiner Zeit in dem Gedicht *Der Bauer. An seinen Durchlauchtigen Tyrannen*. Friedrich Leopold Graf zu Stolberg schreibt zur gleichen Zeit seine Ode *Die Freiheit*, von rhetorischen Elementen getragen, pathetisch verklärt und abgehoben von der Wirklichkeit.

Als Bürger in Göttingen den schwärmerischen Studenten begegnete, die sich um Boie geschart hatten, lagen bereits drei Jahre Studium in Halle hinter ihm. Durch die Schule seines väterlichen Freundes Klotz gegangen, waren es nicht nur die wenigen Jahre, die ihn, den Älteren, von den anderen trennten, viel mehr zählten die unterschiedlichen Lebenserfahrungen. Auch vertrugen sich sein neues Amt, seine neue Würde und die nun von allen Seiten erwartete Seriosität nur wenig mit dem in der Stadt kursierenden Gerücht, daß in Felle geschürzte Barden im nächtlichen Wald umherstreiften.

Was trotz aller Verschiedenheit bleibt, ist die Liebe zur Literatur, die bei Bürger und dem viel zu früh verstorbenen Hölty, dem einzigen wirklichen Dichter im Hain, eine außergewöhnliche Kreativität förderte. Gegenseitige Achtung sollte nie verlorengehen. Auch nach vielen Jahren ließ Bürger die Verbindung zu einer Reihe von Hainbündlern nicht abreißen.

X. UNTREUE ÜBER ALLES

Liebe, tausendfach besungen – unergründliches, unerklärliches Phänomen des Irrens und Verwirrens. Mit wie vielen Gesichtern erscheint sie dem Menschen: Quelle der Hoffnung und Ernüchterung, Mittlerin von Schmerz und höchster Leidenschaft. Liebesfreud und Liebesleid – der Vorstellung, ein Dichter würde erst durch seelisches und sinnliches Hineintauchen in diese Erfahrungen zum vollendeten Poeten, dieser Vorstellung hat Bürger mehr als entsprochen.

Die Nachwelt verdankt der heimlichen Liebe Bürgers zur Schwester seiner Ehefrau die vielgerühmten »Mollylieder«. Sie offenbaren eine Innigkeit, die sich auch noch nach 200 Jahren als einfühlsame Liebeslyrik liest. Doch dem Dichter brachte diese Leidenschaft kein Glück, sie verschlang ihn. Mehr als einmal fühlte er sich durch sie sterbenskrank: »Solche Situationen, worin ich schon verflochten gewesen, und noch verflochten bin, kommen in keinem Roman vor. Man möchte darüber aus der Welt laufen. Gott weiß allein, wie es am Ende noch werden soll. Ich bin meines Lebens von Herzen satt. Die Affäre spannt mich ganz ab«. Zermarterung, Selbstvorwürfe und Schuldgefühle sind die Folge: Liebe wird zum Fluch.

Doch hält sie für den vernarrten Dichter zugleich Augenblicke höchsten Glücks bereit. Zwischen Liebe und Pflicht – immer wieder wird er diesen Konflikt zugunsten der Liebe entscheiden.

Johann Carl Leonhart (1720-1777), Ölporträt von Leopold Matthieu, 1774

Ihre Unerfüllbarkeit hat das Feuer noch geschürt, hat die Angebetete glorifiziert und sie der Realität enthoben. Sinnlichkeit war in den mehr als zehn Jahren nicht der entscheidende Antrieb. »Hätte die meinige blos in den untern Theilen des Leibes ihren Sitz, so könte ich hoffen, davon zu genesen, und wäre längst schon genesen. Aber wehe! wehe! wenn der Aufruhr in und um dem Herzen ist«. Mit seinem Verlangen hat Bürger das Glück seiner Familie zerstört, hat Schuld auf sich geladen. Sich und ihren Mitmenschen gegenüber stehen beide – Bürger und Molly – in der Verantwortung.

Leicht ist es, von Schuld zu sprechen, leicht, den mahnenden Zeigefinger zu erheben. Doch in welche seelischen Verwirrungen kann der einzelne geraten. Von der gequälten Kreatur Mensch, von dem zu allen Zeiten gültigen Satz: daß ich so bin, daß ich so sein kann, das macht mir Angst, ist zu berichten.

Von der Bürgergrotte durchs Helletal, stetig bergan führt der Weg zum ehemaligen Amtshof Niedeck in unmittelbarer Nähe des Amtes Altengleichen. Hier mußte der Dichter als preußischer Bürger am 31.12.1772 bei seinem späteren Schwiegervater, dem »wohlgeborenen hochgelehrten Hrn. Joh. Karl Leonhart, des Königl. churhannoverschen Amtmanns zu Niedeck« den Huldigungseid auf seinen neuen Landesherren König Georg III. von England ablegen.

So recht will die Suche nach Spuren der Vergangenheit nicht gelingen. Denn das Wichtigste, das Amtmannshaus, Wohnstätte des Dichters und später des Ehepaars Bürger, hat man 1857 abgerissen, nachdem es ein Jahrzehnt vorher durch Brand erheblich beschädigt worden war.

Im Jahre 1616 hatten ihre Besitzer die Burg Niedeck verlassen und sich auf dem Gelände des ehemaligen Vorwerks ein neues standesgemäßes Domizil errichtet, in das im ausgehenden 17. Jahrhundert kurfürstlich-hannoversche Amtmänner einzogen, um im Namen des Kurfürsten von Hannover für viele Jahre die Geschicke des Amtes zu bestimmen. Die »alte Niedeck« auf dem Kronenberg dämmerte vor sich hin. Bauern, auf der Suche nach Baumaterialien, sorgten dafür, daß bald nur noch Reste einer Ruine stan-

Untreue über alles

den. So wird der Dichter bei Antritt seiner Amtmannstelle wenig mehr als bei den beiden Burgen der Gleichen vorgefunden haben.

Nachdem sich der letzte Pächter des Gutes Niedeck, der späteren Domäne und des nunmehrigen Staatsgutes, nach fast dreißigjähriger Pachtzeit 1960 auf seinen Ruhesitz in Göttingen zurückgezogen hatte, endete die Geschichte des Anwesens. Das Staatsgut wurde aufgelöst und zur Aufsiedlung freigegeben. Fünf neue Siedlungshöfe entstanden, die an Flüchtlingsbauern aus der DDR vergeben wurden. Zusammen mit den im alten Pächterhaus angesiedelten einheimischen Bauern bilden sie heute die Siedlung Niedeck.

»Niedeck im Lande Göttingen«, Stich von Matthäus Merian 1654

Voller Erwartung war der frischgebackene Amtmann Bürger bei seinem ersten Besuch auf dem Amtshof Niedeck Anna Maria Eleonora, Dorothea Marianne und Augusta Maria Wilhelmina Eva Leonhart sowie Wilhelmine und Franziska Strecker gegenübergetreten, die das Haus mit Leben erfüllten. Die jungen Damen, besonders Dorothea und Augusta, in der Familie liebevoll Dorette und Gustchen genannt, werden den Besucher neugierig gemustert haben.

Untreue über alles

Für viele Jahre hatte es im Amtshaus keine Hausherrin mehr gegeben. Maria Luise Leonhart, Mutter von 7 Kindern, war 1764 mit 40 Jahren an der Schwindsucht gestorben. Ihre letzte Ruhe hatte sie – im Gegensatz zu ihrem Manne »eine echte Katholikin« – in der Barockkirche von Desingerode im Eichsfeld, einer katholischen Enklave im evangelischen Umland, gefunden, wo noch heute ein Epitaph an ihr Mäzenatentum erinnert.

Erst zur Jahreswende 1772/73 kehrte mit der Schwester der Verstorbenen, der Witwe Strecker, wieder familiäres Glück auf Gut Niedeck ein. Der Amtmann Leonhart war mit ihr eine Verbindung eingegangen, bei der gegenseitige Versorgung und Achtung wohl im Vordergrund standen. Mit ihren beiden Töchtern waren es jetzt fünf Mädchen, die in den folgenden Jahren so manchen Freier nach Niedeck lockten.

Auf Bürger hatte die Familie Leonhart einen nachhaltigen Eindruck hinterlassen. Im Frühjahr berichtet er dem Hofrat Listn in Hannover von seiner Teilnahme an der Hochzeit der Schwester des Hauptmanns Thilo Leberecht von Uslar auf Sennickerode, von seinem Gedicht *Das Lob Helenens. Am Tage ihrer Vermählung*, aber auch von seiner Enttäuschung: »Von Niedeck war Niemand da«.

Von wohlmeinenden Versuchen seiner ältesten Schwester, ihn in Aschersleben zu verheiraten, will Bürger nichts wissen und winkt ab: »Nein! ich will sie mir nicht anhängen lassen«. Immer mehr wird die flüchtige Begegnung am Sylvestertag 1772 zum folgenschweren Besuch. Besonders Dorette hatte es Bürger angetan.

Zu Beginn des Jahres 1774 bricht Bürger seine Zelte in Gelliehausen ab und zieht in Dorettes Elternhaus nach Niedeck, das außerhalb seines Amtes liegt. Sicherlich war dies ungewöhnlich, doch die Fürsprache des Amtmanns Leonhart hatte es wohl möglich gemacht. Die melancholischen Stimmungen der Hofrätin und Unstimmigkeiten mit ihrem Mann wird der Verliebte gern gegen das Beisammensein mit seiner Angebeteten eingetauscht haben.

Dorette Leonhart (1756-1784), Ölporträt von Leopold Matthieu, 1774

Gleim in Halberstadt hatte von Bürgers aufkommender Unzufriedenheit mit der Anstellung in Altengleichen und seinem Unmut über die Amtspflichten gehört und griff helfend ein. Im Februar

1774 vermittelte er dem gerade mit seiner *Lenore* zu Ruhm gekommenen Dichter eine wohldotierte Stelle beim Geheimrat von der Asseburg in Meisdorf, einem Sproß der Herrschaft, die der Familie Bürger schon immer wohlgesonnen war. Einschränkend mußte er allerdings anmerken, daß für den neuen Amtsinhaber eine Eheschließung erst in zwei Jahren möglich sein würde, da das Amtmannshaus in Meisdorf noch nicht fertiggestellt war.

Bürger, für den allein die Nähe zu seiner Dorette zählte, lehnte dankend ab und feierte statt dessen kurz darauf Verlobung. »Und wenn ich auch an des Kaisers Thron, ja in ein Paradies gerufen würde, so hielte mich doch der Arm, der mich jetzt umschlinget, zurück, dem Rufe zu folgen. ... Ich sollte meines süßen Mädchens noch 2 Jahre entbehren? Das ja eine angstvolle Ewigkeit!« Liebe, die endlich nach Erfüllung strebt. Kann man es dem 25jährigen jungen Mann verdenken? »Mein Satz – und der klingt wahrhaftig nicht platonisch – mein Satz ist der: Bloss zu Befriedigung irdischer Bedürfnisse muss man heurathen«.

Still, gleichmütig und zurückhaltend war Dorette. Sie konnte nicht aus sich herausgehen, sie hatte nicht Gustchens lebhaftes, unbekümmertes Wesen. Sie spürte die Konkurrenz der hübscheren, begabteren Schwester, die dem Dichter gleichfalls den Kopf verdrehte. Fünfzehn Jahre und sieben Monate war Gustchen erst alt, als der Dichter nach Niedeck zog. Im Grunde ihres Herzens wird die zwei Jahre ältere Dorette gespürt haben, daß die andere eher dem Naturell des Dichters entsprach. Aber sie liebte ihn und hoffte auf erfüllte Zweisamkeit.

Als Caroline Bischoff aus Hannover ihre Freundin Dorette »nur eine mittelmäßige Schöne, Gustchen hingegen das vollkommenste Mädchen von innen und außen unter der Sonne« nennt, mag wenig Ernst dabei gewesen sein. Die so abschlägig Charakterisierte jedenfalls nimmt es im Taumel der Verliebtheit noch mit lachender Gleichgültigkeit hin. Der Bräutigam hingegen reagiert mit einem ausführlichen Brief nach Hannover, in dem er der jungen Dame »ein wenig die Daumenschrauben ansetzen« will. Ebenfalls scherzhaft, aber auch auffallend bemüht, vergleicht er die Braut mit der zukünftigen Schwägerin. Welch ein Brief, welch eine Situation! Der Eifer des Dichters, von den Haaren bis zu den Füßen detailliert Merkmale der beiden Schwestern zugunsten Dorettes abzuwägen, spricht für sich. Warum diese »Vertheydigung«? Mußte er vielleicht mehr vor sich selbst als vor der Freundin seine Wahl rechtfertigen?

Das alte Amtshaus Niedeck, Zeichnung von Carl Heyn, 1877

Jedenfalls war mit diesen Lobpreisungen für seine zukünftige Frau keine Sicherheit gewonnen, zumal Bürger am Ende seines Briefes verrät: »Denn nächst Doretten, liebe ich Gustchen am meisten, und ich muß es Ihnen nur gestehen, daß sie einmal beynahe mein Herz schon weg hatte«. Nein, Dorette konnte sich des Dichters im Juli 1774, während der Verlobungszeit, nicht wirklich sicher sein, wäre nicht das sinnliche Eingehen auf Bürgers Werben gewesen. Die ältere Schwester wollte ihn haben, sie liebte ihn, wenn auch die Karten im Spiel mit Gustchen schlecht für sie standen.

Als Bürger mit ihr am 22. November im »Alten Saal« auf Niedeck Hochzeit feiert, ist die 18jährige Braut bereits im dritten Monat schwanger. War es das, was für sie sprach? War es dies, was das 16jährige Gustchen noch nicht geben konnte? Ein trügerischer Sieg, einem Luftholen, einer Verschnaufpause gleich – entschieden war nichts.

Zum Dichten kommt Bürger in all den Monaten nicht. Im Taumel des Glücks – hier die Liebe zur sanften Dorette, dort das Spiel mit dem verführerischen Gustchen – kann er »itzt nichts als lieben; lieben beym entschlummern, lieben beym erwachen, lieben in Träumen«. Der so Schwelgende wollte nicht über die Liebe dichten, er wollte sie selbst fühlen und erleben.

Im *Göttinger Musenalmanach* für das Jahr 1775 findet sich kein Beitrag des Dichters. Wie sollte aber auch sein Liebesrausch mit den moralischen Ansprüchen von Voß, der in Boies Abwesenheit den Almanach betreute, harmonieren? Schließlich hatte Voß Goethes sinnenfrohes Gedicht *An Christiane R.* zurückgewiesen und voller Stolz geschrieben: »Uebertrifft dieser Almanach den vorigen nicht an Güte, so soll er ihn gewiß noch an Moralität übertreffen, und das ist doch auch kein unbeträchtlicher Vorzug«.

Am 31. Mai 1775 wird dem Paar auf Niedeck das Töchterchen Antoinette geboren. Dankbar teilt er den Freunden mit, daß er nun Vater eines Kindes des »zweiten Geschlechtes« sei. »Ich erschrekke manchmal ordentlich über die unerwartete Klarheit und die Stralen, die aus dieser jungen Seele hervorgehn. Und eine Munterkeit! Ein Leben!« Als das Kind nur zwei Jahre und drei Monate später stirbt, ist er voll des Schmerzes, denn an ihm, »nicht im kalten, langweiligen, trägen Ehebette gemacht«, hängt sein ganzes Herz.

Aber noch scheint das Glück der jungen Familie ungetrübt. Wie verführerisch und der persönlichen Eitelkeit schmeichelnd ist es für Bürger, von beiden Schwestern gleichermaßen umschwärmt zu werden! Wie angenehm, die Sommertage in Gesellschaft der beiden jungen Damen heiter und vergnüglich zu verbringen! Trügerische Ruhe, denn Bewunderung und Zuneigung des jungen Ehemanns für Gustchen nehmen zu, Gefühlskonflikte werden häufiger, verhängnisvolle seelische Verstrickungen sind unaufhaltsam.

Bürgers Wohnhaus in Wöllmarshausen, um 1900

Auch der Umzug des Ehepaars im September nach Wöllmarshausen, in Bürgers Amt gelegen, bringt für den schwärmerischen Mann keine Heilung. Gustchen nicht mehr sehen, nicht mehr ihr Lachen hören, nicht mehr mit sehnsüchtigen Blicken ihren Gang verfolgen – der Dichter verzagt an seinem Verlangen und überhöht die in Niedeck gebliebene Schwägerin zur Einzigen, zum Lebenssinn.

Zu Beginn des Jahres 1776 berichtet er Goethe über seinen zerrissenen inneren Zustand: »Apropos! mein lieber Göthe, schreib mir doch mal bey Gelegenheit, ob Du Dich kennst? Und wie Dus

Untreue über alles

anfängst Dich kennen zu lernen? Denn ich lern' es nimmer mehr, und kenne Keinen weniger als mich selbst«. Welch Fingerzeig, als dieser ihm *Stella, ein Schauspiel für Liebende*, schickt! War hier nicht eine Lösung vorgegeben? Konnte er nicht mit beiden Frauen eine glückliche Ehe zu dritt führen wie Stella, Cezilie und Fernando? »Seelig Eine Wohnung, Ein Bett, und Ein Grab«. Jahre später wird Goethe in einer Neufassung seines Dramas aus dem »Schauspiel für Liebende« ein »Trauerspiel« schaffen, in dem Fernando an seiner Rolle zwischen zwei Frauen verzweifelt und sich letztendlich erschießt: »Elend durch mich! ... Elend ohne mich! ... Ach noch elender mit mir«. Die Wirklichkeit des unter unstillbarer Sehnsucht leidenden Amtmanns liegt zwischen den dichterischen Möglichkeiten einer glücklichen Beziehung zu dritt und dem Freitod.

Schnelle, hastige Schritte zur nahen Quelle, zum Negenborn, von wo Bürger der Überlieferung nach Ausschau nach Niedeck hielt, um Zeichen seiner Geliebten zu erwarten, mit der er sich dann unter einem Felsvorsprung, der Bürgergrotte, traf. Noch ist es ein Geheimnis, noch ist es nur platonisches Verzaubern und verzaubert werden. Seinem ungestümen Sehnen und Verlangen gibt der Dichter vor allem lyrischen Ausdruck. Als er das Gedicht *Das Mädel, das ich meine*, entstanden zu Gustchens 18. Geburtstag im August 1776, an die Redaktion des Musenalmanachs schickt, bittet er darum, die Jahreszahl 1770 als Entstehungsdatum einzusetzen. Zu sehr fürchtet er das Gerede und vor allem das Mißtrauen und die bohrenden Fragen seiner Frau.

Wie wäre es weitergegangen, hätte nicht der Tod des Amtmanns Leonhart am 7. Juli 1777 eine Wendung herbeigeführt, in deren Folge Gustchen zur Schwester nach Wöllmarshausen zog? Für Momente mag der verliebte Dichter gejubelt haben, doch den Gang der Ereignisse hat dieser Umzug unheilvoll beschleunigt.

Bereits im November des Jahres 1775 hatte sich der Dichter mit dem Gedanken getragen, eine Sammlung seiner Gedichte, der

Gedichte

von

Gottfried August Bürger.

Mit
8 Kupfern von Chodowiecki.

Mit Churfürstl. Sächs. gnädigstem Privilegio.

Göttingen
gedruckt und in Kommission
bei Johann Christian Dieterich
1778.

Titelblatt der Erstausgabe von Bürgers Gedichten, 1778

bereits veröffentlichten und der noch ungedruckten, herauszugeben. Gemeinsam mit dem Freund Goeckingk träumte er auch von einer eigenen Druckerei, um sich und den Dichterkollegen das Publizieren zu erleichtern. Doch bald folgte Ernüchterung. Sowohl aus fachlichen als auch aus finanziellen Gründen mußte der Plan verworfen werden. Statt dessen kommt er mit dem Göttinger Verleger Dieterich bei einem feuchtfröhlichen Zusammensein im Juli 1777 »Knall und Fall« überein, die geplante Gedichtsammlung in Kommission in dessen Verlag erscheinen zu lassen. Er kann für sich ein außergewöhnlich hohes Honorar durchsetzen, denn noch ist er der erfolgreiche, umworbene Dichter, der aus einer Position der Stärke verhandelt. Durch die Werbung der Freunde sind bereits vor Druckbeginn 1823 Exemplare subskribiert. Bürger überläßt nichts dem Zufall. Mit Fleiß und Akribie kümmert er sich um Papier- und Druckqualität, um die Anordnung der Illustrationen, überall ist er mit Fachkompetenz dabei.

Mißhelligkeiten treten auf, als der vorsichtige Verleger, überrascht von der Resonanz, nicht genügend Papier zur Verfügung hat. Aber auch der Autor sorgt für Aufregung, denn er läßt den unter Termindruck stöhnenden Verleger manches Manuskript verspätet zukommen. So hatte man mit dem Druck bereits begonnen, als Bürger noch »mit Feilerei und Klügerei« beschäftigt war. Der in Berlin lebende vielbeschäftigte Chodowiecki sorgte ebenfalls mit seinen ausbleibenden Kupferplatten für banges Zittern in der Druckerei.

Mit dem großen Erfolg des Gedichtbandes sind all die Widrigkeiten hinter den Kulissen vergessen. Schnell sind Raubdrucker am Werke, die auch nicht leer ausgehen wollen. Doch wie rasch rinnt dem gefeierten Autor der Gewinn, den er auf 500 bis 600 Taler beziffert, durch die Finger. Wieder müssen Gläubiger beruhigt werden, wieder sind Gelder bereits verplant, ehe sie eingenommen sind. So verwundert es, daß der beständig unter Geldsorgen Stöhnende in Bremen beim Kaufmann Daniel Schütten und Söhne für über 150 Taler Wein, Kaffee, Gewürze, Tabak und auch eine Kiste Moskauer Lichter bestellt, die auch zum Zeitpunkt seines Todes noch nicht bezahlt sind.

Das Verhältnis zwischen Dichter und Verleger, oft mit dem Wort Freundschaft bedacht, sollte über geschäftliche Belange nie hinausgehen. Eine rüde Männersprache und frivole sprachliche Entgleisungen prägen die Korrespondenz des jungen Autors mit dem Verleger. Anders als in den zeitgleichen Briefen an Boie und Goeckingk findet sich hier kein vertrauliches Mitteilen seelischer Ängste und Nöte. Bürger versuchte wohl eher, mangelndes Selbstbewußtsein Dieterich gegenüber durch forsches Auftreten zu kompensieren. Doch gerade dieses Verhalten entlarvt die Beziehung des Dichters zu seinem Verleger als oberflächlich.

Was war seit Gustchens Ankunft im Hause des Amtmanns in Wöllmarshausen aus den koketten Phantasien, was war aus dem erträumten Abenteuer geworden? Der Liebende leidet. Wie gern würde er in alle Welt hinausschreien, wem seine ungeteilte Zuneigung gehört. Immer Versteck spielen, immer auf der Hut sein, immer lügen und heucheln. Verzweiflung und Glückseligkeit, Wechselbäder der Gefühle, wie nahe liegen sie beieinander: »Denkt Euch einmal das! Man sizt um Mitternacht in der Dämmerung der ungepuzten Lichter hinter dem Ofen und wiegt, selbst so liebekrank, sein noch liebeskränkers Mädel im Arm. Jeder athmet des andern Seufzer ein; jeder küst des andern Thränen auf. Da weiß man sich bald nicht vor Weh zu laßen. Da will man mehr und mehr«.

Auch bei der Angebeteten, Bürgers Molly, war das, was als unbekümmertes Spiel in Konkurrenz zur Schwester begann, längst bitterer Ernst geworden. Das schlechte Gewissen, die Skrupel Dorette gegenüber, die sie nicht verletzen will, quälen sie. Außerdem fürchtet sie, die Zuneigung der Familie zu verlieren. Aber sie liebt den Dichter, bewundert ihn, verzehrt sich für ihn. Kein Verehrer konnte in ihrer eingeengten Welt dem Vergleich mit Bürger standhalten. Der letzte Schritt war, das lassen die wenigen versteckten Hinweise vermuten, in all den Jahren noch nicht getan. Noch hielt sie Bürgers Drängen stand, aber innerlich hatte sie sich längst für ihn entschieden.

Lange konnten die beiden Liebenden trotz aller Heimlichkeiten nicht verbergen, wie es um sie stand. In den Septembertagen des Jahres 1778 berichtet die Ehefrau erschüttert von der »Entdeckung seines unglücklichen Geheimnißes«. Was soll sie tun, was soll nun werden? Sie, die Hintergangene, überhäuft sich mit Vorwürfen wegen ihres Charakters, ihrer Schnüffelei. Doch was ist Neugierde, wenn es um alles geht. Aber wie schlimm ist auch der Moment, wo Vermutungen unwiederbringlich zur Gewißheit werden. Wem soll sie sich mitteilen? Wem soll sie sich anvertrauen? Zwischen den Geschwistern, dem ältesten Bruder Carl, der Schwester Anna, die als Ehefrau des ehemaligen Schreibers auf Niedeck Heinrich Johann Jacob Elderhorst nach Bissendorf bei Hannover verzogen war, und der verzweifelten Frau fliegen die Briefe hin und her.

Die Familie ist aufgebracht, man will Bürger, man will Molly zur Rede stellen, doch Dorette bittet, fleht und droht sogar, alle nicht mehr lieben zu können, wenn man etwas unternehme, denn größer als alle Schmach, größer als alle Qual ist ihre Angst, den geliebten Mann zu verlieren. Beherrscht leidet sie, zittert vor der Stunde, in der Bürger einen der Briefe in die Hände bekommen könnte. »Wie ich ihn kenne; jener hohe Grad seiner Liebe zu Gustchen würde ihn zu den größten Ausschweifungen verleiten, sobald er von meiner bevorstehenden Trennung etwas ahnte«. Nein, den Vorschlag des Bruders, sich vom Ehemann zu trennen, kann sie nicht billigen. Zu sehr liebt diese stille Frau ihren Mann, der ihr »nun schon 4 Jahr« mit »jener fatalen Gleichgültigkeit, jenem gezwungnen Umgang« begegnet. Über die Situation macht sie sich keine Illusionen: »Ich fürchte Carl, daß sie beide ihre Liebe nicht mehr bezwingen können«.

Als der Bruder ihr gegenüber den »Argwohn eines lasterhaften Umgangs« ausspricht, ist ihr dieser Gedanke unvorstellbar,

Auguste Leonhart (1758-1786), »Molly«
Ölporträt von Leopold Matthieu, 1774

unaussprechlich. »Großer Gott, ich hoffe nicht, daß sie so tief sinken werden«. Dabei waren in Hannover solche und ähnliche Gerüchte schon lange im Umlauf. Die Stimmung der betrogenen

Ehefrau wechselt ständig. Hier Selbstmordgedanken, denn was sollte das Leben ihr noch bringen? Da die Idee, in Stille alles zu erdulden, um im Kampf mit der Rivalin doch als Siegerin hervorzugehen. »Ich bin fest entschloßen, alles – mein ganzes künftiges Schicksal – auf das würklich Edle Herz meines Mannes ankommen zu laßen. ich fange immer mehr und mehr an mich zu überzeugen, das noch eine Zeit kommen wird wo er mir Gerechtigkeit wiederfahren läßt«.

Die Situation ist ausweglos. Bei Beratungen im Familienkreis scheint allen am ehesten erfolgversprechend, Molly unter einem Vorwand aus der unheilvollen Nähe des Dichters zu entfernen. In Bissendorf erwartet Schwester Anna ein Kind. Litt sie nicht wirklich unter ihrer Schwangerschaft? War denn nicht Hilfe vonnöten? Könnte Molly ihr nicht beistehen?

Nur schwer kann die Ehefrau mit der Angst umgehen, ihr Mann könne hinter diese List kommen. Sie fürchtet, nach der Liebe nun auch die Achtung ihres Mannes zu verlieren. Doch die Familie drängt, sie will eine Entscheidung, sie will Dorette helfen, die sich am liebsten gar nicht helfen läßt. Für sie ist klar: »Läßt sich wol durch Gewalt ein Herz wieder gewinnen? würde das alles ihn mir nicht immer abgeneigter machen, und sein Herz Gustchen immer eigner machen?«

In den ersten Sommertagen des Jahres 1779 ist nun auch Molly eingeweiht. Auch sie sieht in dieser Abreise, in ihrem Aufenthalt in Bissendorf eine Möglichkeit, ihr Seelenheil zurückzugewinnen. Der unschlüssigen, zaudernden, »liebsten Bürgerin« gesteht sie: »Dennoch wünsche ich den Vorsatz ausführen zu dürfen, welchen ich habe, durch Entfernung von hier der vielleicht zu warmen Freundschaft gegen den Mann den du und der dich, ich schwöre es bey Gott dem Allmächtigen gewiß aufrichtig liebt, das gehörige Verhältnis zu geben«.

Es sind Schwester Anna und ihr Mann, die nun Molly in ihrem Hause aufnehmen, um weiteres Unglück abzuwenden. Dorette atmet auf und hofft auf eine Lösung. Ihre Briefe nach Bissendorf wie all die Briefe der Jahre 1778/79 zeigen sie als versöhnliche, immer beherrschte, nie hassende Frau: »Sagen Sie mir doch bester Bruder, wie sich das Mädgen dort verhält? Niedergeschlagen nicht wahr! machen Sie ihr alle mögliche Aufmunterung theurer Elderhorst, sie verdients, auch ist mir das Geschöpf jetzt so unaussprechlich theur, das ich alle denen herzlich gram werden könte, die sie nicht so begegneten wie es ihr edles Herz und vorzüglicher guter Character verdienen. mus dies alles nicht wahr seyn lieber Bruder, da Ich einem Mädgen Lobreden halte, die mir so unaussprechliches Leiden zugezogen?«

Das Amtshaus in Bissendorf, in dem Bürger
am 17. 6. 1785 »Molly« heiratete

Aber ein Jahr Trennung sind für Molly und Bürger nicht genug. Für beide bedeutet sie nicht Heilung, vielmehr Verzehren und mehr denn je Entflammen füreinander: »Wir haben mehr denn einmal beide gegen diese unglückliche Leidenschaft mit allen unsern Kräften gekämpft. Wir haben alles versucht, was sich erdenken läst; wir haben beide uns anderwärts zu verlieben gestrebet, und Liebe mit Liebe zu vertreiben gesucht. Aber alles vergeblich! Wie ein Pferd oft desto tiefer nur in den Moor sinkt, je mehr es sich herausarbeiten wil, so ist es uns ergangen. Wir hoffen in diesem Leben keine Genesung mehr«, beschreibt Bürger die Situation.

Untreue über alles

Ich lauschte mit Molly tief zwischen dem Korn,
Umduftet vom blühenden Hagebutt-Dorn.
Wir hatten's so heimlich, so still und bequem,
Und kosteten traulich von Diesem und Dem.
[...]
Wir schwiegen und drückten, wie innig wie warm!
Und wiegten uns, eia popeia! im Arm.
Wie Beeren zu Beeren an Trauben des Weins,
So reihten wir Küsse zu Küssen in eins.

Wir schwankten, berauscht von der Liebe Gefühl,
Und küßten der herrlichen Trauben noch viel.
Dann schwuren wir herzlich, bei Ja und bei Nein,
Im Leben und Tode getreu uns zu sein.

So ist bei Mollys Rückkehr – das Paar wohnte nicht mehr in Wöllmarshausen, sondern hatte inzwischen die Pacht in Appenrode übernommen – nichts gewonnen. Schmerzlich ist es für Dorette, sich einzugestehen, daß ihre unendliche Geduld umsonst war. Wie hatte sie gelitten, welche Seelenqualen hatte sie durchlebt! Nun streckt sie resigniert die Waffen und ist zu einem Kompromiß bereit, über den Bürger später berichtet: »Was der Eigensinn der Gesetze nicht gestattet haben würde, das glaubten drey Personen sich selbst gestatten zu dürfen, da die Gesetze, die doch bloß ihr Glück befördern sollten, sie durch ihren Zwang so höchst unglücklich machten. Die Angetraute war und blieb nur Weib vor der Welt, die andere aber war es – nicht ohne jener Wissen und Genehmigung – wirklich ins Geheim. Ein schöner talentvoller Knabe, den ich unter meinen Kindern mit genannt habe, wiewohl vielleicht bis auf den heutigen Tag in der hiesigen Gegend die meisten Menschen nichts, wenigstens nichts gewisses davon wissen, war die Folge jener Übereinkunft«.

Mollys Schwangerschaft heißt wieder Abschied nehmen voneinander. Um in dem kleinen Dorf einen Skandal zu vermeiden, reist sie, begleitet von Dorette und Bürger, zu dessen Schwester nach Langendorf bei Weißenfels. Der mißtrauischen Familie gegenüber wird man erzählen, Molly sei bei diesem Besuch auf die Idee gekommen, hier ein paar Monate zu verbringen.

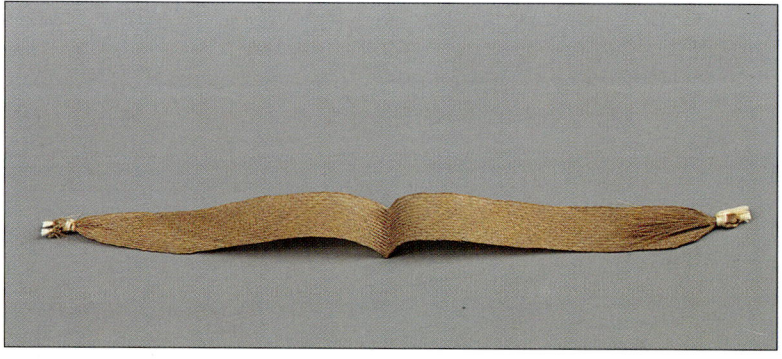

»Mollys« kunstvoll geflochtenes Haarband

Zwei Jahrhunderte nach dieser geheimnisumwitterten Reise grenzt es an ein Wunder, daß sich im Besitz der Familie noch Mollys Liebespfand befindet. So ist die Neugier des Bürgerforschers groß und macht auch vor familiärer Intimität nicht Halt. Beim gemeinsamen Bankbesuch mit Mollys Urururenkel wird die innere Anspannung nur von der emsigen Tätigkeit des Angestellten gestört. Was mag alles in dem Schließfach zum Vorschein kommen? Schnell verfliegt dieser Gedanke, als ihm feierlich das von

Molly aus ihren Haaren kunstvoll geflochtene Band in die Hände gelegt wird. Das Gespräch kreist um jene Stunde, in der sie von dem Geliebten Abschied nahm, um ihre Niederkunft in Langendorf zu erwarten. Leise, fast unhörbar, deklamiert der Nachfahre aus dem Gedicht *Molly's Abschied*, in dem Bürger die Geliebte zu Wort kommen läßt:

> Nimm, du süßer Schmeichler, von den Locken,
> Die du oft zerwühltest und verschobst,
> Wann du über Flachs an Pallas Rocken,
> Über Gold und Seide sie erhobst!

An der Versicherung, daß die Tatsachen aufgrund der Familienüberlieferung eindeutig feststehen, gibt es keinen Zweifel. Die vielen Briefe aus Bürgers, Dorettes und Mollys Hand, ebenso die Ölbilder der beiden Frauen, gemalt von Leopold Matthieu im Jahre 1774, überall spürbare Authentizität. Kann dem Wunsch entsprochen werden, bei einer Veröffentlichung der Briefe unnötige Bloßstellungen zu vermeiden? Als der Gesprächspartner die »moralgetränkte Kritik« der Jahrhundertwende oder die »Lebensdaten verfälschende Ideologisierung« aus DDR-Zeiten mit Ablehnung bedenkt, ist dem nur zuzustimmen.

Das Kind der Liebenden, Emil, kommt im Juni 1782 zur Welt. Im Taufregister der Thomaskirche in Leipzig sind als Vater des Kindes »der Leutnant August Horst und als Mutter Emilie Uslar« angegeben, Decknamen, aus denen unzweideutig der Name der Schwester Anna Elderhorst und der der Familie von Uslar, bei der Bürger in Diensten steht, herauszulesen sind.

Wenn Bürger davon ausging, daß seine Umgebung von der Existenz Emils nichts wußte, war dies mehr als ein Wunschdenken. Zumindest die Doppelliebe zu den beiden Schwestern war in Göttingen und Hannover Gesprächsthema und brachte den Dichter in Verruf. Noch vierzig Jahre nach den Ereignissen wird Char-

Carl Leonhart (1751-1781), Bürgers Schwager, der
auf dem Untergut Appenrode an Auszehrung starb,
Ölporträt von Leopold Matthieu, 1774

lotte von Einem in ihren Lebenserinnerungen das moralische
Verdikt von damals erneuern: »Als wir ihn kennen lernten, war er
Bräutigam der Ersten Frau. Auguste – die berühmte und – leider

so unglückliche – war noch ein Kind und später erst erblühte dise schöne Blume Wunderhold welche der furchtbar reißende Strom des unlautern Quells mit sich fort – Ach! in den Abgrund riß. ... Ach die reine arglose ahndete ja das nicht. Aber wie konte ein Sinn und Gemüth gereinigt werden wie das von B[ürger]; welches Jahrelang im Pfuhl des Lasters untergetaucht war. Es konte nicht – wenn es auch zu streben schien«.

Nachdem man die Pacht in Appenrode aufgegeben hatte, zog die Familie Bürger nach Gelliehausen. Dorette erwartete ein Kind. Schon in den Märztagen des Jahres 1778 war sie wieder Mutter einer Tochter. Doch die erneute Schwangerschaft kostete die erst 28 Jahre alte unglückliche Frau das Leben. Nur zwei Monate überlebte sie die Geburt ihrer Tochter. Aber auch das Neugeborene, Auguste Emilie, folgte der Mutter eineinhalb Monate später in den Tod. Bei der Pflege ihres Bruders Carl, der 1781 in Appenrode an Schwindsucht gestorben war, hatte sie sich angesteckt und war zu geschwächt, Schwangerschaft und Geburt noch einmal zu überstehen.

Hatte der Dichter nicht geschrieben: »Die Angetraute war und blieb nur Weib vor der Welt, die andere aber war es ... wirklich ins Geheim«? Sicher, Bürger lebte mit beiden Frauen, doch in endgültiger Konsequenz wird diese Aussage nicht zutreffen. Denkbar ist, daß in seinem Verhältnis zur Ehefrau Ablehnung und Kälte mit Zueinanderfinden und Versöhnung abwechselten. Besonders Schuldgefühle werden ihn immer wieder zu Dorette zurückgeführt haben. Erlösung allenthalben – die Ehefrau, die der Tod aus jener unheilvollen Beziehung zu dritt riß, das Liebespaar, das sich fast zehn Jahre aneinander verzehrte und nun endlich den Weg für sich frei fand.

Nach fast einem Jahr führte der Dichter die im dritten Monat schwangere Molly in Bissendorf zum Altar. Bürger, der seine Anstellung als Amtmann aufgegeben hatte, zog mit ihr nach Göttingen, wo er an der Universität ein Auskommen suchte. Vorher hatte er in Gelliehausen auf einer Auktion den gesamten Haus-

Mein alter werther Freund!

Auch meine zweyte Gattinn, meine liebenswürdige Auguste Marie Wilhelmine Eva gebohrne Leonhart, Sie, die Ganzvermählte meiner Seele, Sie, in deren Leben mein Mut, meine Kraft, mein Alles verwebt war, hat gestern, am funfzehnten Tage nach ihrer anfangs glücklichen Entbindung von einer Tochter, ein grausames unüberwindliches Fieber getödtet. O des kurzen Besitzes meiner höchsten Lebensfreude! — Ich kann weder meine unaussprechliche, ach! so unglückliche Liebe, noch den nahmenlosen Schmerz, worunter nun mein armes auf immer verwittwetes Herz erseufzt, in Worte fassen. Gott bewahre jedes fühlende Herz vor meinem Jammer! —

Ich bin mit beständiger Hochachtung und Freundschaft

Göttingen,
den 10ten Jan. 1786.

Antwort wird verbeten.

Von Bürger verfaßte Anzeige zu »Mollys« Tod

stand verkauft. Unaufschiebbare Schulden, die mit der Übergabe des Amtes beglichen werden mußten, schienen der Anlaß gewesen zu sein.

Sieht jetzt nicht alles danach aus, daß er zur Ruhe kommen kann? Ist dies nicht ein Neuanfang, der dem gereiften Dichter nun ein dauerhaftes Glück verheißt? In Göttingen richtete sich das Paar im Gartenhaus des Verlegers Dieterich ein neues Zuhause ein. Doch es gibt nur wenige Monate Glückseligkeit, denn das Schicksal hält für den Dichter seine wohl schwerste Prüfung bereit. Die Geburt der Tochter, die auch den Namen Auguste trägt, sollte die Mutter am 9. Januar 1786 zu »jenen elysischen Feldern« rufen, nach denen man sich in so mancher ausweglosen Situation vergangener Jahre gesehnt hatte.

Er, der Schreibfaule, der viele Briefpartner Monate, auch Jahre warten ließ, teilt nun allen seinen grenzenlosen Schmerz, das Unfaßbare mit. Sprickmann, Goeckingk, Boie, Schwester Henriette, Schwägerin Anna, keinen vergißt er. In seinen Trauerbriefen, seiner Selbstzermarterung läßt er noch einmal die Tragik der letzten Jahre, aber auch seine große Liebe zu Molly auferstehen: »O wie könnte ich ihrer vergessen? Ach, ihrer, ihrer! der ich seit länger als zehn unglücklichen Jahren, voll Drang und Zwang, mit immer gleich heißer, durstender, verzehrender Sehnsucht nachseüfzte? Ihrer, durch welche ich bin, alles, was ich bin und nicht bin! Ihrer, um welche die einst so gesunde Jugendblüthe meines Leibes sowohl als Geistes vor der Zeit dahinwelkte! Ihrer, die diese verwelkte Blüthe endlich ganz wieder zu beleben versprach, die endlich die Meinige, die Meinige! – ein Wort, ein Begriff von unendlicher Kraft für mich! – die die Meinige endlich ward, mich gleichsam aus der Nacht der Todten zurückrief, und in einen lichten Freudenhimmel empor zu heben anfing! – Ach und wozu? Um so schnell, so auf einmal mir wieder zu entschwinden, mich mitten auf den Stufen des Hinaufgangs zum neüen bessern Leben fahren und noch tiefer in die vorige Nacht zurücksinken zu lassen! O Boie, ich liebte sie so unermeßlich, so unaussprechlich, daß die

Auguste Mühlenfeld geb. Bürger (1785-1847)
»Mollys« Tochter, nach deren Entbindung sie starb

Liebe zu ihr nicht bloß der ganze und alleinige Inhalt meines Herzens, sondern gleichsam mein Herz selbst zu seyn schien«.

XI. VOM BELEIDIGTEN SELBSTGEFÜHL

»Ich habe aber mehr Neigung zu philosophischen, politischen und ökonomischen Wissenschaften und wünsche mir vorzüglich dahin einschlagende Geschäfte. Angenehm wäre mir's auch auf einer Universität mich diesen zu widmen. Ich weiß nicht, ob in Jena hierin für mich was zu thun seyn könnte«.

Mit dieser Bemerkung in einem Brief an Goethe vom August 1781 spricht Bürger erstmals von dem Plan, sein Auskommen als Hochschullehrer an einer Universität zu suchen. Kann man noch von Zufall sprechen, wenn trotz des eher spärlichen Briefwechsels zwischen beiden Goethes Einfluß immer dann zu nennen ist, wenn sich Bürger in einer entscheidenden Lebensphase befindet? Inspiriert vom *Götz von Berlichingen* beim Abfassen seiner *Lenore*, angeregt von dem Versuch einer Ehe zu dritt in *Stella* – der gleichaltrige Dichtergefährte aus Weimar ist aus Bürgers Lebensgeschichte nicht wegzudenken.

Goethe war es, der 1774 »die Papierne Scheidewand« zwischen beiden einschlug und dem gefeierten Dichter der *Lenore* anbot: »Wenn Sie was arbeiten schicken Sie mirs. Ich wills auch thun. Das giebt Muth. Sie zeigens nur den Freunden ihres Herzens, das will ich auch thun. Und verspreche nie was abzuschreiben.« Auch Bürger sparte nicht mit Anerkennung, bewunderte den Autor von *Werthers Leiden*: »Laß dich herzlich umarmen, oder, da du mir zu hoch stehst, deine Kniee umfassen, du Gewaltiger, der du, nach dem großmächtigsten Shakespear, fast allein vermagst, mein Herz von Grund aus zu erschüttern und diese trocknen Augen mit Thränen zu bewässern!«

Beginn einer Dichterfreundschaft, die anfangs von gegenseitiger Achtung und Zuneigung geprägt war. Man erkannte in dem anderen den literarisch Gleichgesinnten und fühlte sich durch dessen Arbeit im eigenen Schaffen bestätigt. Aus einer Generation, die sich der Bewegung des Sturm und Drang zugehörig fühlte, hatten sie ein gemeinsames Fundament, wenn sich auch ihr dichterisches Schaffen, ihre individuellen Lebenswege stetig voneinander entfernten.

Überhaupt flogen dem Dichter der *Lenore* aus Weimar alle Sympathien entgegen. Dabei hatte er es seinen Freunden nicht immer leichtgemacht. Der von ihm häufig zu hörenden Klage, unverstanden, ungeliebt zu sein, muß entgegengehalten werden, daß er mit seinem Verhalten oft selbst für Verstimmung und letztendlich für Distanz sorgte.

Wie wohlwollend begleitete man 1776 in Weimar Bürgers Bemühen, den Homer im Versmaß des Jambus ins Deutsche zu übertragen. Als der Dichter im *Prolog ans deutsche Publikum* um Zustimmung für seine Übersetzung des Homer nachsuchte, erhielt er von Goethe, Wieland und Herder die wärmste Zustimmung. Eine finanzielle Zuwendung, »einen freiwilligen freundlichen Beitrag«, war man bereit zu leisten, vorausgesetzt, »er sei entschlossen fortzufahren, und verspreche, indes die ›Ilias‹ zu vollenden«. Die Spendenliste führte der Herzog von Weimar mit 20 Louisdor an. Bürger reagierte erleichtert, Widrigkeiten im Amt und private Konflikte traten in den Hintergrund: »Eine Vierwöchige Reise ins Halberstädtische, mein Vaterland, deine Stella, mein lieber Göthe, und die Nachricht, welche du mir ... geben laßen, haben mich wieder elastisch gemacht, haben die dicke Luft um mich ventilirt und äthersirt, haben den todten stehenden Sumpf umgerührt und die frische helle Quelle wieder aufgeräumt«.

Doch Bürgers Atem war zu kurz für die Realisierung langfristiger Pläne. Die unerwartete Konkurrenz des Freundes aus Tagen des Göttinger Hain, Friedrich Leopold von Stolberg, der mit einer hexametrischen Probe seiner Übersetzung der *Ilias* das interessierte Publikum überraschte, und die öffentlich vorgetragenen Bedenken gegen Bürgers Vorhaben einer jambischen Übersetzung führten letztlich dazu, daß er sich trotz Unterstützung und intensiver Bitten, so von Wieland und Goethe, anderen Themen zuwandte: »Daß Graf Leopold Stolberg den Homer auch übersetzen, in Hexameter übersetzen will, soll sich Bürger nicht kümmern lassen, sondern seinen edlen mannhaften trutzen Gang fortgehen – sagen seine Freunde zu Weimar einmütig«.

Wer wollte es Bürger verdenken, daß ihm die Geldsendung willkommen war, doch daß er seine Verpflichtungen nicht einhielt und ohne ein entschuldigendes Schreiben die Arbeit hinauszögerte, schaffte ihm keine Freunde. Verärgert schrieb Goethe im Frühjahr 1778 an ihn: »Sie haben so lang nichts von Sich hören lassen, dass ich kaum weis wo Sie sind ... Sie erinnern sich der Unterzeichnung auf Ihren Homer«. Formaler Ausdruck von Goethes Verstimmtheit ist der Wechsel vom vertrauten Du zum unpersönlichen Sie.

Erst jetzt folgen Versprechungen, Ausflüchte und Versuche zu besänftigen: »Wenn ich lebe und gesund bleibe, wil ich freilich meine teütsche Ilias volenden. Ich habe nur deswegen noch keine öffentliche Anzeige gethan, weil ich von der Zeit noch nichts gewisses bestimmen kann. ... Natürlicher Weise, werden die Edlen, die mich aufmuntern wollen, die Prämie eben so wenig umsonst ausgeben wollen, als ich sie umsonst einnehmen mag«. Schwüre, Entschuldigungen, alles umsonst. Das geplante Werk wächst über Proben, zu denen sechs Jahre später auch die Übersetzung von vier Gesängen der *Ilias* in Hexametern gehört, nie hinaus, gleichwohl er das ihm zugesandte Geld bereits ausgegeben hatte.

So verwundert der Ausgang der einzigen Begegnung zwischen Bürger und Goethe im Jahre 1789 nicht. Nachdem Bürger dem

Vom beleidigten Selbstgefühl

Brieffreund ein Exemplar seiner zweiten Gedichtausgabe geschickt hatte, begibt er sich anläßlich einer Reise nach Sachsen auch nach Weimar. Die Versicherung, Goethe »sei seit seiner Reise nach Italien leutseliger geworden«, läßt ihn mutiger werden, und »so faßte er ein Herz und verfügt sich an einem Nachmittage in die Wohnung des Ministers.« Im Audienzzimmer weicht mit Goethes Erscheinen schnell die Illusion von Vertrautheit der Ernüchterung. Eher belanglose Fragen nach der Frequenz der Göttinger Universität fallen dem Gastgeber ein, steif und unnahbar stehen sich beide gegenüber. Die distanzierte Haltung Goethes führt dazu, daß sich der Gast aus Göttingen schnell zurückzieht. In einem beißenden Epigramm, das der Enttäuschte und Gekränkte auf der Rückreise verfaßt, hält er allerdings nur die halbe Wahrheit fest.

> Mich drängt' es in ein Haus zu gehn,
> Drin wohnt' ein Künstler und Minister.
> Den edlen Künstler wollt' ich sehn,
> Und nicht das Alltagsstück Minister.
> Doch steif und kalt blieb der Minister
> Vor meinem trauten Künstler stehn,
> Und vor dem hölzernen Minister
> Kriegt' ich den Künstler nicht zu sehn.
> Hol' ihn der Kuckuck und sein Küster!

Lange dauerte es nicht mehr, und der Kontakt zwischen beiden wurde im Juni 1789 von dem beendet, der einst den ersten Schritt getan hatte: »Leben Sie wohl und behalten mich in geneigtem Andencken«, so Goethes Worte am Ende seines letzten Briefes an den »Lieben Bruder« vergangener Tage.

Auf Bürgers Anfrage vom August 1781 hatte Goethe mit zurückhaltenden Worten geantwortet, den Ratsuchenden aber in der Idee bestärkt, eine Laufbahn an einer Universität einzuschlagen: »Für Sie, habe ich immer gedacht müßte eine akademische Stelle weit die beste seyn«. Weitsichtig verschwieg er aber auch nicht: »Alle unsere Akademien haben noch barbarische Formen in die man sich finden muß, und der Partheygeist der meistens Collegen trennt, macht dem Friedfertigsten das Leben am sauersten und füllt die Luftörter der Wißenschaften mit Hader und Zank«.

Ein Jahr später startete Bürger einen erneuten Versuch. Diesmal stellte er dem preußischen König Friedrich II. seine Neigungen und Interessen vor: »Daß unser Vaterland mich als Dichter kennt, und wie es scheint, liebt und schätzt, kommt wohl hier nicht mit in Anschlag. Vielleicht aber mehr dieses, daß ich mich einiger älteren und neüeren Sprachen, der Philosophie des Guten und Schönen und der edleren Geschichte beflissen habe. Wie glücklich, wenn mir Muße und Gelegenheit würde, in dieser lezten Sphäre etwas Gutes zu wirken!« Nein, die trockene juristische Plackerei aus Amtmannstagen war für Bürger nicht mehr annehmbar. Der Poet sehnte sich nach anderen, nach schöngeistigen Themen. Vorbehalte des Unterrichtsministers von Zedlitz gegen seine Anstellung an einer preußischen Universität ließen ihn auf das seit Studententagen ungeliebte Göttingen zurückkommen.

So war die Leinestadt für ihn keine erste Wahl. Bürger ahnte, daß sein Aufenthalt in Göttingen nicht ungetrübt verlaufen würde, denn dem Vorteil, mit Heynes, Kästners und Lichtenbergs Unterstützung rechnen zu können, stand gegenüber, daß man in der Stadt und an der Universität das Verdikt über seine Amtsführung in Altengleichen und sein Privatleben längst gefällt hatte.

Aber es gab weitere Gründe, die gegen eine Bewerbung an der Georgia Augusta sprachen. Für den Dichter, der vom Katheder »Deütsche Geschichte, Alterthümer, Literatur, Sprache und Dichtkunst, kurz Alles, was Deütsch heißt, und überhaupt Philosophie des Guten und Schönen« lehren wollte, kam nur die Philosophische Fakultät in Frage, die an der Göttinger Universität ein eher bescheidenes Dasein im Schatten der dominierenden Juristischen Fakultät führte und traditionell den alten Sprachen den größten Platz einräumte. Für Bürgers Interessen blieb also wenig Raum.

Der wohlmeinende Professor Heyne, der im Frühjahr 1784 »freündschaftliche Unterstützung mit Rath und That« anbot, versäumte nicht, den Stellungssuchenden auf diese Erschwernisse hinzuweisen: »Hätten Sie sich in das juristische Fach werfen wollen, so gäbe es einige mehr gesicherte Pfade«. Ein gutgemeinter Rat, denn diese Fakultät kann Bürgers Wunsch nach finanzieller Sicherheit weitaus besser erfüllen. Aber der Poet geht auf den Vorschlag nicht ein: »Jurisprudenz, ich meine die gemeine, gewöhnliche, und so wie sie freilich am ergiebigsten ist, scheint mir, unter uns, ein des Menschen gar zu unwürdiges Studium zu seyn«. Höchstens auf so hochgesteckte Ziele wie Völker-, Staats- und deutsches Fürstenrecht zu lehren, den alternden Professor Pütter abzulösen oder dem allseits anerkannten Geschichtsprofessor Schlözer Konkurrenz zu machen, darauf will er sich einlassen. Doch schnell sind diese Pläne im Gespräch mit Professor Heyne vom Tisch.

Bürger weiß, was er nicht will, hat Vorstellungen von dem, was er möchte, doch die Suche nach einer geeigneten Tätigkeit ist nicht einfach. Was soll er lehren? Was will man hören? Womit kann er seiner Familie ein gesichertes Auskommen garantieren?

Durch die Vermittlung Heynes nimmt Bürger auch Kontakt mit dem Dekan der Universität, Kästner, auf: »Mag es auch sehr viele und sehr wichtige Kapitel der strengeren Wissenschaft geben, die ich entweder überhaupt nicht kenne oder wenigstens nicht genau genug und, wie man sagt, zur Akribie halte; dennoch gibt es Teile von ihr, in denen manches erreicht zu haben, ich mich zu rühmen wage; mag es auch ehrgeiziger, als es vertretbar ist, sein; dennoch wage ich es mit gewissem Recht und auf meine Weise. Wenn ich danach strebe, Bürger Eurer Universität in sie einzuführen, so geschieht das vor allem, daß ich in die Lage versetzt werde, umso angenehmer unter Euch in den Heiligtümern der Musen zu verweilen, Eure viel gebildeteren Einrichtungen auszukosten, so meine freimütig bekannte Ignoranz zu heilen und mir die Kräfte, durch die ich mich irgendwann einmal zu Höherem emporarbeite, zu verschaffen und zu sammeln«. Im weiteren Verlauf seines lateinisch abgefaßten Bewerbungsschreibens kann er aber nicht umhin, auch einschränkend festzuhalten: »Ohne Zweifel wäre es befriedigender gewesen, sich vorher Ihrem Examen zu unterziehen und nach einem öffentlich gegebenen Beweis von Bildung und Kenntnisreichtum und Ableistung alles dessen, was nach Ihren heilbringenden Gesetzen zu leisten ist, die höchsten Ehren Ihrer Fakultät zu erstreben. Aber da ich keine leichten Gründe habe, durch die ich daran gehindert werde, dieses jetzt zu tun, muß ich das auf einen anderen Zeitpunkt, der dennoch nicht weit entfernt ist, verschieben«.

Die erlösende Antwort erreicht den ungeduldigen Bewerber wenige Tage nach der Fakultätssitzung vom 13. Mai 1784. Es wird ihm zunächst für ein Jahr gestattet, an der Philosophischen Fakultät als Honorardozent Vorlesungen zu halten. Bürgers Freude ist groß, wenn auch nicht ungetrübt, denn er erhält kein festes Gehalt, sondern kann lediglich mit den Hörgeldern seiner Studenten rechnen.

Doch noch ist der zukünftige Dozent bis zum 24. Juni Amtmann, muß Vorgänge abschließen und das Amt geordnet übergeben. Die schwere Krankheit und der Tod seiner Frau Dorette lassen Umzugspläne hinter Sorge und Leid vorerst zurücktreten.

Im September ist es soweit. Bürger kündigt im Vorlesungsverzeichnis für das Wintersemester 1784/85 an: »Die Ästhetik wird Herr G.A. Bürger, welcher, nach niedergelegtem bisherigen Amte, sich hinfort lediglich den Wissenschaften und einem akademischen Leben zu widmen beschlossen hat, um 10 Uhr in 5 Stunden, und um 4 Uhr ebenso oft eine Philosophie des Stils, besonders auf die deutsche Sprache angewendet, vortragen. In der Freytagsstunde, welche praktisch seyn soll, wird er Aufsätze jeglicher Art, welche seine Zuhörer ihm beliebig vorlegen werden, gründlich zu beurtheilen suchen«.

Die Hinwendung zur deutschen Sprache, die Entscheidung, auf diesem Gebiete tätig zu werden, war nur folgerichtig. Nie war

Bürger Poet allein, nie war es nur das dichterische Spiel mit der Sprache, das ihn faszinierte. Immer war er auch Philologe, der durch Übersetzungen Homers, Vergils und Shakespeares sowie durch seine eigenen dichterischen Arbeiten grundlegende Einsichten in Grammatik, Metrik und Rhythmik gewonnen hatte. Vor Übernahme seiner Lehrtätigkeit waren bereits Schriften wie *Herzensausguß über Volkspoesie*, *Vorschlag zu einem deutschen Rechtschreibungsvereine*, *Über die deutsche Rechtschreibung*, *Über deutsche Sprache* entstanden.

Als Bürger seine Lehrtätigkeit aufnimmt, findet die Beschäftigung mit deutscher Sprache, Grammatik und Literatur in eher privaten Kreisen außerhalb des regulären Universitätsbetriebes statt. Die deutsche Sprache ist lediglich Vehikel, Transporteur der anerkannten wissenschaftlichen Disziplinen. Ein germanistisches Studium, gleichberechtigt neben der klassischen Philologie, sollte noch lange auf sich warten lassen.

So hatte Heyne ein Privatissimum für mündlichen und schriftlichen Stil sowie Vortragsübungen eingerichtet, und auch der Staatsrechtler Pütter bekundete sein Interesse an der Entwicklung der deutschen Sprache mit der weitverbreiteten Schrift *Über die Richtigkeit und Rechtschreibung der deutschen Sprache*, herausgegeben im Jahre 1780.

»Des Mitwochs und Sonnabends früh um acht gehe ich zu dem Amtmann Bürger. Der nicht den Amtmann Bürger wenigstens dem Nahmen nach kennt, kann mein Freund nicht seyn. Wer ihn nicht kennt muss in der höhern deutschen Litteratur ganz Idiot seyn, folglich ist er nicht für mich. Ob ich gleich nicht sagen kann, dass ich in der deutschen Litteratur so sehr bewandert wäre: so ist mir doch ein Mensch, der darin ganz Fremdling ist, unausstehlich«. So lautet der begeisterte Bericht eines Studenten über Bürgers Lehrtätigkeit im ersten Semester, der aber auch andeutet, mit welcher Geringschätzung ihm die Universitätskollegen begegneten. Sie räumten ihm keinen Platz in ihrem Kreise ein, betrachteten ihn als nicht ebenbürtig, als einen armen Poeten in entspre-

Vom beleidigten Selbstgefühl

chenden Lebensumständen und ohne eine Qualifikation an der Philosophischen Fakultät. Bürger litt unter dieser Situation, konnte sich nicht mit der Rolle des Außenseiters an der Göttinger Universität abfinden. Immer trieb ihn das »beständige Ringen eines beleidigten Selbstgefühls gegen den Übermuth von Gelehrten, die sich in geistlosem Sammlerfleiß zur Verachtung alles Edlen und Schönen verhärtet hatten«.

Doch zunächst begann er seine Lehrtätigkeit mit Elan und Schaffensfreude. Vielleicht glaubte er, die Anerkennung seiner akademischen Gegner im Laufe der Zeit finden zu können. Die Kraft dazu wird dem »Dichter und Lehrer des deutschen Stils zu Göttingen«, wie es in der Heiratsurkunde vom Juni 1785 heißt, die gerade geschlossene Ehe mit seiner Molly gegeben haben. Von einer Kur in Bad Pyrmont erhoffte er sich auch einen gesundheitlichen Neuanfang.

Der unerwartete Tod seiner zweiten Frau in den ersten Januartagen des Jahres 1786 machte alle Hoffnungen zunichte. Jäh waren aufkommende Keime des Sichfindens und Einrichtens erstickt. Wieder einmal konnten die Kinder nicht im elterlichen Hause aufwachsen. Auguste, gerade geboren, kam zur Schwägerin Anna nach Bissendorf. Die kleine Marianne wurde zur Witwe Erxleben in Pension gegeben, und auch der Plan, Emil endlich zu den Eltern heimzuholen, wurde zerstört. Diszipliniert und engagiert setzte Bürger trotz des schweren Schicksalsschlages, der ihn an sich und der Welt verzweifeln ließ, seine Arbeit an der Universität fort. Neben der Freude an dieser Tätigkeit war sicherlich auch Ablenkung ein wichtiger Beweggrund.

Am 22. August 1787 fanden die »academischen Bürger« der Stadt Göttingen einen Anschlag vor, der »Die Jubelfeyer der Georg Augustus Universität zu Göttingen an ihrem funfzigsten Stiftungsfeste dem 17. Septemb. 1787« ankündigte. Fünf Tage, an denen Festgottesdienste, Glockengeläut, Festreden, feierliche Promotionsverleihungen, Vorträge, Umzüge, Festtafeln, Empfänge

Q. D. B. V.

AVCTORITATE. CAESAREA
AVGVSTISSIMIS. AVSPICIIS
INDVLGENTISSIMI. AC. POTENTISSIMI
DOMINI
GEORGII. III
MAGNAE. BRITANNIAE. FRANCIAE. ET. HIBERNIAE. REGIS
DEFENSORIS. FIDEI
DVCIS. BRVNSVICENSIS. ET. LVNEBVRGENSIS
S. R. I. ARCHITHESAVRARII. ET. PRINCIPIS. ELECTORIS
PRORECTORE. MAGNIFICO

AVGVSTO. GOTTLIEB. RICHTER
MEDICINAE. ET. PHILOSOPHIAE. DOCTORE. CONSILIARIO. REGIS. AVLICO. ET. ARCHIATRO
MED. ET. CHIRVRGIAE. PROF. ORDINARIO

EGO. ORDINIS. PHILOSOPHICI. DECANVS
M. IOANNES. DAVID. MICHAELIS
PHILOSOPHIAE. PROFESSOR. ORDINARIVS. REGI. A. CONSILII. AVLICIS. STELLAE. POLARIS. EQVES

AMPLISSIMI. ORDINIS. PHILOSOPHORVM. IVSSV

VIRO. CLARISSIMO. AC. DOCTISSIMO
GODOFREDO. AVGVSTO. BVRGER
SVMMOS. IN. PHILOSOPHIA. HONORES
𝓕𝓔𝓢𝓣𝓞. 𝓝𝓞𝓢𝓣𝓡𝓐𝓔. 𝓐𝓒𝓐𝓓𝓔𝓜𝓘𝓐𝓔. 𝓢𝓔𝓜𝓘𝓢𝓐𝓔𝓒𝓥𝓛𝓐𝓡𝓘
DIE. XVII. SEPT. MDCCLXXXVII
CONTVLI
HVIVSQVE. REI. HAS. LITTERAS. TESTES
ORDINIS. PHILOSOPHICI. SIGILLO
MVNIRI. FECI.

Ioannes David Michaelis

Ernennungsurkunde Bürgers zum Ehrendoktor der Philosophischen Fakultät der Georg August Universität in Göttingen, 1787 und Bälle das Gesicht der Stadt prägen sollten. Niemand konnte sich den Vorbereitungen entziehen. Selbst Polizei und Garnison hatten zur Gewährleistung eines geregelten Ablaufs der Feierlichkeiten »gute Vorkehrung« getroffen, und die Gastronomie der Stadt war mit der Unterbringung und Bewirtung der Gäste vollauf beschäftigt.

Den Auftakt der mehrtägigen Feierlichkeiten bildete ein Festgottesdienst in der Paulinerkirche, in dem auch eine Chorkomposition auf einige Strophen des Gedichts *Gesang am heiligen Vorabend des funfzigjährigen Jubelfestes der Georgia Augusta* erklang, das Bürger eigens für diesen Anlaß im Auftrage der Universität geschrieben hatte. Der Dichter, dessen eigentliches Anliegen die Volkspoesie war, stimmte hier mit gehörigem Pathos in den allgemeinen Jubel auf ein »wunderschönes Götterkind«, die »hohe Jubelköniginn«, ein.

Aber man erinnerte sich Bürgers an diesen Tagen auch in anderem Zusammenhang. Unter den von den einzelnen Fakultäten aus Anlaß des Jubiläums vorgeschlagenen Kandidaten zur Verleihung der Doktorwürde befand sich, wohl auf Fürsprache Kästners und Heynes, auch der »Herr Amtmann Bürger«. In einer feierlichen Stunde vor geladenen Gästen wurde ihm ein Eid vorgesprochen, auf den er mit »So sei mir Gott gnädig« zu antworten hatte: »Bevor Dir der höchste Grad der Ehre in der Philosophie verliehen wird, sollst Du schwören, daß Du diesen Ehrengrad nicht zur Schande dieser Universität erstreben wirst und, wenn Du das Amt des Lehrens übernimmst, ein Student der Wahrheit sein wirst und über Gott und die Religion nur fromm und besonnen philosophieren wirst. So sei Dir Gott gnädig«.

Doch ungeteilte Freude wurde dem frischernannten Doktor, der »unentgeldlich und ohne vorhergehendes Examen« diese Auszeichnung erhalten hatte, nicht zuteil. Noch immer waren die Stimmen derer unüberhörbar, die dem Poeten die Qualifikation absprachen, an einer Universität zu lehren. Sie werden sich von dieser Ernennung erneut brüskiert gefühlt haben. Doch vorerst überdeckte die festliche Stimmung vieles, und Bürger konnte erst einmal die neue Würde genießen.

Bürger, Aquarell von Johann Dominikus Fiorillo, um 1789

Viele Festreden wurden an diesen Tagen gehalten. Unter ihnen wird die Abraham Gotthelf Kästners das besondere Interesse Bürgers geweckt haben, denn gleich zu Beginn seiner Ausführungen bat der Älteste der Deutschen Gesellschaft seine Zuhörer: »Es sey mir also verstattet, von dem Vortrage gelehrter Kenntnisse in deutscher Sprache zu reden«. Das war etwas Neues, denn schließlich war die Universitätssprache das Latein, und in deutscher Sprache wissenschaftliche Veröffentlichungen herauszu-

Vom beleidigten Selbstgefühl

geben, galt als unangemessen populär und wurde von akademischer Seite nur mit Verachtung gestraft.

Kästners Rede *Ueber den Vortrag gelehrter Kenntnisse in der deutschen Sprache* war ein Bekenntnis zur Aufwertung der Muttersprache und wird sicher Bürgers uneingeschränkten Beifall gefunden haben. Der Dichter konnte nicht ahnen, daß einen Monat später das Urteil mancher Universitätskollegen über seine Vorlesungsschrift *Über Anweisung zur deutschen Sprache und Schreibart auf Universitäten* so ausfiel, wie Kästner es in seinem Vortrage formuliert hatte: »Bei einer Gesellschaft, die sich von ihrer Landessprache nennt, denkt man oft nichts weiter, als: Sprachkunde, Beredsamkeit, Dichtkunst. Nach dem Urtheile mancher Leute: Spielwerke, wo nicht gar Zeitverderb«.

Doch im September waren frohgemute, feierliche Tage angesagt. Bei der großen Tafelrunde im Rathaus, zu der man ausdrücklich neben den hohen Gästen auch »die heut creirten Doctoren und Magister« lud, wird Bürger die gesellschaftliche Anerkennung genossen haben. Als sich zum Ende des Festschmauses der Festzug der Studierenden auf dem Markte vor dem Rathaus versammelte, war auch die von »nachbenannten zu Göttingen Studierenden« gewidmete *Ode der fünfzigjährigen Jubelfeier der Georgia Augusta am 17. Septemb. 1787* vom Dichter der *Lenore* verfaßt.

All diese Ehrungen waren für Bürger aber nur ein schwacher Trost. Weiterhin hoffte er auf den Professorentitel, trauerte dem verweigerten festen Gehalt nach und war enttäuscht über den zögerlichen Eingang der Hörgelder. Auch fanden seine Verdienste um die deutsche Sprache nicht die von ihm erhoffte Resonanz. Seiner im Herbst veröffentlichten *Anweisung zur deutschen Sprache und Schreibart auf Universitäten* blieb eine öffentliche Anerkennung versagt. Besonders brüskiert fühlten sich seine Kollegen von der Juristischen Fakultät, bezeichnete er sie in dieser Schrift doch als »Sprach-und Stil-Ignoranten« und bemängelte ihr Juristendeutsch und den Kanzleistil.

Vom beleidigten Selbstgefühl

Georg Christoph Lichtenberg (1742-1799), Aquarell von Johann Strecker, 1780

Ein Göttinger Student sah die »Einladungsblätter zu seinen Vorlesungen« in einem anderen Licht: »Bürger hat ein einladungsprogramm zu seinen vorlesungen geschrieben, worin er vom deutschen stil handelt. Es ist noch nicht zu haben, sonst hätte ich dir's gleich überschickt; denn es lohnt sich der mühe, es zu lesen. Mit männlicher beredsamkeit und beißender satire rügt er die unverzeihliche nachlässigkeit der deutschen schriftsteller im stil, verbreitet sich besonders über den zustand des kanzleystils und philosophirt überhaupt über den einfluß der sprache auf kultur. Tausend interessante bemerkungen trifft man darin an über schönen stil, über eintheilung der wissenschaften und künste, in höhere und schöne, über den begriff eines schönen geistes etc. Kant wird der erste philosoph auf der erde genannt«.

Dieses uneingeschränkte Bekenntnis zu dem an deutschen Universitäten noch wenig bekannten Immanuel Kant mußte als Provokation verstanden werden. Bürger war sich dessen durchaus bewußt: »Die hiesige hochlöbliche philosophische Fakultät ist zwar anderer Meinung; das kommt aber daher, weil ein Mann wie Kant leicht dreyßig solcher philosophischen Facultäten zum Morgenbrot bey der Tasse Thee aufzuschlingen im Stande ist. Ich danke Gott für diesen Mann, wie für einen Heiland, der die arme gefangene Vernunft endlich aus den unerträglichen Ketten dogmatischer Finsterniß glücklich erlöset hat«. Gerade in Göttingen fand der in Königsberg lehrende Philosoph eine Hochburg der Opposition vor. Der als Modephilosophie verschrienen Lehre Kants verweigerte man beharrlich den Einzug in die Universität.

Im Gegensatz zu seinen Universitätskollegen hatte Bürger schon frühzeitig Kant bewundert und die epochale Bedeutung seiner Werke begriffen: »Er ist von allen, die ich kenne der erste und einzige, dessen Philosophie die Forderung meiner Vernunft befriedigt hat«. Wie mutig dieses Bekenntnis war, mag man daran ermessen, daß der überaus vorsichtig taktierende Lichtenberg zur gleichen Zeit, als er Bürger dazu ermunterte, über Kant Vorlesungen zu halten, sich weigerte, dessen Werke für die *Allgemeine Litteratur-Zeitung* in Jena zu besprechen, da er sich, wie er an Heyne schrieb, nicht öffentlich als Anhänger der neuen Philosophie bekennen wolle.

Bei aller Ablehnung, Kant in den Kreis der großen Philosophen aufzunehmen, gab es bei der hannoverschen Universitäts-

Haupt-Momente
der
kritischen Philosophie.

Eine Reihe von Vorlesungen,

vor

gebildeten Zuhörern
gehalten.

Münster.
Bei Peter Waldeck.
1803.

Titelblatt der postum und anonym erschienenen
Vorlesungen Bürgers zur Philosophie Immanuel Kants

behörde aber auch die Angst, Studenten an die anerkannte Philosophische Fakultät der Jenaer Universität zu verlieren. Was lag näher, als Doktor Bürger, den begeisterten Anhänger der Kantischen Philosophie und ›enfant terrible‹ der Georgia Augusta, unter der Regie Lichtenbergs vorauszuschicken und selbst vorerst abzuwarten, was aus der neuen Lehre werden würde. Den zuständigen Herren in Hannover schien dieser Plan für ihre Interessen so geeignet, daß sie sich nicht scheuten, Bürger mit der ersehnten Professur zu locken und davon abzusehen, »daß einige Vorurteile gegen Sie vorwalteten, die aber alle zertreut werden würden, wenn obiges Collegium [über die Kantische Philosophie] zustande käme, und ganz ausgelesen würde«.

Aber nicht nur die Universitätsbehörde verfolgte beharrlich ihre Ziele, auch Bürger verlor seine Belange nicht aus den Augen. An Kants Philosophie hoffte er, seine wissenschaftliche Befähigung unter Beweis zu stellen, endlich seine Leistungen ins rechte Licht zu rücken und somit an der Göttinger Universität einen angemessenen Platz zu finden. Als er im Wintersemester 1787/88 über »Einige Hauptmomente der Kantischen Philosophie« zu lesen begann, hatte er sich über alle Maßen in die *Kritik der reinen Vernunft*, sein »tagtägliches Erbauungsbuch«, vertieft.

Mit seinem philosophischen Kolleg hatte Bürger bei den Studenten großen Erfolg. Waren am ersten Tage 24 Zuhörer anwesend, sollten es das nächste Mal bereits 50 und später »mehr denn 70 zuhörer« sein. Daß er die Vorlesungen zur Kantischen Philosophie »unentgeldlich und auf möglichst populäre Art« hielt, beeinflußte sicher den Zustrom der Studenten. Doch fand er auch Anerkennung für das, was er zu vermitteln suchte: »Sein Vortrag ist über erwarten gut, deutlich, faßlich, angenehm. – Er spricht sehr frey von Kants gegnern, selbst von den dissensus der hiesigen Professoren, ohne zu beleidigen, mit vieler achtung für Kant, ohne zu übertreiben. ... Man behauptet hier allgemein, B. würde als Professor unbrauchbar seyn; nur die noth treibe ihn an thätig und nützlich zu seyn. Am mittwoch hielt er eine stunde, in der ich dich gegenwärtig gewünscht hätte. Er übertraf sich selbst. Mit der größten wärme und einem schönen fluß der rede sprach er von den vorzügen eines kleinen, aber gewissen besitzes vor den größten chimärischen besitzungen, und wendete dieß auf die Kritik der reinen Vernunft an«.

»Der Große und äußere Hof des Universitäts Collegii«
Kupferstich von Georg Daniel Heumann, 1746

Der Zuhörer des Kantkollegs, der Bürger – der Gepflogenheit entsprechend – bereits als Professor betitelte, griff dessen offizieller Ernennung voraus, denn erst im Oktober 1789 wurde ihm der Titel eines »Professoris philosophiae extraordinarii« verliehen. Dabei hatte die Universitätsbehörde auf Heynes Gesuch vom 6. August in dieser Angelegenheit mit erheblichen Bedenken reagiert. Nicht nur, daß man den Dichter aufforderte, auf ein Gehalt zu verzichten, nein, man rügte in Hannover auch, »daß in den jüngst heraus gekommenen dortigen Musen-Almanach für das Jahr 1789 so manche nicht nur anzügliche, sondern auch gegen die Religion und das Christenthum sehr anstößige Aufsätze eingerückt worden sind«. Dem Herausgeber des *Göttinger Musenalmanachs* legte man unmißverständlich dar, daß er sich weiterhin der Zensur unterziehen müsse und sich »nie wieder etwas zu schulden kommen lassen« dürfe.

Bürger ging auf all diese Bedingungen ein. Es war weniger der Titel an sich, der ihn reizte, vielmehr betrachtete er die Ernennung zum Professor als Anerkennung seiner bisherigen akademischen Tätigkeit. Auch gab er sich der Illusion hin, so die Mißachtung und Herabsetzung seiner Person aufzuheben und doch noch mit seinen akademischen Kollegen gleichzuziehen. Sicher ein Irrtum, denn sein Ansehen veränderte die neue Ehrung, wenn überhaupt, nur unerheblich.

Wohltuend empfand Bürger in dieser Situation die Bewunderung eines Studenten, der später gemeinsam mit seinem Bruder entscheidend die Frühromantik mitprägte. August Wilhelm von Schlegel war 1786 zum Studium der Theologie nach Göttingen gekommen, wandte sich aber unter dem Einfluß Heynes schnell dem Altertum zu. Daß bald das Interesse an zeitgenössischer Literatur hinzukam, brachte ihn dem frischernannten Professor näher, der als Poet so berühmt und als akademischer Lehrer so geächtet war. Begierig ließ sich der junge Student in die Geheimnisse der Poesie, in Rhythmus und Versform einweihen. Bürger seinerseits genoß Schlegels Anerkennung besonders an einem Ort, an dem er von Professoren und zunehmend auch Studenten eher gemieden denn gebilligt wurde.

Es dauerte nicht lange, da wurde aus der oberflächlichen Bekanntschaft eine tiefe Freundschaft, und Zurückhaltung machte zunehmender Vertrautheit Platz. Gemeinsame Spaziergänge und Zusammenkünfte vor allem in Schlegels Studierstube bestimmten so manchen Tag des Winters 1788/89: »Wenn Sie heute nichts Besseres wissen, so kommen Sie doch gegen Abend zu mir und trinken Thee bei mir; Sie sind so lange nicht bei mir gewesen. Wenn Sie kommen wollen, so machen Sie Sich den Nachmittag hübsch an die versprochenen Verse, ich will sehen, ob ich auch Etwas auftischen kann. Wollen Sie?«

Vom beleidigten Selbstgefühl

Für Bürger bedeutete diese Zeit neuerwachenden Schaffenstrieb und Befreiung von bedrückender Sorge und Qual. Er genoß den erfrischenden Umgang mit dem lebhaften Studenten, der sich als aufmerksamer, eifriger Schüler erwies. Nicht ohne Genugtuung bekennt der Dichter dies in seinem Sonett *An August Wilhelm Schlegel*, das 1789 in seiner zweiten Gedichtausgabe erscheint.

Aber auch Schlegel sparte trotz mancher Anfeindungen seiner Umgebung nicht mit Beifall für den bewunderten Poeten und widmete ihm zwei Gedichte. Sie bestechen weniger durch ihre literarische Qualität als durch den Ausdruck herzlicher Zuneigung und Anteilnahme an der Vollendung des Gedichts *Das hohe Lied von der Einzigen*, eine glühende Liebeserklärung an die verstorbene Molly.

An Bürger

Süßer Sänger, willst du mir vertrauen,
Wo sie wohnt, die dein Gesang erhebt?
Wo sie wandelt, wo ihr Odem webt,
Muß Gedeihn und Lust die Flur bethauen.

Wie? Du winkst mir, da hinauf zu schauen,
Wo der Feyertanz der Sterne schwebt?
Die im Liede lieblich blüht und lebt,
Weilt sie schon auf Paradiesesauen?

Sänger, deine Müh' wird doch belohnt.
Einsam klagst du nicht am Grabeshügel;
Jedem Klange gabst du Seraphsflügel.

Wo bey Laura deine Molly wohnt,
Hören beyde, zart wie Tauben girren
Durch die Amaranthenlaub' ihn irren.

Schlegels Rezension von Bürgers zweiter Gedichtausgabe im Juli 1789 spricht eine ähnliche Sprache. Voller Begeisterung charakterisiert er hier das Liebesgedicht als »das erhabenste und vollendetste in der lyrischen Poesie, was unsere Sprache aufzuweisen hat«.

Die gemeinsame Übersetzertätigkeit an Shakespeares *Ein Sommernachtstraum* brach ab, als Schlegel nach Abschluß seiner Studien im Sommer 1791 die Stelle eines Hauslehrers in Amsterdam annahm. Das Interesse am literarischen Schaffen des anderen blieb aber erhalten. In zahlreichen Briefen, die zwischen Göttingen und Amsterdam hin- und hergingen, tauschten sich der »liebste Bürger« und das »liebe Söhnlein« neben privaten Angelegenheiten immer wieder über ihre künstlerische Arbeit aus. Auch enthielt die Korrespondenz häufig eigene literarische Proben und theoretische Beiträge, die dem Briefpartner zur Begutachtung, manchmal auch zur Veröffentlichung vorgelegt wurden.

Jahre später wird Schlegels Haltung zu Bürgers Werk differenzierter. Unter dem Einfluß der Romantik sparte er nicht mit Kritik. Die Achtung vor dem Menschen Bürger hingegen blieb unangefochten. Wie nachhaltig der Eindruck des Dichters auf Schlegel war, dokumentiert insbesondere der Aufsatz *Über Bürgers Werke* aus dem Jahre 1801, der zu einer vielzitierten zeitgenössischen Quelle wurde.

Nach achtjähriger Lehrtätigkeit unternimmt Bürger noch einmal, ein letztes Mal, die Suche nach einem geeigneten Arbeitsgebiet, geleitet von der Hoffnung, doch noch Anerkennung und Hörer zu finden: »Beym Anblick der vielen fast überall in Besitz genommenen Felder, worauf die gelehrten und talentvollen Lehrer der Georg-Augustus-Universität gleichmäßig für den Ruhm und den Nutzen derselben arbeiten, hat mich öfters der Wunsch beunruhigt, daß doch auch für mich noch ein kleiner Platz übrig seyn möchte, auf welchem ich etwas Gutes neuer und eigener Art zu wirken im Stande, nicht bloß überflüßig mitzuverrichten genö-

Vom beleidigten Selbstgefühl

thigt wäre, was andere bereits eben so gut, und vielleicht noch besser verrichten«.

Daß er mit der *Idee einer theoretischen und practischen Anleitung zur Verwaltung Churbraunschweig Lüneburgischer Dienstgeschäfte und über deren Ausführung auf der Georg Augustus Universität* zu ungeliebten Geschäften aus Amtmannstagen zurückkommt und damit sein eigentliches Anliegen, die deutsche Sprache, zurückstellt, erscheint auf den ersten Blick höchst widersprüchlich. Doch der Suchende will der Not gehorchen, will zehnjährige Erfahrungen im Gericht Altengleichen und »die große Kluft zwischen dem gewöhnlichen Academischen Unterrichte und der Anwendung desselben im practischen Leben« nutzbringend für sich verwenden.

»Prospect von der Pauliner Straße und Universitäts Kirche zu Göttingen«
Kupferstich von Balthasar Friedrich Leizel, 1780

In einem 23seitigen »Manuscript für hochvermögende Gönner und Beförderer des Guten« entwirft er detailliert den Plan für eine

»vollständige DienstGeschäftskunde«, die die von der Universität abgehenden Kandidaten in die Lage versetzen soll, mit praktischem Wissen ihren Dienst anzutreten. Professor Heyne erscheint diese Idee in der Durchführung wenig erfolgversprechend: »Bey der ersten Durchsicht Ihres Aufsatzes, mein liebster Herr Professor, ward mir in der That ein wenig warm; so wie er die Sache darstellt, ist sie so weit aussehend, hat so viel Schwierigkeiten daß ich zur Möglichkeit der Ausführung wenig Glauben hette«. Es sind besonders die Fülle des Stoffes und die noch heute geübte Praxis, ein Thema in einem Semester abzuhandeln, die Heyne bedenklich erscheinen, denn »ein Collegium von 1 1/2 J. wird nie Beyfall finden, nicht einmal von 1 Jahre«.

Auf den Vorschlag Heynes, das Thema einzugrenzen, kürzer zu fassen und den Lehrstoff keinesfalls über ein halbes Jahr auszudehnen, geht Bürger ein. Für das Sommersemester 1792 kündigt er im Vorlesungsverzeichnis die Veranstaltung mit dem Thema »Versuch des Unterrrichts zur Hannoverschen Dienstverwaltung« an. Eine Bekanntgabe dieser oder ähnlicher Art findet sich für die folgenden Semester nicht mehr. Bürgers Vorlesung hat unter den Studenten wohl nur ein geringes Echo gefunden.

Dem Professor bleibt nichts weiter übrig, als auf Althergebrachtes zurückzugreifen. Für die folgenden Semester zeigt er wieder Vorlesungen über »Ästhetik« und »Theorie des deutschen Stils« an. Neben sich findet er nun einen 21jährigen Privatdozenten aus Helmstedt: »In Göttingen ist das meiste noch ziemlich auf dem alten Fuß, außer daß seit verwichenen Ostern ein gewisser Doctor aestheticus Nahmens Karl Reinhard hier angezogen ist, der mir die aesthetischen und stylistischen Brotkrumen auf der daran so ergiebigen Georgia Augusta vor dem Maule wegzuschnappen gedenkt«. Wieder fühlt sich Bürger in die Enge getrieben, wittert in dem Neuankömmling einen unliebsamen Konkurrenten, der sich aber bald mehr als Bewunderer denn als Widersacher des von körperlichen Leiden geschwächten Dichters erweist und nach dessen Tod die Fortführung einiger seiner literarischen Vorhaben übernimmt. Spätestens im Sommersemester 1793 kann Bürger keine Vorlesungen mehr halten. Die Verschlechterung seines Gesundheitszustandes läßt das nicht mehr zu.

So ging Bürgers zehnjährige Lehrtätigkeit mit Vorlesungen und praktischen Übungen über Ästhetik, Stilistik, Philosophie und deutsche Sprache an der Universität Göttingen zu Ende. Sein Freund Boie, dessen letzte Schreiben der sterbenskranke Bürger nicht mehr beantwortete, ließ an Bürgers letzten Lebensjahren in Göttingen kein gutes Haar: »Daß er sein ganzes Leben in der Nähe und auf einer den Musen und der freieren Ausbildung des Geistes nichts weniger als günstigen Universität zugebracht, hat ihm auch geschadet. ... Noch als seine Molly starb, deren Tod er mir in einem ins Herz schneidenden Ton ankündigte, suchte ich ihn von Göttingen wegzuschwatzen, wohin er gar nicht gehörte und wo er nicht glücklich sein konte, aber er hatte den Mut nicht, seine Feßeln zu brechen und einen andern Schauplatz zu suchen«.

XII. GESCHEITE LEUTE NARRIEREN GERN

Die Regengüsse der letzten Tage haben Bäche und Flüsse um ein Vielfaches ansteigen lassen. Der Verkehrsfunk meldet die Überflutung von Bürgers Heimat. Aschersleben, Meisdorf, die Anzahl der gesperrten Straßen ist groß. Die liebliche Selke ist innerhalb weniger Tage zum reißenden Strom angeschwollen und hat das vielbesuchte Rasthaus >Selkemühle< mit sich fortgerissen.
Der Bürgerforscher auf dem Weg nach Bodenwerder fühlt sich an des Dichters *Lied vom braven Manne* erinnert, wenn ihm auch Heldentaten nicht abverlangt werden. Vielmehr erwarten ihn qualvoll – schleichende Autoschlangen, die aus der Großstadt herausdrängen. Umsteigen auf die Eisenbahn? Der Schalterbeamte winkt ab, denn die Kleinstadt an der Weser ist schon lange ohne Bahnhof. Einer Einbindung in das Schienennetz der Bundesbahn sind 6500 Einwohner nicht mehr wert.

Die Befürchtung, auch sein Reiseziel könne nicht mehr erreichbar sein, ist zum Glück unbegründet, wenn sich auch die Weser bedrohlich der Altstadt nähert und Anlegestellen und Ausflugsterrassen nur noch schemenhaft dem Fluß entsteigen.

Im Gepäck die Touristenkarte, versehen mit dem graphischen Hinweis auf den berühmten Lügenbaron und seinen Kugelritt, gelangt er in die im Kreis Holzminden gelegene >Münchhausenstadt Bodenwerder<. Auf einem Werder, einer Insel in der Weser, liegt die Stadt schon lange nicht mehr. Nach dem Zweiten Weltkrieg hatte man den stadtumschließenden Seitenarm aufgeschüttet. Seitdem bedecken Straßen und Parkplätze das einstige Flußbett. Die Stadt hat sich beiderseits der Weser ausgebreitet. Über die große Brücke, die beide Stadtteile verbindet, gelangt der Besucher zum historischen Stadtkern mit Kirche und mittelalterlichen Fachwerkhäusern. Kleinstädtische Beschaulichkeit lädt ein zu einem Bummel. Das >Münchhausenspiel<, das einmal im Monat in historischen Kostümen auf der Treppe des Rathauses aufgeführt wird, erleichtert es, die Stadt zu Zeiten des schwadronierenden Gutsherrn auferstehen zu lassen. Was würde wohl Münchhausen, der im nahen Kloster Kemnade bestattet ist, dazu sagen, daß sein Geburts- und Herrenhaus allen Streitereien vergangener Tage zum Trotz nun der Stadt als Rathaus dient?

Rathaus der Stadt Bodenwerder, Photographie 1992

Die Leiterin des Heimatmuseums und des Münchhausen-Zimmers hat sich des Angereisten angenommen. Wohltuend für ihn, mit all seinen Fragen nicht in den Kreis der 25000 Besucher, die jedes Jahr nach Bodenwerder kommen, eingereiht zu werden. Im eher kleinen, bescheidenen Erinnerungszimmer wird ihm wie vielen Besuchern aus aller Welt, die das Geburtshaus ›ihres Barons‹ auf der Liste der Sehenswürdigkeiten nicht missen möchten, die weltweite Verbreitung der Lügengeschichten nochmals bewußt. Enttäuscht muß er indessen vermerken, daß man die *Wunderbaren Reisen ... des Freiherrn von Münchhausen* überall kennt, doch die Frage nach dem Autor niemand stellt.

War nicht vor Monaten die kleine Notiz *Münchhausen kehrt nach Rußland zurück* zu lesen? Der Katalog *Bilder & Bücher* der *Sammlung Bodenwerder* enthält über 160 kostbare Münchhausen-Ausgaben aus zwei Jahrhunderten, die seit 1937 gesammelt werden. Leider für den Panzerschrank, denn räumliche Enge läßt eine Präsentation nicht zu. So konnte der Interessierte die Objekte, die nur einen kleinen Teil der weltweit erschienenen Ausgaben mit Illustrationen bedeutender Künstler darstellen, bisher lediglich außerhalb Bodenwerders in Moskau, im Niedersächsischen Landtag in Hannover und im Städtischen Museum Göttingen, aber nicht in Münchhausens Heimatstadt bewundern.

Neugierig geht es zum Grottenpavillon, den der Freiherr aus Freude über das Ende des Siebenjährigen Krieges errichten ließ. Seine Lage jenseits der Stadtgrenze hat das Gebäude durch die Flußbeseitigung eingebüßt. Vor allem hier soll Münchhausen der Überlieferung nach bei Punsch und Pfeife dem vertrauten Freundeskreis aus russischen, aus vergangenen Zeiten erzählt haben. Über alle Wirren gerettet, befindet sich im Münchhausen-Zimmer noch die große blecherne Flüstertüte, mit der der Gutsherr über den Fluß hinweg Wünsche zum Herrenhaus sandte, die sich wohl besonders auf den Nachschub von Alkoholischem bezogen. Noch heute erinnert die von dem Bauherrn angebrachte Inschrift über dem Pavillon an Leben und Wirken des Barons in dieser Stadt: »1763. Hieronymus Carl Friedrich de Münchhausen, Hereditarius Bodenwerderae et Jacobine de Dunten ex domo Ruthern in Livonia. Post adeptam pacem«.

Münchhausens Kugelritt, Illustration von August von Wille, 1856

Die Nationalsozialisten hatten Erich Kästner mit Berufsverbot belegt. Nachdem ihn Freunde als Drehbuchautor des ersten deutschen Farbfilms dennoch untergebracht hatten, wählte er in Anerkennung für Bertolt Brecht und als Hinweis auf Gottfried August Bürgers Autorschaft das Pseudonym Bertolt Bürger. Der Publikumsliebling Hans Albers sorgte als Freiherr von Münchhausen dafür, daß 1943 – zumindest auf deutschen Leinwänden – noch Wunder mit positivem Ausgang geschehen konnte.

Ewiger Traum der Menschheit, das Spiel mit der Zeit. Anhalten, zurückdrehen, aufheben. Ein Schweizer Kulturwissenschaftler veranschaulichte seine Theorie vom Entstehen eines völlig neuen Zeitbegriffs auf einem literarischen Kolloquium in Halberstadt an *Münchhausens Kugelritt ins 20. Jahrhundert*. Es war für die Zuhörer verblüffend, anhand einer mehr als 200 Jahre alten Geschichte über die Auflösung der traditionellen Wahrnehmung, Auffassung und Empfindung von Zeit informiert zu werden: Schnelle Schnittfolgen moderner Filme, völlig neues Sehverhalten der heranwachsenden Generation, das Phänomen der im Golfkrieg eingesetzten Bomben, die ihren Anflug selbst visuell festhielten und zeitgleich in alle Welt sandten – die Berührungspunkte mit den Geschichten des Lügenbarons waren faszinierend und verwirrend zugleich.

Er war des Wartens auf den Frühling überdrüssig, fuhr ihm mit Freunden entgegen. Die seit kurzem herausgestellten Stühle und Tische auf der Piazza einer italienischen Kleinstadt luden den wintermüden Stadtbewohner, frustriert vom heimatlichen, grauverhangenen Himmel zum Verweilen ein. Der Vermutung, daß auch hier im bescheidenen Buchladen gegenüber dem Café der bewunderte Dichter Gottfried August Bürger vertreten ist, war Erfolg beschieden. Doch als die gesuchten Abenteuer des Barons von Münchhausen noch unter einem anderen Verfassernamen vorrätig waren, gerieten Erklärungen unter italienischer Sonne zu Schilderungen, die jedem Kriminalroman ebenbürtig sind. Es rundete die komplizierte Darstellung noch ab, daß am Zeitungskiosk das gesuchte Buch ohne Nennung eines Autors auslag und alle drei Veröffentlichungen den berühmten Ritt auf der Kugel abbildeten – den Wissenden konnte es kaum irritieren.

Obgleich nun fast 200 Jahre tot, steht der Freiherr von Münchhausen, der beim Erscheinen des Buches so verbittert war, als Symbol für Phantastisches und Unglaubliches schlechthin. Still, fast unmerklich hat er weltweit in die Werbung Einzug gehalten, um im dunklen Untergrund menschlichen Wissens und Verstehens die Botschaft der Marketing-Strategen zu vermitteln: Glaubt es nur, was keiner kann, wir können es euch bieten, Erstaunliches ist unsere Leistung.

Momentaufnahmen, denen noch viele hinzugefügt werden könnten. Impressionen, die eine Fülle von Fragen aufwerfen: Wie entsteht das letzte deutsche Volksbuch, ein Weltbestseller? Wer war sein Verfasser? Worin liegt die ungeheure, zeitlose, alle Kulturgrenzen überschreitende Faszination, die den Leser nun schon so lange gefangenhält? Die Entstehungsgeschichte der *Wunderbaren Reisen ... des Freiherrn von Münchhausen* will, so scheint es, das skurrile Büchlein an Unglaublichem übertreffen – und doch ist diesmal alles wahr.

Hieronymus Karl Friedrich Freiherr von Münchhausen wurde am 11. Mai 1720 auf dem väterlichen Gut in Bodenwerder geboren. Er war der Sproß eines weitverzweigten niedersächsischen Adelsgeschlechts, das man im 12. Jahrhundert erstmals erwähnt findet. Der langjährige Kurator der Göttinger Universität Gerlach Adolph von Münchhausen und der preußische Justizminister Ernst Friedemann von Münchhausen, der bei dem Prozeß Friedrichs II. um die Mühle von Sanssouci hervorgetreten war, gingen ebenso wie Börries Freiherr von Münchhausen, ein deutscher Balladendichter des 20. Jahrhunderts, aus diesem Geschlecht hervor.

Für den heranwachsenden Hieronymus war die standesgemäße Existenz vieler Adelssöhne, der Hof- und Militärdienst, vorgesehen. So ging er mit 13 Jahren an den braunschweigischen Hof in Wolfenbüttel, wo er 1735 als Page des Herzogs Karl I. tätig war.

Nur wenige Jahre verbrachte er in dieser Stellung, denn 1737 trat er seinen Dienst bei Prinz Anton Ulrich, einem Bruder des Herzogs, in Riga an. Bereits 1733 war dieser nach Rußland gegangen, um sich auf die Ehe mit der zur russischen Thronfolgerin bestimmten Nichte der Zarin Anna Iwanowna vorzubereiten. Für Hieronymus bedeutete dieser Ortswechsel Aussicht auf eine glanzvolle Karriere, schnelle Beförderung zum Kornett und ein Jahr später zum Leutnant. Hoffnung bestand auf weiteren militärischen Aufstieg, wenn, ja wenn die große Weltpolitik nicht allem ein Ende gesetzt hätte.

Zwei Jahre, in denen sich die Ereignisse überschlugen, in denen Glanz und Elend so nahe beieinanderlagen. In den *Wunderbaren Reisen ... des Freiherrn von Münchhausen* findet all dies, wenn auch nicht durchgängig dem historischen Vorbild folgend, Erwähnung: »Ich nahm aber nun meinen Abschied, und verließ Rußland um die Zeit der großen Revolution vor etwa vierzig Jahren, da der Kaiser in der Wiege, nebst seiner Mutter und seinem Vater, dem Herzoge von Braunschweig, dem Feldmarschall von Münnich und vielen andern nach Sibirien geschickt wurden«.

Die Vermählung Prinz Anton Ulrichs mit Anna Leopoldowna fand 1739 statt. Im August 1740 wird dem jungen Paar ein Sohn, Iwan Antonowitsch, geboren, den die im Sterben liegende Zarin zu ihrem Nachfolger ernennt. Als Iwan VI. gelangt er im Oktober gleichen Jahres auf den Zarenthron, seine Mutter wird zur Regentin bestimmt, nachdem der Günstling der Verstorbenen nicht ohne Beteiligung Anna Leopoldownas gestürzt worden war.

Doch jäh zerbrach das kurze Glück, brachen machtpolitische Träume der Braunschweiger zusammen. Durch einen von Frankreich unterstützten Staatsstreich verloren die Deutschen ihren Einfluß am Zarenhof, und Prinz Anton Ulrich wurde mit seiner Familie 1741 in lebenslange Verbannung nahe Archangelsk im äußersten Norden Rußlands geschickt. In völliger Einsamkeit, den Ort seines Leidens nie wieder verlassend, verbrachte er dort, nachdem seine Frau bereits 1746 gestorben war, 33 bittere Jahre bis zu seinem Tode. Auf den Sohn Iwan VI., dessen Rechte auf den Zarenthron besonders gefürchtet waren, wartete ein noch grausameres Schicksal. Das Kind wurde von der Familie getrennt und nach langen Jahren Festungshaft ermordet.

Münchhausen überlebte die turbulenten Ereignisse möglicherweise nur deshalb unbeschadet, weil er am russisch-schwedischen Krieg teilnahm, der zur gleichen Zeit in Finnland stattfand. Doch er, der so auf den aufgehenden Stern Prinz Anton Ulrichs gesetzt hatte, sah sich all seiner beruflichen Träume beraubt. Über Nacht gehörte er zur falschen Partei, war ein Teil jener deutschbaltischen Günstlingswirtschaft, die man in den politischen Wirren des Jahres 1741 von jeder Zukunft abgeschnitten hatte. Beunruhigend für ihn das Schweigen um das geheimnisvolle Verschwinden seines ehemaligen Gönners, äußerst gefährlich alle Fragen nach dessen Verbleib.

In den folgenden Jahren war seinen Bemühungen um Beförderung wenig Erfolg beschieden. Es dauerte noch bis zum Jahre 1750, daß er zum kaiserlich-russischen Rittmeister ernannt wurde. Im Ernennungsschreiben wurden sein Dienstalter, seine Straffreiheit, aber auch seine Kenntnisse im Lesen und Schreiben ausdrücklich erwähnt, und doch war er sich wohl darüber im klaren, daß der Traum vom großen Glück im fremden Land trotz der langersehnten Auszeichnung schon längst ausgeträumt war.

Privat dagegen gestaltete sich sein Aufenthalt weitaus angenehmer. Riga galt als ein Zentrum deutscher Kultur im Russischen Reich. Theater und Bibliotheken sorgten für Unterhaltung und geistige Anregung. Johann Gottfried Herder, Jakob Michael Reinhold Lenz und viele andere lebten und arbeiteten hier. Deutsche Verleger, so Johann Friedrich Hartknoch, veröffentlichten in der Stadt erstmalig Werke, die die geistige Entwicklung des 18.Jahrhunderts in Deutschland entscheidend mitprägten. Beim baltischen Adel war Münchhausen ein gerngesehener Gast. »Ich befinde mich hier in Riga sehr wohl. Es geschieht mir von den Herren Edelleuten und den dames viel Obligeance«, schrieb er 1740 an seine Mutter. In diesen Kreisen lernte er Jacobine von Dunten kennen, die er im Februar 1744 heiratete.

Im Gegensatz zur blühenden Stadt Riga war das damals 1200 Einwohner zählende Bodenwerder tiefste Provinz. Doch Erbauseinandersetzungen mit den Brüdern, von denen während seiner Abwesenheit zwei auf Kriegsschauplätzen starben, der Tod seiner Mutter im Jahre 1741, die er nach Verlassen der Heimat nie wieder gesehen hatte, die geringen Aussichten auf weitere Beförderung und nicht zuletzt die Ernennung zum Rittmeister, die er, der Not gehorchend, als würdigen Abschluß seiner 12jährigen Dienstzeit in Rußland ansehen konnte, waren die Gründe, die Münchhausen veranlaßten, seinen Abschied zu nehmen und mit seiner jungen Frau auf das elterliche Gut zurückzukehren.

Dort führte er das beschauliche Leben eines Landjunkers. Viehmärkte, Ernteaussichten, Getreidepreise – nur allzugern ließ sich Münchhausen bei diesen ungeliebten Geschäften von seiner Frau unterstützen. Sie war der ruhende Pol in der kinderlos gebliebenen Ehe, verwaltete das Gut und hielt die Finanzen zusammen. Der Gutsherr zog es vor, Abwechslung vom täglichen Einerlei beim tagelangen Umherstreifen in den nahen Wäldern mit dem zum Freund gewordenen Leibjäger Rösemeyer und bei geselligen Abenden im Kreise der Jagdgefährten zu suchen. Hier, in kleiner Runde, umgeben von Gutsnachbarn, Freunden und Bekannten, fühlte er sich wohl, fand er einen Ausgleich zur Enge Bodenwerders, zu lästigen Alltagsgeschäften und Querelen mit seiner Umgebung.

Wenn der eher zurückhaltende Gastgeber in solch einem Kreise endlich nach längerem Bitten das Wort ergriff und Geschichten aus seinem umfangreichen Fundus phantastischer Jagd-, Kriegs- und Reiseabenteuer zu erzählen begann, verstummten die Anwesenden und lauschten voller Spannung seinen Worten. »Fast nur in dem vertrautesten Kreise von Freunden und Bekannten war er

Hieronymus Karl Friedrich von Münchhausen (1720-1797)
Ölporträt von G. Bruckner, 1752 (verschollen)

zum Erzählen zu bringen, gewöhnlich nur nach dem Abendessen, nachdem sein kolossaler Meerschaumkopf mit kurzem Rohr in Rauch gesetzt war und ein dampfendes Glas Punsch vor ihm stand. Fing das Gespräch an, lebhafter zu werden, so wirbelten auch die Wolken aus seiner Pfeife immer dicker empor; seine Arme wurden immer unruhiger; das kleine Stutzperückchen fing an, durch die Hände auf dem Kopfe herumzutanzen, das Gesicht ward lebhafter und roter, und der sonst sehr wahrhafte Mann wußte dann bei seiner lebhaften Imagination alles so bildlich vorzumalen«.

Auf Reisen in die Umgebung Bodenwerders stellte er zu abendlicher Stunde im Gasthaus seine Geschichten im leichten Plauderton vor. Auch in Rühlenders Gasthof ›König von Preußen‹ in Göttingen galt er als willkommener Unterhalter. »Zu Göttingen, an Rühlenders Wirtstafel, deren Präsidium Baron von Grothaus führte, machte ich auch die persönliche Bekanntschaft des berüchtigten Freiherrn Hieronymus Carl Friedrich von Münchhausen, dem seine Gewandtheit im Lügen eine Weltberühmtheit erworben. ... Er speiste oft mit uns als Fremder, wenn seine Angelegenheiten ihn nach Göttingen führten, und einst hörte ich ihn über Tisch ein Märchen erzählen, das, soviel ich weiß, noch nicht gedruckt ist. Er habe, versicherte Münchhausen, auf der Jagd eine Wolke Rebhühner in einer Ackerfurche einzeln hintereinanderherlaufend angetroffen, unverzüglich seinen eisernen Ladestock in den Flintenlauf gesteckt und so haargenau geschossen, daß ihrer sieben wie an einem Bratspieße angepflöckt worden wären. Das sei ihm so drollig vorgekommen, daß er die Rebhühner nicht abgenommen, sondern sie rupfen und an dem nämlichen Ladestocke habe braten lassen«. So erzählt ein Student Jahre später über eine Begegnung mit dem schwadronierenden Gutsherrn.

Aber nicht nur in der ungezwungenen Atmosphäre der Gasthäuser schätzte man Münchhausen als talentierten Erzähler. Auch bei vornehmen Gesellschaften in der Residenzstadt Hannover ließ er sich zum Fabulieren animieren, wollte gerade hier mit bewußten Übertreibungen den Typ des Aufschneiders entlarven: »Bei einem Festessen in Hannover hatten mehrere junge Fähndriche in ihrer angewärmten Stimmung sehr über ihr Glück bei den Damen rodomontiert, besonders bei einer Schlittenfahrt, und mit wenig Diskretion über die herumgefahrenen Schönen. Münchhausen – bis dahin wenig bemerkt – hatte ganz trocken eingeworfen, dergleichen sei kaum des Erzählens wert, im Vergleich zu einer Hofschlittenfahrt, der, auf Einladung I. M. der Kaiserin, er in Petersburg beizuwohnen die Ehre hatte. Beschrieb dann den riesigen Hofschlitten mit Audienzzimmer und Ballsaal und mit Anklängen auf jene Rodomontaden, wie auf dessen Plattform der frisch gefallene Schnee von den Hofjunkern benutzt sei, um im Handschlitten die schönen Hoffräulein herumzuziehen. – Dies in gedrängten Worten vorgetragene Paroli hat schallendes Gelächter erregt. M. aß ruhig weiter, aber die Rodomontaden gingen nicht weiter«.

Der bewunderte Erzähler wurde allmählich zur regionalen Berühmtheit. Bis nach Lübeck hatten sich seine Geschichten herumgesprochen und unterhielten dort im Jahre 1781 eine abendliche Reisegesellschaft: »B.....z und Augusta und der Reisemarschall erzählten Lügen des Lügners aller Lügner. Münchhausen. Sie sind so grotesk, dass ich sie mit nichts zu vergleichen wüsste, als mit den Fabeln der Edda. Halb krank lachten wir uns, wie B.....z mit vielem anscheinenden Ernst versicherte, es sey eine rechte Gabe zu lügen, die nur selten verliehen würde«.

In seinen unglaublichen Geschichten lebt Münchhausen, dem bald der Ruf des Abenteurers vorauseilt, sichtlich auf. Die Jahre in Rußland werden wieder lebendig, verlieren mit zunehmender Distanz ihre Schattenseiten. Was können Gegenwart und Zukunft ihm Gleichwertiges bieten? Als er mit dreißig Jahren aus Rußland zurückkommt, ist er seinen Mitmenschen an Erfahrungen weit überlegen.

Doch ist er nicht nur der Weitgereiste, der im kleinen Kreise seine unterhaltenden Schnurren »ganz cavalièrement, zwar mit

Gescheite Leute narrieren gern

militärischem Nachdruck, doch ohne alles Pathos mit der leichten Laune eines Weltmanns und als Sachen, die sich von selbst verstehen«, erzählt. Er ist auch der rückwärtsgewandte Landadlige, der »Stall-, Jagd- und Hundejunker«, wie es später in den gedruckten Geschichten, die schon lange nicht mehr seine eigenen sind, spöttisch heißt, der die noch intakte russische Adelsgesellschaft, ihre Privilegien und Selbstherrlichkeit erlebt hat und nun zu Hause die ihm verlorengegangene Welt vergeblich sucht.

So kommt er anfangs in Bodenwerder nur schwer zurecht. Ständig befindet er sich mit den Bürgern seiner Heimatstadt und deren Bürgermeister in Auseinandersetzungen. Er, der eigentlich zurückhaltend und verschlossen ist, verteidigt vehement seine grundherrlichen Rechte gegenüber dem sich selbstbewußt entwickelnden Bürgertum und scheut auch nicht vor Klagen und Gegenklagen und sogar Handgreiflichkeiten zurück.

Als Münchhausens Geschichten 1786 unter Nennung seines vollständigen Namens und mit dem fingierten Druckort London erscheinen, ist er außer sich. Seine Erzählungen, sein geistiges Eigentum – entwendet. Zutiefst fühlt er sich beleidigt und in seiner Standes- und Offiziersehre gekränkt. Den >Lügenbaron< läßt der phantasiebegabte Erzähler nicht gelten und weist jede Anspielung dieser Art empört von sich. Verbittert kapselt er sich von der Außenwelt ab, wird mißtrauisch und wortkarg. Nur unter Aufbietung aller Kräfte können ihm Freunde und Verwandte einen Prozeß gegen Dieterich, den er für den Verleger hält, ausreden. Als Autoren vermutet er Bürger und Lichtenberg und ist damit von der Wahrheit gar nicht so weit entfernt.

Der Familienchronist berichtet Jahre später: »Den tiefen Verdruß darüber hat er nie verwunden, auch meinem Vater, (der ihn vergeblich zu überzeugen suchte, daß die Sache ganz anders abzufassen sei), – mehrfach bitterlich beklagt: daß er durch Bürgers und Lichtenbergs Bosheit so vor aller Welt prostituiert werde. Er wie mein Vater sind stets der Meinung geblieben, daß nur jene beiden die Autoren seien und zwar in beiden Sprachen und daß die

Bezeichnung der deutschen Ausgabe als einer Übersetzung, nur zum Schein gebraucht wäre«.

Als seine Frau nach 46jähriger Ehe stirbt, entgleitet dem Zurückgebliebenen aller Boden unter den Füßen. Sie, die Haus und Hof zusammengehalten hatte, fehlt ihm sehr. Verlassen und krank gibt er sich dem Selbstmitleid hin – und schöpft doch noch einmal Hoffnung auf einen erfüllten Lebensabend.

Bernhardine von Brun hatte sich, als sie mit ihrem Vater, einem verarmten Major, auf Münchhausens Gut weilte, nicht zuletzt bei dem Gedanken an eine gute Partie für den alten Herrn erwärmt. Auch der Hausherr fand zunehmend Gefallen an seinem Gast und und vor allem an der Vorstellung, wieder umhegt und gepflegt zu werden.

Aber schon die Hochzeitsfeier warf erste Schatten auf diese ungleiche Beziehung. Die Braut, erst 17 Jahre jung, der Bräutigam schon 73 Jahre alt: Wie unrealistisch war Münchhausens Idee, die Gesellschaft um 10 Uhr abends gemeinsam mit seiner lebenslustigen Frau zu verlassen. So fiel es der beherzten Haushälterin zu, mit einem Machtwort dafür zu sorgen, daß sich Bernhardine morgens um drei Uhr endlich zu ihrem Gemahl ins Hochzeitsbett begab.

Nein, »die Bährne«, wie man sie nannte, hatte den Landadligen nicht geheiratet, um ihm mit ihrer Liebe und Fürsorge die letzten Lebensjahre zu versüßen. Ihr stand der Sinn nach Geld und Gut, nach Amüsement und Bekanntschaften mit jungen Kavalieren. Wie konnte der lebenserfahrene Mann über solch einen Altersunterschied hinweg ernsthaft auf eine glückliche Partnerschaft hoffen? Zu leichtgläubig und voller männlicher Eitelkeit hatte er sich in diese Beziehung gestürzt, allen Unkenrufen zum Trotz.

So bleibt nur noch zu berichten, daß es der schwangeren Frau nicht gelang, ihrem Ehemann die Vaterschaft nachzuweisen. Voller Abscheu reichte Münchhausen die Scheidungsklage ein. Der lange Prozeß brachte ihn um sein Vermögen. Der Ruf als Lügenbaron untergrub seine Glaubwürdigkeit und erschwerte seine Position vor Gericht. Endgültig zog er sich zurück, mied jede Gesellschaft und fühlte sich damit gar nicht so anders als Gottfried August Bürger in seinen letzten Lebensjahren. Im Februar 1797 starb Hieronymus von Münchhausen im Alter von 87 Jahren an einem Schlaganfall, verlacht, vereinsamt und vom Leben zutiefst enttäuscht.

Doch Jahrzehnte vor diesem wenig glücklichen Ende seines Lebens stand es besser um ihn, da war er der allseits bekannte Erzähler skurriler Anekdoten, die bald auch gedruckt vorlagen. Bereits 1761 konnten aufmerksame Leser in einem kleinen satirischen Buch, das anonym in Hannover mit dem Titel *Der Sonderling* erschien, drei jener merkwürdigen Jagdgeschichten nachlesen, die ein »gewisser Liebhaber der löblichen Jägerey« zu erzählen wußte. Zweifelsohne war hier kein anderer als Münchhausen gemeint, denn ein Fortleben der Geschichten ist in den *Wunderbaren Reisen ... des Freiherrn von Münchhausen* nachweisbar.

Der Jagdhund, dem nachts eine Laterne an den Schwanz gehängt wird, die Rebhühner, die mittels eines versehentlich abgeschossenen Ladestocks aufgespießt werden, die Hündin, die, während sie jagt, Junge wirft, die sich nun auch an der Jagd auf die ebenfalls gebährende Häsin und ihre Jungen beteiligen – dieses übertriebene Jägerlatein gefiel dem Autor des *Sonderlings*, Rochus Friedrich Graf zu Lynar, nicht: »Mit solch fabelhaften Erzählungen verletzt einer die Achtung, so er der menschlichen Gesellschaft schuldig ist«.

Während in dem *Sonderling* Münchhausens Name noch ungenannt blieb, war der anonyme Autor der *M-h-s-nsche[n] Geschichten*, die in Berlin im *Vade Mecum für lustige Leute* erschienen, weniger diskret. Der Leser aus Münchhausens Heimat jedenfalls wird wenig Mühe mit dem ihm aufgegebenen Rätsel gehabt haben: »Es lebt ein sehr witziger Kopf, Herr von M-h-s-n im H-schen, der eine eigne Art sinnreicher Geschichten aufgebracht hat, die nach seinem Namen benannt wird, obgleich nicht alle einzelnen Geschichten von ihm seyn mögen«. So die einführenden Worte zu sechzehn Geschichten, die 1781 im 8. Teil erschienen und denen *Noch zwey M-Lügen* im Jahre 1783 im 9. Teil folgten. Die Sammlungen »angenehmer Scherze, witziger Einfälle und spaßhafter kurzer Historien aus den besten Schriftstellern zusammengetragen« erschienen von 1764 bis 1792 bei dem Berliner Verleger und Buchhändler August Mylius in der Brüderstraße. Über die Autorschaft und den Übermittler der Geschichten wurde viel gerätselt und geforscht. Vermutungen, daß die Geschichten von Göttingen aus ihren Weg nach Berlin fanden, sind nicht von der Hand zu weisen, denn es ist wohl kein Zufall, daß der 8. Teil des *Vade Mecum für lustige Leute* ein anonym veröffentlichtes Epigramm Bürgers enthält und Lichtenberg und Kästner ebenfalls vertreten sind. Aber auch ein nach England geflohener Wissenschaftler namens Raspe wird als Autor der Geschichten genannt.

Der vielseitig begabte Rudolf Erich Raspe entdeckte verschollene Manuskripte von Gottfried Wilhelm Leibniz. Seine Werkausgabe des großen Mathematikers und Philosophen von 1765 wirkte entscheidend auf Immanuel Kant. Doch im April 1775 befand sich der ehemalige Professor der Altertümer am Collegium Carolinum in Kassel auf der Flucht vor seinem Dienstherren, dem Landgrafen Friedrich II. von Hessen-Kassel, der durch den Verkauf von 12 000 Landeskindern an die Engländer zum Kampf gegen die rebellierenden Kolonien in Nordamerika zweifelhafte Berühmtheit erlangt hatte. Er tauchte unter beim Postmeister der kleinen Stadt Clausthal und hielt den von einem reitenden Boten ihm irrtümlich ausgehändigten eigenen Steckbrief in der Hand: mittlere Statur, das Gesicht mehr länglich als rund, die Augen klein, die etwas große Nase spitz und gebogen, rote Haare. Ja, die Personenbeschreibung stimmte, und auch das ihm zur Last gelegte Vergehen, die Entwendung von Gold- und Silbermünzen aus dem Münzkabinett des Landesherren, entsprach der Wahrheit. Dabei hatte Raspe in besseren Tagen selbst als Inspektor des fürstlichen Antiquitäten- und Münzkabinetts akribisch das umfangreiche Verzeichnis dieser Sammlung erstellt, anhand dessen man nun den entstandenen Schaden auf 3696 Taler bezifferte. Abenteuerliche Flucht nach England, literarisches Bemühen in der Sprache des Gastlandes, grandiose Rückkehr seines Buches *Baron Munchhausen's Narrative of His Marvellous Travels and Campaigns in Russia* in heimatliche Gefilde.

»Stelle dir vor, gestern Morgen habe ich Raspen gesprochen; er konnte mich kaum sprechen, so sehr verwirrte ihn mein Anblick. Ich ging aus einer Gesellschaft, in die er gehen wollte und wir begegneten uns auf der Treppe, so daß ich geschwind von ihm abkam; seine Kleider sind nun nicht mehr so wie zuvor, und er sieht fast aus, als wie ein ... ich meine, als wie was er ist. Das war in London gewesen, wo ich gestern gewesen bin«. Ein knappes halbes Jahr war nach Raspes Flucht aus Deutschland vergangen, als Lichtenberg seinem Verleger Dieterich im September 1775 von dieser Begegnung berichtete. Raspe hatte zwar die rettende Insel erreicht, deren Justiz auch bei ihm nicht von ihrem Grundsatz abwich, nur im eigenen Lande begangene Straftaten zu verfolgen. Doch auch in England konnte er dem Abstieg vom bewunderten Wissenschaftler zum gestrauchelten Flüchtling nicht entrinnen.

In seinen *Selbstbezichtigungen* berichtet Raspe davon, wie er im Laufe seiner Universitätsjahre von 1755 bis 1760 »aus Lehrbegierde und jugendlichem Leichtsinn« bereits mit »ohngefähr 2500 Talern Schulden in hiesige Dienste« kam, wie Gläubiger ihm zusetzten und ihn dazu veranlaßten, den Weg zum Wucherer zu suchen, und Besoldungen der fürstlichen Kammer äußerst unregelmäßig, »gemeiniglich 3, 6 oder gar 9 Monate nach ihrer Verfallzeit bezahlt« wurden. »Statt mich an meinem Leben zu vergreifen, welches besser gewesen wäre, fing ich an, mich an dem Medaillen-Cabinett zu vergreifen«. Charlotte von Einem, »das kleine Entzücken« der Hainbündler, schrieb in ihren Jugenderinnerungen über Raspes Lebenswandel: »Am Carolino in Cassel stand der Rath u. Professor Raspe, ein gebohrner Hannoveraner und naher Verwandter meines Vaters. Dieser hatte uns mit seiner sehr schönen und angenehmen Frau, einer Berlinerinn besucht und zu sich eingeladen. In seinen eleganten Hause wurden wir einigemal bewirthet und ich sahe in deren Gesellschaft Oper, Masquerade, Illumination samt den Musäum, wo Raspe Inspecktor war - welche Wunderdinge für mich waren das! ... Die elenden Besoldungen in Hessen, wo der Prof: an Carolino 300 Thlr. hatte – und das kostspielige Leben in höhern Zirkeln – die schöne Frau die so gar an Hof gezogen wurde – Alles trug bey ihn tief in Schulden zu stürzen«.

In den ersten Wochen nach seiner Flucht hatte Raspe noch Hoffnung auf Begnadigung und glaubte, recht bald zu seiner Familie zurückkehren zu können. Doch schnell lösten sich alle Pläne in Luft auf. Sein Name wurde aus den Listen der Royal Society gestrichen, und seine Frau, deren Mitgift von 2000 Talern in Kassel beschlagnahmt worden war, wandte sich mittellos an Friedrich den Großen und reichte schließlich zur Erlangung ihres Hab und Gutes im Juli 1777 die Ehescheidungsklage »wegen Verlassens, Unehre, Unversorgung und Sitzlosigkeit« ein, der schließlich nach vielen Jahren entsprochen wurde. Noch einmal bat Raspe 1780 verzweifelt um Gnade, wollte zu seiner Familie zurückkehren, aber seine Bitten blieben ungehört.

Abgerissen, hungernd schlägt er sich nun durch. Seine hervorragenden Sprachkenntnisse und ungewöhnlich vielseitigen Begabungen kommen ihm dabei zugute. Schriftstellerei, Übersetzungen, Deutschunterricht, Forschungen, Reisebegleitungen – es geht ums nackte Überleben. Im Jahre 1781 gibt er ein Buch über die Ölmalerei heraus, Lessings Drama *Nathan der Weise* übersetzt er als erster 1782 ins Englische, ein Werk über Gemmen, geschnittene Edelsteine, publiziert er 1791. Auch versucht Raspe, sich als Mineraloge und Geologe in den Minen Schottlands und

Irlands über Wasser zu halten. Doch er ist gezwungen, auch anderes zu schreiben, so Andersartiges zu verkaufen.

Baron Munchausen's Narrative of His Marvellous Travels and Campaigns in Russia wurde zum Weihnachtsfest 1785 veröffentlicht, wenn auch das schmale Büchlein als Erscheinungsjahr 1786 aufweist. Der ersten englischen Ausgabe lagen die Geschichten aus dem *Vade Mecum* zugrunde, 17 Reise-, Jagd- und Kriegsabenteuer des »Baron Munchausen of Bodenwerder near Hameln on the Weser«. Wohl um die inhaltliche Geschlossenheit der Anekdoten nicht zu zerstören, aber auch um die in London stürmisch gefeierte Sängerin Francesca Gabrielli nicht zu verleumden, hatte Raspe auf die Übersetzung der 18. Geschichte des *Vade Mecum*, die von der in Spiritus eingelegten Stimme der Sängerin erzählt, verzichtet.

Zu seinem Werk bekannte sich der anonyme Autor niemals, obwohl für die englische Ausgabe zweifelsfrei seine Urheberschaft nachgewiesen werden kann. Nachdem er alles verloren, alles verspielt hatte – Familie, Heimat, Beruf –, wollte er in dem Strudel der Ereignisse wohl nicht auch noch seinen Ruf als Wissenschaftler, um den er bis zu seinem Tode 1794 verbissen kämpfte, aufs Spiel setzen.

Maßgebend für die Publikation des amüsanten kleinen Buches, das die Londoner Zeitschrift *The Critical Review* im Dezember 1785 als eine Satire auf einige Parlamentsschreier ankündigte, war lediglich sein Elend, so daß er »nicht der Satire oder des Unglimpfs wegen, sondern aus Geldnot die literarische Frivolität beging, den Münchhausen zu veröffentlichen«. Schnell wurde der Autor mit einem wohl geringen Betrag abgefunden, während das Buch für den Verleger zu einem riesigen Erfolg wurde. Allein das Jahr 1786 verzeichnete neben dem vordatierten Erstdruck noch vier weitere Auflagen.

Das große Interesse des englischen Publikums regt Raspe zu weiteren Arbeiten an dem Buch an. Bereits in der dritten Auflage

Wunderbare Reisen

zu

Wasser und Lande,

Feldzüge und lustige Abentheuer

des

Freyherrn von Münchhausen,

wie er dieselben bey der Flasche im Cirkel
seiner Freunde selbst zu erzählen
pflegt.

Aus dem Englischen nach der neuesten Ausgabe
übersetzt, hier und da erweitert und mit noch
mehr Kupfern gezieret.

London 1786.

Titelblatt der anonym erschienenen deutschen
Erstausgabe mit fingiertem Druckort »London«, 1786

finden sich neben den ausschließlich in der Erfahrungswelt des historischen Münchhausen angesiedelten Geschichten noch fünf »See-Abentheuer« sowie die ersten Illustrationen.

Rasch wächst das anfänglich 48seitige Werk an, so daß nach Jahren die Endfassung der englischen Ausgabe 196 Seiten aufweist. Doch an den letzten Erweiterungen ist Raspe schon nicht mehr beteiligt. Zunehmend verlieren sich die Geschichten nach England und weit darüber hinaus. Die Welt des Landjunkers, Münchhausens Wertschätzung von Essen und Trinken, Pferden und Hunden ist weit in den Hintergrund getreten.

Im Gartenhaus war es still geworden. Mollys Tod hatte Bürger in seelische Abgründe gerissen. Erfolglos waren seine Versuche, quälende Gedanken an Verlorenes zu verdrängen. »Eben laufen Briefe aus England ein, daß ich einen jungen Engländer ins Haus und unter meine Aufsicht nehmen, auch ihn von Brüssel, wohin ihn sein Vater, Lord Lisburne, selbst begleiten will, in ohngefähr 3 Wochen abholen soll. Ich hoffe diese Zerstreüung soll mir etwas wohltun«. Der fortwährend überstrapazierte Geldbeutel veranlaßte den Dichter, als Hofmeister tätig zu werden.

Am 25. April 1786 geht Bürger »zu Wasser und zu Lande« auf Reisen, um seinen Zögling in Empfang zu nehmen. Von Düsseldorf aus begibt er sich per Schiff in Richtung Brüssel. Das umfangreiche Reisegepäck des jungen Mannes aus England enthält, so eine Annahme, neben vielem anderen auch die dritte englische Ausgabe des *Baron Munnikhouson* vom April 1786.

Der Stoff reizt den Dichter, scheint wie für ihn gemacht, wenn auch die eher trockene, nüchterne englische Ausgabe seinen Vorstellungen von Volkstümlichkeit und Volkspoesie nicht entspricht. So übersetzt er in einem wahren Arbeitsrausch die grotesken Geschichten des Freiherrn von Münchhausen und schafft in nur wenigen Monaten das letzte deutsche Volksbuch, das bald seinen Siegeszug um die Welt antritt. Wie viele Projekte hatte er schon angefangen, nicht vollendet, wie vieles war jahrelang liegengeblieben und nur schleppend, quälend zu Ende gebracht worden. Für die *Wunderbaren Reisen... des Freiherrn von Münchhausen* gilt all dies nicht. Bereits im September gleichen Jahres erscheint das Buch zur Michaelismesse.

In der Vorrede zur ersten deutschen Ausgabe schreibt der anonyme Herausgeber: »Dieß Büchlein ist in der deutschen Übersetzung, die sich eben nicht ängstlich an die Worte bindet, hier und da durch neue Einschaltungen erweitert und dürfte bey einer künftigen Auflage, deren es sich nicht ganz ohne Ursache schmeichelt, leicht noch um ein beträchtliches vermehrt werden. Denn unser Land ist nicht nur voll von ähnlichen Geschichten, sondern auch die Quelle, woraus diese entsprungen sind, wird hoffentlich noch nicht vertrocknet seyn«.

Ja, für Bürger bedeutete die Beschäftigung mit Raspes Buch mehr als die Übertragung eines englischen Textes ins Deutsche. Aus seinem geographischen Umfeld, aus seiner Erfahrungswelt kamen diese Geschichten, die nunmehr auf dem Umweg über England zurückkehrten.

Mehr als Vermutungen weisen darauf hin, daß Bürger Hieronymus von Münchhausen persönlich kannte. War nicht auch er häufig Gast an Rühlenders Wirtstafel? Hatte Johann Hermann Rühlender ihm nicht mit der Gestellung der Kaution zur Amtmannstelle verholfen? »Daß ich Endesunterschriebener für Herrn Amtmann Bürger die übrigen Dreyhundert Taler zur Bürgschaft leisten will, solches verspreche hiemit. Göttingen d. 26 Juny 1772. Joh. Hermann Rühlender«.

Doch der Dichter dachte nicht nur an die skurrilen Geschichten des Gutsbesitzers aus Bodenwerder. Von Lukians *Wahren Geschichten* aus dem 2. Jh.n.Chr. bis hin zu Christian Reuters *Schelmuffskys/ Warhafftige/ Curiose und sehr gefährliche/ Reisebeschreibung/ Zu/ Wasser und Lande*, erschienen 1696, die er in seiner Bibliothek aufbewahrte, spannt sich der Bogen. Insbesondere Reuters satirischer Reise- und Abenteuerroman, der als direkter Vorläufer von Bürgers phantastischen Lügengeschichten gilt, inspirierte den Dichter zu dem barock anmutenden Titel *Wunderbare/ Reisen/ zu/ Wasser und Lande/ Feldzüge und lustige Abentheuer/ des/ Freiherrn von Münchhausen,/ wie er dieselben bey der Flasche im Cirkel/ seiner Freunde selbst zu erzählen/ pflegt.*

Schon immer hat die Figur des Aufschneiders, die Kunst zu lügen, die Einbildungskraft der Menschen angeregt. Die Überlistung der Naturgesetze, das Handeln des einzelnen wider jede Vernunft, um sich so den Verstrickungen und Bedrohungen des Lebens zu entziehen, erklärt die Faszination.

Getrost kann sich der Leser bei der Lektüre der Lügengeschichten, deren Absurdität mit dem Hinweis auf ihren Wahrheitsgehalt noch gesteigert wird, zurücklehnen: Das Spiel der Phantasie hat auch ihn der realen Welt, der Alltäglichkeit entrückt. Amüsiert erfährt er von unglaublichen Dingen und zweifelt keinen Augenblick an einem guten, wenn auch unwirklichen Ausgang.

Aus Raspes Vorlage schafft Bürger etwas völlig Neues, Eigenständiges. Dem englischen Text fügt er acht Geschichten hinzu. Es sind gerade jene, die über die Jahrhunderte hinweg als Synonym für den Lügenbaron aus Bodenwerder stehen. Der Ritt auf der Kanonenkugel, die Rettung aus dem Morast am eigenen Zopf – wer kennt sie nicht, wer hätte nicht gerne das eine oder andere Mal Lösungen dieser Art parat?

Auch der Dichter wird sich in ausweglos scheinenden Lebenssituationen diese Fähigkeit gewünscht haben, doch das Unglaubliche, die Befreiung aus dem Sumpf von Widrigkeiten durch eigene Kraft – sie gelang ihm nie. So ist Bürgers Geschichte von der Rettung Münchhausens »nicht weit vom andern Ufer bis an den Hals in Morast« auch ein Psychogramm seiner selbst, ja, sein Lebenstraum schlechthin.

Die vorhandenen Geschichten ordnet Bürger neu, weichere Übergänge sorgen für den Fluß der Sprache. Die allzu englischen Bezüge streicht er und ersetzt sie durch satirische Bemerkungen und Wortspiele, die der deutschen Erfahrungswelt entstammen.

»Reißt sich nebst seinem Pferde selbst an seinem Haarzopfe aus einem Moraste«
Kupferstich von Ernst Ludwig Riepenhausen, 2. Auflage 1788

Überhaupt will Bürger alles klar und leicht verständlich gestalten. Dabei kommt ihm die historische Figur des Freiherrn von Münchhausen zugute. Der Leser fühlt sich als Zuhörer des fabulierenden Gutsbesitzers. Die Sprache ist lebendig, reich an Redensarten und humorvollen Wendungen mit witzig-satirischen Anspielungen, die für den Zeitgenossen durchschaubar sind – der Dichter ist in seinem Element. Keines seiner Werke hat so seinem Credo entsprochen: »Alle Poesie soll volksmäßig seyn, denn das ist der Siegel ihrer Vollkommenheit«. Diese Volkstümlichkeit verleiht den *Wunderbaren Reisen ... des Freiherrn von Münchhausen* über

Jahrhunderte hinweg eine Aktualität und Frische, die nicht zu versiegen scheinen.

Als Bürger 1788 auf der Grundlage der englischen »Fifth Edition« eine zweite Auflage folgen läßt, ist diese noch einmal um sieben Geschichten erweitert. Damit schafft er die endgültige deutsche Fassung des Buches. Mehr als ein Drittel ist nun aus seiner Feder, doch auch die Geschichten der englischen Vorlage erhalten durch die Überarbeitung des Dichters jenen unverwechselbaren Ton, der für den großen Erfolg verantwortlich ist.

Bürger setzte wie Raspe alles daran, ungenannt zu bleiben. Vielerlei Rücksichten zwangen ihn dazu. Zuvorderst stand wohl sein fortwährender Kampf um wissenschaftliche Anerkennung an der Göttinger Universität. Auch konnte es seinem Ruf nur schaden, den Familiennamen des verstorbenen Gründers und Kurators der Göttinger Universität, Gerlach Adolph von Münchhausen, in Zusammenhang mit seiner Sammlung phantastischer Lügengeschichten zu bringen, ein Grund, der möglicherweise auch Dieterich dazu bewogen hatte, die ersten Auflagen ohne Nennung seines Verlages und mit dem fingierten Druckort London erscheinen zu lassen.

Wie froh wird der Autor über seine Vorsicht gewesen sein, als er 1787 in der *Allgemeinen Deutschen Bibliothek* lesen mußte: »Eine Sammlung von Lügen, die von dem Baron M. lange erzählt sind; zum Teil aber von dem ungenannten Verf. dieser elenden Schrift, wohl selbst erfunden sein mögen. ... Die Übersetzung ist überaus schlecht, und die ganze Schrift unausstehlich gedehnt. Wer nichts, wie den Eulenspiegel gelesen hat, mag vielleicht Unterhaltung darin finden, und wenn dies ist, werden neue Auflagen und Nachdrücke davon erscheinen«. Mit seiner letzten Aussage behielt der Rezensent jedenfalls, seiner arroganten Kritik zum Trotz, recht.

Hatte Bürger gerade diesen Typ des Gebildeten im Kopf, als er seinem Buch das Motto »Glaubt's nur, ihr gravitätischen Herrn! Gescheite Leute narrieren gern« voranstellte, das er Christoph

»Fängt einen Bär auf einer Wagendeichsel«
Illustration von August von Wille, 1856

Martin Wielands *Titanomachie* entlehnt hatte? Stets wandte er sich gegen die Überheblichkeit, den Standesdünkel vieler Gelehrter und Professorenkollegen, kritisierte eine Wissenschaftlichkeit, die ein Lächeln über die Schwächen der Menschen nicht zuließ, und fand sich darin in Gesellschaft mit Lichtenberg, von dem so manche Anregung für seine Geschichten stammen soll.

In seiner »Vorrede zur deutschen Übersetzung« verwies Bürger voller Anerkennung auf Georg Rollenhagens Tierepos *Froschmeuseler. Der Frösch und Meuse wunderbare Hoffhaltunge* aus dem Jahre 1595, mit dessen Neuausgabe er sich bereits 1781 beschäftigt hatte. Auch Rollenhagens Botschaft war es, das Lachen mit dem Lernen in Einklang zu bringen: »Wer aber nur suchet zu lachen/ Wird dabey mehr schlaffen denn wachen/ Denn nie des Schreibers meynung war/ Daß er wolt lachen ohne Lahr«.

Doch Bürger weiß, daß diesem Anliegen Grenzen gesetzt sind. Ohne sich als Autor der »bekannten Münchhausischen Abenteuer« vorzustellen, verkündet er den Studenten der Georgia Augusta in seinen Vorlesungen über Ästhetik: »All dergleichen kann wohl schwerlich irgend wo anders, als in scherzhaften Werken gebraucht werden. Höchst widrig muß es werden, wenn in ernsthaften Werken, aus Mangel an Überlegenheit, das Große und Wunderbare dahin ausartet«.

Kritische Anspielungen Bürgers auf politische Zeitumstände sprachen ebenfalls für ein anonymes Erscheinen des Buches. Raspes ehemaliger Dienstherr, der Landgraf Friedrich II. von Hessen-Kassel, bot sich dafür besonders an. Im »Ersten See-Abentheuer« schrieb der Dichter: »Seine Insel hatte keinen auswärtigen Feind zu fürchten; dessenungeachtet nahm er jeden jungen Kerl weg, prügelte ihn höchsteigenständig zum Helden und verkaufte von Zeit zu Zeit seine Kollektion dem meistbietenden benachbarten Fürsten«. Ein historisches Ereignis, über das 1782 auch der Dichter Johann Gottfried Seume stolperte, als er auf seiner Wanderung nach Paris auf hessischem Gebiet in die Hände von Werbern geriet und sich trotz aller Proteste nach 22 Wochen strapaziöser Seereise in Halifax wiederfand.

Erst der Bürger-Biograph und Arzt Ludwig Christoph Althof lüftete 1798 mit dem *Verzeichniß von Bürger's Schriften*, in dem die *Wunderbaren Reisen ... des Freiherrn von Münchhausen* unter den anonym herausgegebenen Büchern genannt wurden, das Geheimnis der Autorschaft. Der Dichter selbst erwähnte sein Werk im Zusammenhang mit ungeklärten Mietproblemen, anstehenden Hausreparaturen und leidigen Geldangelegenheiten in einem Brief an seinen Verleger Dieterich aus dem Jahre 1791: »Wenn du mich frey mit nach Hamburg genommen, mir und den Meinigen manche Galanterie gemacht hast, so habe ich dir auch den Macbeth, den Münchhausen ... umsonst gegeben, und manche kleine Gefälligkeit erwiesen, die du einem fremden hättest bezahlen müssen«. Tatsächlich, Bürger erhielt von Dieterich für seine schnurrigen Abenteuergeschichten nie ein Honorar, und auch den Ruhm sollte er nicht mehr erleben.

XIII. ACH, DAS SCHWABENMÄDCHEN

Erschüttert las die fast sechzigjährige Frau in den aus Göttingen überbrachten Schriftstücken, vertiefte sich in den langen Brief, überflog hastig die beigelegten Abschriften aus dem Briefwechsel der Eheleute, die, im gleichen Hause wohnend, nur noch schriftlich miteinander verkehrten. Mit zitternden Händen, weinend, versuchte sie, sich in dem Wirrwarr von Für und Wider, Schuld und Unschuld zurechtzufinden, wo doch allein die Eingangssätze ausreichten, dem Schwiegersohn zu antworten: »Ich binn zu Grunde gerichtet«.

Bereits vor acht Tagen hatte sie durch einen Reisenden von dem Skandal, der wie ein Lauffeuer durch Göttingen ging, gehört und innigst gehofft, daß die Gerüchte nicht der Wahrheit entsprechen. Doch die Eindeutigkeit des Briefes holte sie schroff in die Wirklichkeit zurück: »Schmerzlich, gute Mutter, schmerzlich ist es mir, daß ich Ihre Tochter so schwer anklagen, – daß ich mich von ihr scheiden muß. Sie ist ein verschwenderisches, üppiges, heuchlerisches, verbuhltes und ehebrecherisches Weib«.

Widerwillig und mit Abscheu las sie sich in die umfangreichen Papiere ein. Schnell begriff die reife, lebenserfahrene Frau, wie wenig es selbst Nahestehenden gelingt, über die Beziehung zweier Menschen gerecht zu urteilen. Der betrogene Ehemann sparte nicht mit Einzelheiten, ließ auch Intimes nicht aus. Nein, es interessierte sie nicht im geringsten, welche Leistungen der mehr als

Ach, das Schwabenmädchen

zwei Jahrzehnte ältere Ehemann noch im Bett zu vollbringen wußte, auch nicht, welche Spiele ihre Tochter einem der Liebhaber gestattet hatte.

Warum nur mutete ihr der Schwiegersohn, der weit über Deutschlands Grenzen bekannte Dichter Gottfried August Bürger, all diese Details zu? Warum nur hatte sie ihre Widerstände gegen diese Ehe aufgegeben? Hatte sie nicht unumwunden ihre Bedenken ausgesprochen, hatte sie nicht geahnt, wie wenig ihre Tochter für die Ehe mit diesem leidgeprüften Mann geeignet war? Dennoch hatte sie sich von der Verliebtheit der beiden blenden lassen, wollte ihrem vermeintlichen Glück nicht im Wege stehen. Bei allen Beschuldigungen des hintergangenen Ehemannes war sie sich doch sicher, damals Bürger ihr »gewiß Unschuldiges Kindt ... zur Frau und Tochter« gegeben zu haben. Geradezu beschwörend hatte sie dem angereisten Bräutigam gegenüber geäußert: »Ich sehe Sie nicht nur als Mann von meiner Tochter an, sondern als Vatter und Führer derselben«.

Mehr als vierzig Jahre waren vergangen, als sie, Christina Elisabeth Aschoff, im väterlichen Haus in Leipzig in der Barfüßer Straße dem jungen Dichter Freiherr Johann Friedrich von Cronegk begegnete. Beim »sehr raisonablen« Galanteriehändler Johann Anton Aschoff, der aus Bremen gekommen war und nun seine Geschäfte von Leipzig aus führte, nahm der adlige Student mit seinem Hofmeister zwei Zimmer. Hier lernte er die Tochter des Hauses, die »Leipziger Schöne«, kennen und erlebte mit ihr seine einzige große Liebe, die »dem feinfühlenden jungen Mann unendlich weh« tat. Denn gesellschaftliche Schranken verhinderten, daß Christina Elisabeth, seine Cloé, die er in »schlafloser Nacht« in vielen sentimentalen Liedern anbetete, für ihn erreichbar wurde. Trotz ausbleibender Erfüllung, wie schön, vor allem mit dem verklärenden Abstand der Jahre, war das gemeinsame jugendliche Begehren. Sie, siebzehn Jahre jung, und ihr adliger Anbeter keine zwei Jahre älter. Welch tiefe Leidenschaft, die verschont blieb von all dem Anrüchigen, mit dem sie sich jetzt auseinandersetzen mußte.

Als der Dichter mit nur 26 Jahren an Pocken starb, war Christina Elisabeth schon lange nicht mehr seine Geliebte. Doch gerade diese kurze Zeit ihres Zusammenseins war die schönste in Cronegks Leben gewesen, und auch Christina Elisabeth bewahrte in den vielen Ehejahren mit dem Expeditionsrat, Theaterkassierer und späteren Generalmagazindirektor Christoph Eberhardt Hahn in Stuttgart, der 1781 im Alter von 54 Jahren starb, ihre Jugenderinnerungen.

Die heitere Gesellschaft, eingetaucht in Jubel und Lachen, widmete sich zu fortgeschrittener Stunde dem allseits beliebten Pfänderspiel. Der lebhaften, geistvollen und ungewöhnlich hübschen Tochter der Witwe Hahn, Marie Christiane Elisabeth, trug man zur Auslösung eines Pfandes auf, ein Gedicht *An den Dichter Bürger* zu verfassen, für den das künstlerisch begabte junge Mädchen schon lange schwärmte.

Einer der vielen Berichte darüber, wie es zu der poetischen Liebeserklärung kam, die, eigentlich als Scherz gedacht, doch so verhängnisvoll für die verzückte Poetin und den nichtsahnenden Professor in Göttingen enden sollte. Es hätte bei der anonymen Schwärmerei bleiben können, wenn nicht ein Teilnehmer der geselligen Runde die Indiskretion begangen hätte, für ihre Veröffentlichung in der politisch-moralisch-satirischen Wochenschrift *Der Beobachter* im September 1789 zu sorgen. »O mir ahndete nicht, daß dies unselige Gedicht von dem Verhängnisse ausersehen sei, dem vortrefflichen Dichter, dem Lieblinge deutscher Musen, ein so trauriges Schicksal zu bereiten!« So äußerte sich Jahre später der Herausgeber des *Beobachters* Theophil Friedrich Ehrmann, dessen Ehefrau das »unselige Gedicht« der Ankündigung ihrer eigenen Monatsschrift *Amaliens Erholungsstunden* an Bürger beigelegt hatte. Vor allem die letzten beiden Strophen werden die Phantasie des Dichters beflügelt haben.

Ach, das Schwabenmädchen

[...]
Denn kämen tausend Freier her,
Und trügen Säcke Goldes schwer,
Und Bürger zeigte sich:
So gäb' ich sittsam ihm die Hand,
und tauschte mit dem Vaterland,
Geliebter, Dich!

Drum kömmt Dir 'mal das Freien ein,
So laß's ein Schwabenmädchen seyn,
Und wähle immer mich!
Mit ächter Schwaben-Redlichkeit
Und deutschem Sinn und Offenheit
Liebt ferner Dich ...

Die Verfasserin
.. Y ..

Von dem Heiratsantrag in Versform zeigte sich Bürger tief berührt. Er genoß es, umworben zu werden, und bedrängte Marianne Ehrmann mit neugierigen Fragen nach der Verfasserin. »Ach, das Schwabenmädchen! Beynahe hat es mich durch seine ganz außerordentliche Schmeichelei erschreckt, wiewohl freilich auf eine nicht unbehagliche Weise. Warlich, einen solchen Glauben hat wohl noch kein Prophet in Israel gefunden. Ich kann gar nicht leugnen, ich möchte das Mädchen namentlich näher kennen. Ist es von Ihrer Bekanntschaft, so begehen Sie immer eine kleine Verrätherei, und fürchten Sie davon nicht den mindesten Mißbrauch. Ich will auch dann dem Schwabenmädchen zuverlässig und so antworten, daß es wohl sehen soll, man lasse sich für seine Verse von dem wackern Mädchen sehr gern ein wenig lieb haben«. Natürlich legte der Poet diesem ersten Brief ein Gedicht bei, um dem Schwabenmädchen »zu zeigen, daß es sein Lied nicht einem Manne von Holz vorgesungen«.

Ach, das Schwabenmädchen

An das Schwabenmädchen ..Y..

Was singt mir dort aus Myrtenhecken,
Im Ton der liebevollen Braut?
Mein Herz vernimmt mit süßem Schrecken
Den unerhörten Schmeichellaut.
O Stimme, willst du mich nur necken,
Und lachend den Betrug entdecken,
Sobald das eitle Herz dir traut?

[...]

Unbestritten, die geheimnisvolle Verehrerin interessierte ihn, aber noch mehr zog ihn die ungewöhnliche Art und Weise des Kennenlernens in ihren Bann. Plötzlich konnte er wieder Briefe schreiben, aller Welt verkünden, welch wundersame Geschichte er dabei ist, seinem Lebenslauf hinzuzufügen. An den Freund Boie: »Ist aber die ganze Geschichte nicht drollig? Es ist doch wenigstens eine artige Anecdote in der Geschichte der deutschen Literatur«. An Marianne Ehrmann: »Merkwürdig genug wäre es übrigens, und in der That ein allerliebstes Anecdötchen für Stadt und Land, wenn aus dem Spaß noch einmahl Ernst würde«. An den Historiker Carl Ludwig Woltmann: »Ich habe in den verwichenen Osterferien eine anmuthige Reise durch die Pfalz ins Würtembergische gemacht, um zur Geschichte unseres Parnasses eine Anecdote beyzutragen, die ganz originell und einzig in ihrer Art ist, seit Palmen, Lorbern und Eichen grünen«. An den Schwager Elderhorst: »Diese ganze Heiraths-Geschichte ist so romanhaft und originell, daß sie gewiß seit Adam die erste in ihrer Art ist«.
Der Wunsch, mit dieser Liaison das Besondere wider jede Alltäglichkeit zu betonen und »das Publikum mit der allersonderbarsten Heiraths-Geschichte zu amüsieren«, ist unübersehbar. Ein Leben wie im Roman – welch tragischer Irrtum, welche verhängnisvolle Verwechselung, denn die Wirklichkeit holte ihn schnell ein.

Aber nicht nur bei Bürger, auch bei den Bewohnern Stuttgarts und Göttingens sorgten die Verse des unbekannten Mädchens für Aufsehen und Rätselraten. Der Adressat selbst war daran nicht unbeteiligt, denn herausgerissen aus Lethargie und Melancholie zeigte er sich voller Überschwang und Mitteilungsbedürfnis und weckte damit bei seiner Umgebung Erwartungen, die es nun zu erfüllen galt. »Sie können sich kaum vorstellen, was für Aufsehen und Gerede das Gedicht hier, besonders unter den hiesigen Sultaninnen gemacht hat, denen ich eben nie sonderlich gehuldigt habe. Weil es mich Anfangs selbst mehr belustigte, als sonst interessirte, so theilte ichs wohl einigen Freunden mit, wodurch sich denn gar bald mehrere Abschriften im ganzen Publicum verbreiteten, und ich bin seit dem mit dem Schwabenmädchen bald im Scherz bald im Ernst nicht wenig geneckt und behelligt worden«.

Schnell ist die junge Schwärmerin der Anonymität entrissen. Den Dichter interessiert nun das »Aeußere des Mädchens ... Denn man fasele von überirdischer Seelenliebe auch was man wolle; so bleibt doch das – mir wenigstens – ewig wahr: irdische Liebe keimt in der Sinnlichkeit, und behält, sie treibe ihre Zweige und Blätter nachher auch noch so hoch in geistige Regionen hinauf, dennoch immer in der Sinnlichkeit ihre nahrhafteste Wurzel«.

Das übersandte Porträt – zunächst Enttäuschung. Wie wenig hatte das Bildnis mit der »Einzigen Höchstgefeierten«, seiner Molly, gemein! Lenores Rabenhaar, feuriger Blick aus dunklen Augen, keine dunkelblonden Locken, kein sanftes Augenspiel. Erst der beigefügte Brief, innig und zart, läßt den aufgewühlten Empfänger allmählich ruhiger werden. Wiederholtes Anschauen des Bildes, nochmaliges Lesen des Briefes – Bürger ist mit der neuen Wirklichkeit versöhnt.

Doch war die Bewunderung der »lieben süßen Schwärmerinn« auch genug, um ihm das Jawort zu geben? Bürger zweifelte, denn seine Berühmtheit war nur ein Teil der Wahrheit. Was konnte das zwanzigjährige, bildhübsche Mädchen dazu bewegen, ihn, den mehr als zwei Jahrzehnte älteren, vom Leben gezeichneten Mann zu heiraten, wo doch seine Lebensbilanz wahrhaft traurig aussah? Die Flucht nach vorne antretend, sandte er Elise, wie das Schwabenmädchen genannt wurde, die detaillierte, umfangreiche und pathetische *Beichte eines Mannes, der ein edles Mädchen nicht hintergehen will.*

Bereits in den Anfangszeilen will Bürger die junge Verehrerin davor warnen, der Versuchung zu erliegen, von seinem dichterischen Werk »auf vollkommenen und unbefleckten Adel« seiner Seele zu schließen. Schonungslos sich und seinen Schwächen gegenüber legt er Rechenschaft über sein Inneres und Äußeres, Vergangenes und Gegenwärtiges ab. Er will die Angebetete über nichts im Unklaren lassen.

Geschickt abwägend und rhetorisch meisterhaft beschwört er die Wahrheit, läßt nichts aus, versteckt sich nicht hinter schönfärberischen Formulierungen, um die junge Stuttgarterin für sich einzunehmen. Ein Widerspruch, doch nur auf den ersten Blick. Denn Bürger baut wohl darauf, daß, wer so hart mit sich zu Gericht geht, als Mann von wahrhafter Größe bewundert wird und in der Empfängerin nur das Gefühl zurücklassen kann: welch edler Charakter. Hoffte er auch auf Mitleid? Wollte er, da sich die Tatsachen ohnehin nicht verschweigen ließen, alles auf eine Karte setzen und so sein Glück erzwingen?

»Ich habe zwei Schwestern zu Weibern gehabt ... Trägheit, Leichtsinn und Sinnenlust ... Meine kleinen Kränkeleien ... Meine ökonomischen Umstände sind noch zur Zeit sehr schlecht. Ich habe nichts, -nichts! ... daß ich oft in eine trübe melancholische Laune, und dabei in eine Ohnmacht des Geistes versinke ... es kommt mir vor, als sey ich großer Eifersucht fähig ... Ich bin kein guter Haushälter ... weil ich ziemlich unordentlich, nachlässig, träge und leichtsinnig bin ... daß man mich für einen ziemlichen Libertin hält ... Zu allen diesen bedenklichen Umständen kommt noch der, daß ich nicht weniger als drei Kinder, eine Tochter von eilf, einen Sohn von sieben, und eine Tochter von vier Jahren habe«.

All dies und vieles mehr berichtet er ungeschminkt, doch literarisch überhöht, der Alltäglichkeit entrückt und verstellt damit der Empfängerin den Blick für manche einfache Wahrheit.

Er wollte sein glückloses Leben mit dem Elises verbinden, wünschte, den »Nachmittag und Abend« seines Lebens mit dem Schwabenmädchen zu teilen. Der Traum, mit ihrer Mitgift das chronische Finanzloch zu stopfen, spukte auch in seinem Kopf. Bereits in einem der ersten Briefe hatte er sich diskret bei seiner Kontaktperson in Stuttgart, Marianne Ehrmann, erkundigt: »Sagen Sie mir, Freundin, hat das Mädchen einiges Vermögen? Und wie viel wohl? – Freylich eine elende Frage, die ich selbst mit Ekel und Unwillen thue! Aber warum hat die Erzmetze Fortuna mich dazu verdammt, daß ich sie thun muß?«

Der Dichter sehnte sich nach einer Familie, war von der Idee beseelt, endlich seine Kinder, die er in die Obhut anderer geben mußte, um sich zu haben. Schwer für eine zwanzigjährige, lebenslustige Frau, mit dem sparsamen Haushaltsgeld auszukommen und Verantwortung für eine fünfköpfige Familie zu übernehmen. Die demonstrative Darlegung seines Lebens diente nicht zuletzt auch dem Zweck, Elise nach Göttingen zu holen, um sie dort voll männlicher Eitelkeit dem staunenden, sicher auch neidischen Publikum vorzuführen.

Eine solch nüchterne Betrachtung fehlt jedoch in dem »Bekenntniß der heiligen Wahrheit«. Sie wäre sicher kürzer ausgefallen, hätte den verliebten Dichter kritischer werden lassen und ihn möglicherweise von der Idee abgebracht, mit Elises Hilfe auf »eine volle Wiedergeburt« zu hoffen. Aber Verzicht war Bürgers Sache nicht. Das Kokettieren mit seinen widrigen Lebensumständen, mit seinen Schwierigkeiten, welche Beichte eines Herrn Niemand hätte als Heiratsantrag so ausfallen dürfen. Hinter allem steht das entscheidende Kapital: seine Berühmtheit als Dichter, von der er in der Beichte vordergründig nicht spricht.

Die folgenden Wochen werden für Bürger zur Qual. Zwar hält er Elises Briefe und Porträts in den Händen, auch hat ihn Madame

Ehrmann über das hübsche, offene, hellwache Schwabenmädchen informiert, doch dies genügt dem Dichter bei weitem nicht: »Du lieber Himmel, auf wie vielerley Art kann man nicht hübsch und allerliebst seyn! Ich möchte gern das Wie von Haupt bis zu Fuß, von außen und von innen wissen; denn nur aus diesem Wie kann ich beurtheilen, was für mich hübsch und allerliebst ist, wenns auch für die ganze übrige Welt häßlich seyn sollte«. Er hofft auf Antwort, verliert sich in Zweifel, in Vorstellungen von einer gemeinsamen Zukunft – Gedanken zwischen Bangen und Hoffen.

Nach mehr als einem Monat nervösen Wartens ist Bürgers Geduld am Ende. Die ausbleibende Reaktion auf seine Beichte hat ihn in eine derartige Ruhelosigkeit versetzt, daß er sich Heilung nur von einer Reise nach Stuttgart verspricht. Als ein Universitätskollege, ein Landsmann der Angebeteten, zum Osterfest die Fahrt in die Heimat antritt, entschließt sich Bürger überhastet mitzureisen. Hätte er nur den nächsten Posttag abgewartet, wie anders wäre dieses Kapitel ausgefallen.

Als Bürger auf der Reise ins Schwabenland ist, trifft in Göttingen Elises Absage ein. Sie ist ihr nicht leichtgefallen. Ruhelos und aufgewühlt hat sie nach Erhalt des Briefes die Nacht verbracht. Am nächsten Morgen kann sie der Mutter ihren Entschluß mitteilen: »Wenn Bürger beim persönlichen Anblik der Mann meines Herzens ist, und er mich lieben kann, so bin ich die seinige, wenn sie es genehm halten«.

Die Mutter ist entsetzt. Sie hat sich, anders als die unbedachte, schwärmerische Tochter, durch die literarische Beichte nicht davon abbringen lassen, die profane Frage nach Einkommen und Auskommen zu stellen. Die Gespräche der beiden Frauen kreisen um Bürgers und mögliche eigene Kinder. Die Mutter kann sich einfach nicht vorstellen, daß ihre verwöhnte, lebenslustige Tochter in der Lage ist, Haushalt und Kindererziehung zu bewältigen: »Was willst Du thun! den Redlichen braven Mann und Dich und seine Kinder unglücklich machen«.

So bleibt der folgsamen Tochter nur übrig, schweren Herzens zu antworten: »Beklagen Sie mich und bleiben Sie mein Freund, da Sie mir vor jezt ach nicht mer sein könen. ... Was kann ich anders thun, als sie bitten, ihre Reise zu unterlassen, um wie sie so wohl bemerkten, unsrer Ehre und unsern Herzen keine Wunde zu versezen; mir ihre Freundschaft zu schenken, so wie ich Ihnen die vollste ungetheilteste Hochachtung und die reinste Freundschaft schwöre«.

Unschwer kann man sich die Verwunderung von Mutter und Tochter vorstellen, als sich Bürger trotz der vor Tagen auf den Weg gebrachten Absage im Hause der Familie Hahn einfindet. Spontan erwärmen sich der Göttinger Professor und die junge Stuttgarterin füreinander, und der Mutter bleibt nichts weiter übrig, als ihre Widerstände gegen diese Beziehung aufzugeben. Der ungeduldige Dichter hatte, ohne es zu wissen, das Richtige getan, um ans Ziel seiner Wünsche zu gelangen. »Meine persönliche Gegenwart und die den spindelbeinigen Apoll umstralende Lieblichkeit gab der Sache nun eine ganz andere Wendung. Kurz, ich bin mit meinem Liebchen öffentlich und förmlich verlobt. Sie liebt mich und ich sie über alle Maaße«, frohlockt er übermütig in einem Brief.

Warnende Stimmen weist Bürger weit von sich, er weigert sich, seine Verzückung durch ein nüchternes Für und Wider stören zu lassen. Es kümmert ihn nicht, daß sein Schwager Leonhart ihm zu verstehen gibt, auch zu überdenken, »ob die gute SchwabenSeele sich auch zu der treuen Mutterfunction gut schicken und passen würde«. Ebensowenig interessieren ihn die Ratschläge seiner Schwester Friederike: »Aber sage mir, willst du alter abgeliebter Krepel denn wirklich im Ernst den abentheuerlichen Ritterzug nach Stuttgart beginnen? Junge, Junge, das Mädgen wird dich fenstern, mein Alter sagt, sie stellt sich rarere Sachen unter dem großen Bü[rger] vor«. Bürger erreichen auch die poetischen Bedenken des Freundes Friedrich Ludwig Wilhelm Meyer aus Rom. In seinem fünfstrophigen, eher scherzhaften Gedicht läßt er

Ernsthaftigkeit zwischen den Zeilen nicht vermissen, ahnt von dem Kommenden so viel voraus:

> Die Warnung. An Bürger.
>
> Ein Mädchen ist mit zwanzig Jahren
> In Schwaben herzlich unerfahren,
> Und liebt und wirbt gar unbesehn.
> Schnell ist der künft'ge Mann gefunden,
> Viel schneller ihre Lust verschwunden;
> Wie kann sie auch bestehn?
>
> [...]

Der Bräutigam aber ist sich seines künftigen Glücks sicher, wähnt sich weit entfernt vom Sturz aus glückseligem Liebeshimmel. So veröffentlicht er *Die Warnung* und sein Antwortgedicht im Musenalmanach auf das Jahr 1791 und schreibt voller Stolz in einer der Strophen:

> Getreu wirds, unter Himmelssegen,
> Des einzig lieben Mannes pflegen,
> Bis zu dem höchsten Stufenjahr;
> Und Deutschland solls zu rühmen haben,
> Daß dieses Jüngferlein aus Schwaben
> Einst Bürgers Gattinn war.

Doch welche Gründe hatte das Schwabenmädchen, Bürger zu heiraten? Elise kann für alles, was nun folgt, nicht die Unerfahrenheit der Jugend in Anspruch nehmen. Leichtsinnig war sie diese Beziehung eingegangen, hatte sich von der Feierlichkeit der Beichte sowie der Berühmtheit des Dichters einfangen lassen und dabei die von Bürger unverhüllt vorgebrachten Gegebenheiten, die sie in Göttingen erwarteten, beiseite geschoben.

Maria Christiane Elisabeth Bürger geb. Hahn (1769-1833)
gestochen und koloriert von J. F. Schröter und K. Oetzner

Elise träumte von Gesellschaften, bei denen sie an der Seite ihres berühmten Ehemannes die Aufmerksamkeit des staunenden Publikums auf sich ziehen würde. Sie hoffte, durch diese Verbindung ihre künstlerischen Ambitionen besser pflegen zu können, sie wollte möglicherweise auch eine ebenso enthusiastisch vom Dichter Besungene und Angebetete werden wie die verstorbene Molly.

Alltag fand in ihrer Gedankenwelt keinen Platz. Wie anders als Dorette und Molly war sie aufgewachsen. Stadtbewohnerin, Bürgerstochter – nie hieß es für sie: 6 Uhr aufstehen, helfen im Stall und auf dem Felde. Von der Mutter liebevoll umsorgt, hatte sich besonders nach dem Weggang des sechs Jahre älteren Bruders zum Militär viel Bequemlichkeit in ihr Leben eingeschlichen, hatten Lustbarkeiten häusliche Aufgaben und Pflichten verdrängt. »Das Stuttgarter Publikum ... sprach ihr manch Uebels nach; es warf ihr allerlei Geniestreiche vor, und die Lästerkronik erzählte mancherlei Anekdoten von ihr«.

Beide, Elise und Bürger, verfolgten mit dem anderen nur die eigenen Pläne, nicht ahnend, nicht ahnen wollend, daß das eigene Glück schnell am Unglück des anderen zerbrechen konnte. War es Liebe, von der so schnell und pathetisch die Rede war? Wenn der Gradmesser für Liebe die vielgerühmte Blindheit ist, dann kann die Frage nur mit einem klaren Ja beantwortet werden.

Nur schleppend vergeht die Zeit bis zum Hochzeitstag. Nach halbjähriger Verlobungszeit ist Bürger endlich am Ziel seiner Wünsche. Die Trauung findet am 26. September 1790 statt: »Gottfried August Bürger, Professor der Philosophie auf der Universität Göttingen und Maria Christiana Elisabeth weil. Christof Eberhard Hahn, herzoglichen Expeditionsrats allhier nachgel. ehl. led. Tochter«, lautet der Eintrag in das Ehebuch der Stadt Stuttgart. Die Aussteuer der Braut – mit einem Gesamtwert von 1766 Gulden, etwa 1177 Talern – ist respektierlich für eine Tochter aus bürgerlichem Hause: an barem Geld 1000 Gulden, Goldschmuck, Silberleuchter, Weißzeug für Tisch und Bett, umfangreiche persönliche Garderobe. Besiegelt wird die Richtigkeit der Angaben vor »Gott dem Allmächtigen« mit der Unterschrift der Eheleute.

Nach mehr als dreiwöchigem Aufenthalt in Stuttgart tritt das Paar über Heidelberg und Mannheim die Reise nach Göttingen an. Von Bissendorf holt man Auguste, Mollys Tochter, bei deren Geburt sie starb. Noch sind die Tage des Paares ungetrübt, noch kann die junge Ehefrau im Januar 1791 berichten: »Ich bin ganz gern hier, die Stadt ist hübsch, die Leute klug, und viele auch gut. – Ich gelte hier ein paar Batzen mehr, als in Stuttgardt; werde par Exemple: für sehr gescheut gehalten«.

Einschneidende Zäsur in Bürgers dichterisches Schaffen, Bedrohung des privaten Glücks – rauschhaft verdrängt der verliebte Dichter zu Beginn das Ereignis und will lange nicht glauben, daß sich hinter dem anonymen Rezensenten der von ihm hochverehrte Friedrich Schiller verbirgt. Unmöglich konnte er, den er im April 1789 besucht und mit dem er sich zu Übersetzungen aus Vergils Werk in unterschiedlichen Versmaßen verabredet hatte, der Unbekannte sein, über den es im Juli 1791 heißt: Er hat Bürger »um alle menschliche Ehre recennsrirt«.

Welche Gründe veranlaßten den Dichter aus Weimar, in der Jenaer *Allgemeinen Litteratur-Zeitung* mit fast zweijährigem Abstand im Januar 1791 über Bürgers zweibändige Gedichtausgabe so vernichtend zu urteilen? Voller Bewunderung hatte Bürger auch an Schiller ein Exemplar seiner Gedichtsammlung geschickt: »Die Beilage biete ich Schillern dem Manne, der meiner Seele neue Flügel und einen kühnern Taumel schafft, zum Zeichen meines Dankes und meiner unbegrenzten Hoffnungen von Ihm, mit der wärmsten Hochachtung an«. Wie groß Bürgers menschliche Enttäuschung beim Bekanntwerden des Rezensenten war, kann man sich unschwer vorstellen.

Sollte er sich in seiner Beurteilung des Treffens mit dem Dichter so getäuscht haben? Einem Briefpartner berichtete Schiller von diesem Besuch schon damals manches, was später einen Teil seiner Kritik darstellt: »Bürger war vor einigen Tagen hier und ich habe seine Bekanntschaft gemacht. Sein Äußerliches verspricht wenig – es ist plan und fast gemein, dieser Karakter seiner Schriften ist in seinem Wesen angegeben. Aber ein gerader ehrlicher Kerl scheint er zu seyn, mit dem sich allenfalls leben ließe«. Ähnliches in einem anderen Brief vom gleichen Tage, dem 30. April 1789: »Der Karakter von Popularität, der in seinen Gedichten herrscht, verläugnet sich auch nicht in seinem persönlichen Umgang, und hier, wie dort, verliert er sich zuweilen in das Platte«.

Es war nicht der von Bürger im ersten Liebestaumel seiner dritten Ehe versäumte poetische Wettkampf, der Schiller bewog, so hart mit dem Dichterkollegen ins Gericht zu gehen. Ausschlaggebend für seine Schärfe war vielmehr die eigene Abkehr vom Sturm und Drang und seine Hinwendung zu einer neuen literarischen Epoche, die als Weimarer Klassik herausragend deutsche Literaturgeschichte schreiben sollte. Nur auf den ersten Blick gilt Schillers Kritik dem Göttinger Professor. Beim näheren Hinschauen offenbaren sich seine Argumente als Abrechnung mit dem Sturm und Drang, an einem ihrer herausragendsten Vertreter beispielhaft erläutert.

Doch dem Kritiker Schiller gereichte es nicht zur Ehre, daß er seinen literaturtheoretischen Vorboten der Klassik anonym erscheinen ließ, daß er Bürger auf der Suche nach dem eigenen künstlerischen Weg instrumentalisierte und sich dabei nicht scheute, auch dessen Persönlichkeit herabzusetzen: »Eine der ersten Erfordernisse des Dichters ist Idealisierung, Veredlung, ohne welche er aufhört, seinen Namen zu verdienen. ... Alle Ideale ... sind gleichsam nur Ausflüsse eines innern Ideals von Vollkommenheit, das in der Seele des Dichters wohnt. ... Diese Idealisierkunst vermissen wir bei Hn. Bürger«.

Vernichtend sind die Aussagen über den Menschen, den Dichter und sein Werk. Rigoros abgelehnt wird sein Programm der Volkspoesie, mißbilligt alles, was ihn zum beliebtesten Dichter des Sturm und Drang werden ließ. Schillers Postulat, daß ein

Gedicht »einen von der verschiednen Fassungskraft seiner Leser durchaus unabhängigen absoluten inneren Wert zu besitzen« habe, widerspricht Bürgers Anspruch, die »Popularität eines Gedichts für das Siegel der Vollkommenheit« zu erklären.

Doch Bürger verzichtet nicht, wie Schiller behauptet, auf »den Beifall der gebildeten Klasse«, um sich nur an »der Fassungskraft des großen Haufens« zu orientieren. Gerade das aufstrebende Bürgertum kauft und liest seine Gedichte, ist begeistert von seiner Umsetzung individuellen Erlebens in Literatur, von dem »zu sinnlichen, oft gemeinsinnlichen Charakter« seiner Werke, den der Kritiker so heftig verdammt. Erst über diese soziale Schicht hält Bürgers Dichtung Einzug in die Bauernstuben und wird dort durch Vortrag und gemeinsamen Gesang weitergegeben.

Tief verletzt und ohnehin schon angegriffen durch die nun beginnenden Ehezwistigkeiten, reagiert Bürger im April 1791 voll bitterer Ironie mit seiner *Vorläufigen Antikritik und Anzeige* auf die Vorwürfe des Unbekannten: »Zu unserer nicht geringen Verwunderung erfahren wir samt und sonders, was bisher weder ich selbst mir, noch vollendes mein ganzes verblendetes Publikum sich träumen ließ, daß ich nicht bloß – ein unreifer unvollendeter Dichter? – o wenn es das nur wäre! – nein, daß ich ganz und gar kein Dichter bin, daß ich diesen Namen gar nicht verdiene«. Er fühlt sich in guter Gesellschaft, nennt als seine »geliebten und hochverehrten Brüder im Apollo« viele Dichternamen, so auch – nichtsahnend – Schiller. Ihn vermutet er nicht als Autor, wenn er noch neugierig fragt: »Gestrenge und vermutlich eben so tapfere Maske, ich bitte dich, wer bist du?«

Schiller, der in gleicher Ausgabe der *Allgemeinen Litteratur-Zeitung* wiederum anonym die *Verteidigung des Rezensenten gegen obige Antikritik* folgen läßt, wirft Bürger vor, sich in seiner übereilten Antwort, die dieser längst bereut, mit keiner der literaturtheoretischen Forderungen ernsthaft auseinandergesetzt zu haben. Ein Vorwurf, der zutrifft, wenn der Verunsicherte auch hinter den Kulissen an seinen Gedichten »zu feilen« beginnt.

Doch gelingen konnte dieses Unternehmen nicht. Zu unterschiedliche Kunstauffassungen prallten hier aufeinander: Sturm und Drang und Weimarer Klassik. Bürgers künstlerischer Zenit war überschritten, Schillers kündigte sich an. Die Suche des letzteren hätte für den ersteren ohne Folgen bleiben können, wäre nicht durch sein Urteil Bürgers Werk mit einem tiefen Makel behaftet worden.

Noch zu später Stunde dringen Lachen und Musik aus Bürgers Gartenhaus. Schnell ist Elise zum umschwärmten Mittelpunkt eines lustigen, ausgelassenen Kreises geworden. Der stolze Ehemann schaut anfangs dem bunten Treiben wohlwollend zu, genießt diese gesellschaftliche Anerkennung und verdrängt, daß die Professorenkollegen den armen Poeten meiden.

Doch zunehmend entgeht ihm Elises mangelndes Interesse an den »häuslichen Wirtschaftstugenden« nicht mehr. Zu wenig kümmert sie sich um den Haushalt, der durch die Rückkehr von Bürgers Tochter Marianne aus der Pension der Professorenwitwe Erxleben auf nun vier Personen angewachsen ist. Zu sorglos geht sie mit dem immer knapper werdenden Geld um, was auch ihrem Bekanntenkreis nicht verborgen bleibt: »Sie gefällt mir sehr, sie ist sehr hübsch, ist artig, witzig und geprägig, kleidet sich kostbar und geschmackvoll, wäre sie reich, so würde sie ihr Geld mit solchem verschwenden, sie hat ein mehr theatralisches wie häusliches Ansehen, und ich glaube, es wird ihr schwer werden, mit wenigem auszukommen«. Elises Schwangerschaft läßt die ersten kritischen Töne in den Hintergrund treten. Der werdende Vater gibt sich der Hoffnung hin, ein Kind würde sie »zu häuslicher Stille gewöhnen«.

Aber bald nach der Geburt des Sohnes am 1. August 1791 entlädt sich Bürgers Enttäuschung über den kränklichen Zustand Agathons. Er sucht der Mutter die Schuld an der langsamen geistigen und körperlichen Entwicklung des Sohnes, an seiner Behinderung zu geben. Es ist für ihn unfaßbar, daß die Mutter den

Panorama von Göttingen (Ausschnitt)
kolorierte Lithographie von Friedrich Besemann, nach 1851
im Vordergrund in der Bildmitte Bürgers Wohnhaus
(Dachgaupe zeigt in Richtung Bäume)

Neugeborenen nur wenig, bald gar nicht mehr stillt und entgegen »aller vernünftigen Aerzte Willen« mit Brei füttert, »diesem infamen Buchbinder-Kleister, den Gott verdammen wolle«. Elise reagiert auf die Vorwürfe äußerst gekränkt und fühlt sich in ihrer Mutterehre verletzt, als der Dichter für das Versiegen der Muttermilch ihre vielen Vergnügungen verantwortlich macht, von denen die junge Frau auch jetzt nicht läßt.

Bürger ist verärgert, muß seinen Kummer jemandem anvertrauen. Wer käme dafür mehr in Frage als seine Lieblingsschwester Friederike? »So viel kann ich Dir indessen nicht verhalten, dass ich in meiner Ehe eben gar nicht glücklich bin. Ich befand mich zwar in meinem Witwerstande auch nicht zum besten; allein durch den Ehestand bin ich bis jetzt eben nicht gebessert. Ich hätte die Thorheit bleiben lassen sollen. Meine Frau besitzt zwar viele gute Eigenschaften; allein die besitzt sie gerade nicht, die zu meinem Wohlseyn beytragen würden. Es fehlt ihr an stiller Häuslichkeit und Wirtschaftstalent; sie liebt zu sehr Saus und Braus und Vergnügungen. In einer vornehmen Dame würde sie sich besser geschickt haben, als für mich. ... Ich mag nicht weiter klagen; denn es ziemt mir für meine Thorheit wie ein Philosoph in der Stille zu büssen«.

Zunehmend wird ein Miteinander des Paares schwieriger. Im November 1791 beginnen Briefe die persönlichen Gespräche zu ersetzen. Bürger kann nicht mehr umhin, detailliert Klage über »ihren heftigen Widerspruchsgeist – ihren superklugen Dünkel« und vor allem ihre Rolle als Mutter und Hausfrau zu führen. Erneut verweist er auf den »armen, verwahrloseten Agathon«, bemängelt ihr spätes Aufstehen nach ausgiebigen Festen mit »jungen Laffen«, kritisiert, daß statt der Hausfrau »liederliche Mägde das Hausregiment führten«, und läßt sie auch über die eingeschränkten finanziellen Möglichkeiten nicht im Unklaren, die für drei Mägde und viele »kleine Schlampampereien« nicht ausreichen. »So lange du so bist und bleibst, kann ich dich nicht lieben«, teilt er ihr unversöhnlich mit, wenn auch die schrillen Töne noch fehlen, ihn noch nicht blinde Eifersucht regiert.

In ihrem Antwortschreiben verteidigt sich Elise gegen die heftigen Angriffe ihres Ehemannes, spart auch nicht mit Kritik. Manches, was ihr über Bürgers Vorleben zu Ohren gekommen sei, habe ihr Stiche versetzt. Auch sei der Ehemann wenig einfühlend vorgegangen, als er ihre »kleinen Schwachheiten, statt sie mit liebender Güte zurecht zu bringen, mit auffahrender Hitze zu vertreiben suchte.« Erfolglos habe sie sich bemüht, ihren Sohn zu stillen: »Jetzt kann ich mit Agathon nichts weiter thun, als daß ich ihm eine verständige Wärterinn gab. Ist er erst das halbe Jahr alt, dann kommt er zu mir, und ich will sehen, ob mir Jemand sagen wird, ich liebe mein Kind nicht«. Wie Bürger macht auch sie aus ihrer Ablehnung keinen Hehl mehr: »Liebe habe ich nicht mehr für dich«.

Ist sie sich bewußt, wie begrenzt ihre Möglichkeiten sind, einen eigenen Weg zu gehen? Jedenfalls gelobt sie dem Ehemann Besserung, fügt sich seinen Wünschen – und sucht ihr Glück bei dem jungen Grafen Friedrich August Burkhard von Hardenberg.

Für Tage will es so scheinen, daß Elise dem Hause mehr Aufmerksamkeit schenkt. »Dir soll nichts mehr vernachlässigt werden«, hat sie ihrem Mann geschworen. Doch nur kurz ist die Zeit trügerischer Hoffnung für den enttäuschten Dichter, denn lange kann sie ihr Versprechen – vielleicht in guter Absicht, doch ohne innere Überzeugung gegeben – nicht halten.

Bald werden in der Stadt satirische Zeichnungen, die Bürger als gehörnten Ehemann zeigen, schmunzelnd herumgereicht. Gerüchte über Liebschaften der umschwärmten jungen Frau machen die Runde. Die unglückliche Ehe wird zum Tagesgespräch. In einem Brief an Bürgers Freund Meyer – den Dichter der *Warnung* – schreibt die geborene Göttingerin und am Ort weilende Caroline Böhmer, die spätere Frau August Wilhelm Schlegels und Friedrich Wilhelm Schellings: »Du kenst die Menschen, Du hast wahr prophezeiht! Es ist ein kleines niedliches Figürchen, mit einem artigen Gesicht und Gabe zu schwazen – empfindsam wo es noth thut, intriguensüchtig im höchsten Grad – und die gehaltloseste Coquetterie – der es nicht um einen Liebhaber so wohl – ohngeachtet sie auch da so weit geht, wie man gehn kan – sondern um den Schwarm unbedeutender Anbeter zu thun ist, die ihre ganze Zeit damit verdirbt, und den Kopf dabey verliert. Mir thuts sehr weh für Bürger – eine vernünftige Frau, seinen Jahren angemessen, hätte ihn doch zum ordentlichen Mann gemacht – aber jezt droht seiner Haushaltung ein völliger Untergang, weil sie sich um nichts bekümmert – nicht einmal um ihr Kind – den kleinen Agathon, der, seit die Leute sich nicht mehr über den Nahmen wundern, von aller Welt und von der Mutter vergeßen ist. Nicht ein Funken mütterlich Gefühl in ihr! Sehn Sie, Meyer – darum müßen Weiber keine Liebhaber haben, weil sie so leicht Kind und Wirthschaft darüber vernachläßigen. Ich könte Ihnen hiervon Anekdoten erzählen, die mir die Thränen in die Augen gebracht haben – mein innerster Unwille wird reg, wenn ein Weib so wenig Weib ist, das Kind vergeßen zu können, und wär ich Mann, ich möchte sie nicht in meine Arme schließen. Bürger fühlt alles und weiß sich nicht zu helfen ... Er wird eigentlich stüpide neben ihr – ist still – und starrt mit abgestorbnen Augen in das Wesen hinein«.

Dem Dichter bleiben all die Verehrer natürlich nicht verborgen. Er stellt Elise zur Rede. »Armer Mann! traue deinen falschen Freunden, die dieß wirklich zu sehen wünschten, mehr, als dem Weibe, – das ohne Liebe feste Treue zu geben vermag«. Doch Bürger ist nicht beruhigt, bleibt mißtrauisch, verliert den Überblick, denn die gesellschaftlichen Vergnügungen der Ehefrau nehmen kein Ende. Stundenlange Besuche adliger junger Herren in ihrem Zimmer erzürnen den Eifersüchtigen täglich mehr.

Jetzt ist ihm nur noch daran gelegen, Elise des Ehebruchs zu überführen. Argwöhnisch verfolgt er ihre Schritte, bohrt Löcher in Wände, schnüffelt in Briefen, versucht Flirts von tatsächlichen Liebschaften zu unterscheiden und Namen der Gönner zu erfahren. Immer weniger kann er zwischen Tratsch und Wahrheit, helfenden Hinweisen und hinterhältigen Boshaftigkeiten unterscheiden.

Welch schwacher Trost für den unglücklichen Ehemann, daß er seine Verdächtigungen endlich durch eindeutige Beweise belegen kann. Blind vor Eifersucht ist er in das Schlafgemach der Ehefrau gestürmt, hat den jungen Galan Baron Emanuel de Nerifsche mit Fußtritten traktiert und Elise unter Schlägen die Briefe Graf Hardenbergs entrissen, die sie seit Wochen vor ihm versteckt hält.

Sie bilden in ihrer Eindeutigkeit die Grundlage für den nun folgenden Scheidungsproseß. Doktor Althof und der Garnisonsmedikus Dr. Jäger unterschreiben als Zeugen Elises Schuldbekenntnis. »Ich Endes unterschriebene bekenne hiemit eigenhändig nach reiflicher Überlegung, frei und ungezwungen wie folgt: Es hat mein bisheriger Ehemann, der Professor Gottfried August Bürger allhier, einen zwischen mir und einer fremden Mannsperson gepflogenen Briefwechsel auszuforschen, und einiger OriginalBriefe sich zu bemächtigen gewust, welche ich von dieser Mannsperson empfangen, und welche in einer Brieftasche gefindlich gewesen, die ich beständig an meinem Leibe getragen. Da ich in diesen Briefen mit der Nahmens-Unterschrift – Fritz – mit Du angeredet, sein Weib, seine Gattin genannt, und noch mit vielen andern zärtlichen Nahmen belegt werde; Da ferner in einem dieser Briefe folgende Stellen vorkomen: Was du mir übrigens in Absicht auf Bürgern schreibst, ist mir sehr unangenehm, denn seine Eifersucht kann uns manche angenehme Stunde verderben, wo wir sonst so innig froh, ganz in einander geschlungen zu bringen würden, doch es werden ja wohl Mittel und Weege genug sich finden uns ruhig zu besizen. ... Doch freilich ists noch besser auf Deinem Sofa, traulich kosend, neben einander sizen, sprechen, küssen, untersuchen, die Schönheiten seines Weibes nachsuchen, dadurch ganz zum Gott erhoben sich vergessen, und zu schwelgen aus dem überschäumenden Becher der Liebe und Wollust, dann berauscht zurüksinken in die Arme des göttlichen Weibs, durch neue Küsse sich beseelen, neuen Muth sich dadurch erwerben und immer neuer Schwelgerei sich ermuntern«.

Hatte Bürger seine leidenschaftlichen Briefe an Molly, geschrieben hinter dem Rücken der Ehefrau, vergessen? Sie enthielten die gleichen Sätze, waren im selben Ton geschrieben: »Oft möchte ich in der finstersten Sturm- und Regenvollsten Mitternacht aufspringen, dir zueilen, mich in dein Bette, in deine Arme, kurz in das ganze Meer der Wonne stürzen und – sterben. O Liebe, Liebe! was für ein gewaltiges wundersames Wesen bist du, daß du Leib und Seele so gefangen halten kannst!« Nun aber pocht er auf Moral, auf die Moral des betrogenen und zutiefst gekränkten Ehemannes. Für Caroline Böhmer erfüllt sich damit das Schicksal »von Bürger dem Ehemann, an dem sich die Schatten seiner seeligen Frauen in der lebendigen rächen«.

Fluchtartig verläßt Elise am 6. Februar 1792 Göttingen. Bei der Schwester ihres Geliebten in Braunschweig kann sie vorerst unterkommen. Von Wolfenbüttel aus erneuert sie dem Universitätsgericht, das für Bürgers Ehescheidungsklage aufgrund seiner Zugehörigkeit zur Georgia Augusta zuständig ist, ihr schriftliches Schuldbekenntnis und bestätigt den Verzicht auf ihre Mitgift: »Da ich übrigens durch verwahrlosete Hauswirthschaft, und übertriebenen Aufwand meinem bisherigen Ehemanne sehr nachtheilig gewesen bin, und derselbe noch überdiß einen Sohn, Nahmens Agathon, von mir zu erziehen hat: so will ich auf die Zurückfoderung alles Dessen, so ich ihm zugebracht (unter dem einzigen Vorbehalt meiner Leibwäsche und Kleider) hiemit gänzliche Verzicht thun«.

Wohl an einem schnellen Ende der Ehe mit dem seit langem ungeliebten Mann interessiert, rechtfertigt sie sich nicht weiter, stellt nicht klar, warum auch in ihr Wünsche und Hoffnungen zerbrachen. Dem Gericht genügen zur Urteilsfindung ohnehin Graf Hardenbergs Liebesbriefe, in denen »mehre Stellen enthalten seyn, die auf eine fleischliche Vermischung Beziehung haben«.

Als dem »schuldigen Theile« wurde Elise eine Wiederverheiratung untersagt, wohingegen man Bürger als dem »unschuldigen Theile« diese ausdrücklich gestattete. Ein Urteil, das die Sünden der jungen Frau ein Leben lang festschrieb, ihr nicht die Möglichkeit gab, sich durch Abstand und Alter von dieser Lebensphase zu distanzieren.

Doch auch der Dichter sah sich, fern von neuen Heiratsabsichten, gescheitert und verbittert seinem Leben gegenüber. »Ach, das Schwabenmädchen« – wieviel anders als von ihm gedacht hatte die gar nicht so »artige Anecdote« Stadt und Land amüsiert.

Denkwürdig die Begegnung der beiden Frauen, deren Lebensläufe so viele Parallelen aufweisen. Die Tochter des Göttinger Professors Heyne, die in jungen Jahren den Weltumsegler und Schriftsteller Georg Forster geheiratet hatte, die auf der Suche nach eigenem Lebensglück sich nicht mit der Rolle der Ehefrau abfinden konnte und mutig auf Selbstverwirklichung pochte und später, nicht zuletzt der Not gehorchend, als Übersetzerin, Schriftstellerin und Publizistin tätig war, trifft sich mit der Deklamatorin und Dichterin Elise Bürger.

Siebzehn Jahre sind seit dem Ende ihrer Ehe mit dem Dichter vergangen, von der ihr nur der Name geblieben ist. Trotz widriger Umstände wurde sie zur geschätzten Künstlerin, die für ihren Lebensunterhalt selbst sorgt. Ihre Gesprächspartnerin, die jetzige Therese Huber, steht ihr darin in nichts nach. Sie hatte Göttingen bereits 1784 verlassen, war also, als Elise dort weilte, nicht mehr anwesend und lauscht nun neugierig deren Geschichte, die sie bisher nur vom Hörensagen kennt und die ihrer Meinung nach »nichts interessantes hätte als den Beweis, dass die Männer an dem Verderben ihrer Weiber Schuld sind«.

Doch wie weit ist die gekränkte Elise mit dem Abstand der Jahre von dem tatsächlichen Geschehen entfernt. Zu viel läßt sie der Gesprächspartnerin gegenüber weg, zu sehr legt sie sich ihre eigene Wahrheit zurecht, die Therese Huber in einem Brief an ihre Tochter allzu bereitwillig übernimmt. »Im Innern der Ehe verführte, reizte, zwang nun dieser ehrlose alte Wollüstling das 19jährige gesunde Weib zu einer Liederlichkeit, die zehnfach infamer ist wie die Zügellosigkeit öffentlich schlechter Sitten«. Auch geht sie auf das Vorleben des Dichters ein: »Bürger hatte indes die Grundsätze seines Weibes durch die ehrlosesten Geständnisse aller seiner Liebeshändel zerstört«. Für Elise und auch Therese sind das Erklärungen, Rechtfertigungen für das Geschehene. Die Bestände der Archive und Bibliotheken sprechen dagegen eine andere, vielschichtigere Sprache – wie auch Elises Bekenntnis selbst.

Offenherzig gegenüber Therese Huber, deren Leben auch wenig geradlinig verlaufen war, läßt sie ihre Liebesbeziehung zu dem Grafen Hardenberg während ihrer Ehe mit Bürger nicht unerwähnt: »Sie liebten sich nach allen Regeln der Leihbibliotheken, blieben aber ohne Vorwurf. Hardenberg musste nach Hannover zurück«.

Nur als Schutzbehauptung ist der Hinweis auf Agathons Schicksal zu verstehen: »Den Abschied von ihrem Kinde erleichterte die Versicherung, die ihr ein Freund gab, es stehlen und ihr zusenden zu wollen«. Denn unmittelbar nach ihrem Weggang aus Göttingen eilte die flüchtende Mutter in Hardenbergs Arme, »und dort überliess sie sich seiner Leidenschaft«. Auch später nahm sie sich nicht ihres Sohnes an. Nach dem Tode des Dichters kam er in das Haus seines vom Gericht bestellten Vormunds Doktor Althof, später zum Vetter seines Vaters, dem Pastor Gottlob Friedrich Bernhardt Bürger in Bretleben. Die letzten Jahre bis zu seinem frühen Tode 1813 war er als Gärtner in Dresden tätig.

Kein Wort zu ihrer Vergnügungssucht und Eitelkeit, zur Vernachlässigung des Haushalts und vor allem zu ihrer Unfähigkeit, das seit der Geburt behinderte Kind innerlich anzunehmen. Nach all den Jahren steht im Mittelpunkt ihrer Rechtfertigung nur noch Bürgers Sinnlichkeit.

Aber im durchaus nicht prüden Göttingen erzürnten weder die Liebeslust des Ehemannes noch die vermeintlichen und tatsächlichen Liebhaber der Ehefrau auf Dauer sonderlich die Gemüter. Eher nahm die Öffentlichkeit Anstoß daran, daß Elise ihrer Rolle als Hausfrau und Mutter nicht gerecht wurde.

Dabei darf Bürgers treibende Kraft am Zustandekommen der Ehe nicht außer acht gelassen werden. Er trug als weitaus Älterer große Verantwortung, war auch von Stimmen gewarnt worden, setzte sich aber über diese leichtfertig hinweg und erlag der Faszination des romanhaften Kennenlernens. In seinen Träumen bürdete er seiner zukünftigen Ehefrau die Last auf, seinem wenig erfreulichen Leben eine positive Wendung zu geben, ohne hinreichend zu berücksichtigen, ob sie diesen Ansprüchen überhaupt genügen konnte, geschweige denn wollte.

Ein Nachfahre Bürgers brachte die Misere mit kurzen, aber treffenden Worten auf den Punkt: »Kein Wunder, daß der Dichter dabei so hereingefallen ist, denn so schließt man keine Ehe«.

Zu des Dichters Rolle in der gescheiterten Verbindung mit Elise soll abschließend erneut Doktor Althof bemüht werden, der gerade hier »Bürger's moralischen Charakter« gegenüber Kritikern verteidigte: »Und das sollte mir wohl nicht ganz misslingen, wenn ich Bürgers Handlungen in den letzten fünf Jahren seines Lebens, wenn ich zumahl die Geschichte seiner letzten unglücklichen Ehe ausführlich erzählen dürfte. Allein da ich das nicht thun kann, ohne ein großes Buch zu schreiben und, was mehr ist, ohne manche noch lebende Personen zu compromittiren: so muss ich mich damit begnügen, nur dasjenige anzuführen, was ich von seinen guten Eigenschaften im Allgemeinen sagen kann«.

XIV. TRAURIGES BEISPIEL

So manche Zeitung gedachte seines 200. Todestages in ihrem Kulturteil. Doch vieles von dem, was da über Gottfried August Bürger gesagt wurde, bleibt Klischee und Legende. Den Feuilletonisten ist dies kaum anzulasten, denn sie sind auf greifbare Veröffentlichungen angewiesen. Dazu gehört auch die um die Jahrhundertwende erschienene letzte Biographie des Dichters, die für lange Zeit Ungenaues festschrieb.

Die Würdigungen zum 8. Juni 1994 signalisierten mit Schlagworten wie »Skandal, Frauenfreund, Liebeshändel, armer Teufel«, wie weit man sich von dem feinsinnigen Resümee Goethes über das Leben des Dichters entfernt hatte. »Trauriges Beispiel: Bürger«, stellvertretend für so viele Lebensläufe, in denen »ein außerordentlicher Mensch sich gar oft mit sich selbst, seinen Umständen, seiner Zeit herumwürgt, ohne auf einen grünen Zweig zu kommen«. Daß der Dichter auch außergewöhnlich begabt war, unterstrich Jahre später an anderer Stelle der alte Herr aus Weimar: »Bürgers Talent anzuerkennen kostete mich nichts, es war immer zu seiner Zeit bedeutend; auch gilt das Echte, Wahre daran noch immer und wird in der Geschichte der deutschen Literatur mit Ehren genannt werden«.

Aber nicht nur die Heroen der deutschen Literatur ehrten Bürger, auch das zeitgenössische Publikum bewunderte ihn. Im letzten Drittel des 18. Jahrhunderts gehörte Bürger zu den meistgelesenen deutschen Dichtern. Seine *Lenore* war ein bravouröser Auftakt zu einer neuen literarischen Gattung: der Kunstballade. Mit dem Verweis der späteren Literaturgeschichtsschreibung in die zweite, vielleicht auch dritte Reihe in einer Nation, die nur erste zuläßt, ist noch lange kein Urteil über seine dichterischen Qualitäten gefällt. Doch welche Lebensstrecke vom »außerordentlichen Menschen« zum »traurigen Beispiel«.

Allzu bequeme Lösungen boten sich an. Man spannte den Bogen vom ärmlichen Leben im Pfarrhaus in Molmerswende zum erbärmlichen Sterben im Gartenhaus in Göttingen. Der Dichter war zum bedürftigen Poeten, zum sozial benachteiligten Pfarrerssohn geworden, der gegen die gesellschaftlichen Verhältnisse Sturm lief. Allenfalls gestattete man ihm Verirrungen und Verwirrungen in seinem Privatleben, wofür die immer wieder genannte ménage à trois nur ein Beispiel ist.

So fand man auf komplexe Fragen zur Person des Dichters eher einfache Antworten, schuf aus persönlichem Lebenslauf und dichterischem Schaffen eine Einheit. Was nicht in das Bild eines volkstümlichen Poeten paßte, wurde zurechtgebogen oder verschwiegen. Der sozialkritische Dichter Gottfried August Bürger war geboren. Fehlende Quellenforschungen förderten Unternehmen dieser Art, ideologische Vereinnahmungen blieben nicht aus, Werkinterpretationen auf zweifelhafter Grundlage folgten. Für Ansehen und Würde des Dichters war damit nichts gewonnen.

Es fällt auf, daß gerade jene, die ihn bewundern, die vorgeben, ihn zu verstehen, sein Leben nicht rückhaltlos akzeptieren. Wo die einen seine »sittlichen Verfehlungen« mißbilligen, verschweigen die anderen seinen aufwendigen Lebensstil, seine tatsächliche Finanzsituation und andere ungeliebte Wahrheiten. Welch eine Verehrung, die nur einen geglätteten Bürger zuläßt!

Bürgers Leben war zuallererst ein Kampf mit sich selbst. Seine Lebensgeschichte, eine Geschichte von ungenutzten Talenten und von Träumen, die sich an Leidenschaft und Leichtsinn verloren, von Widersprüchen zwischen Selbstüberschätzung und Selbstaufgabe, Stärke und Schwäche. Sie weckt Sympathie, schafft Wiedererkennen eigener Unzulänglichkeiten und bringt Bürger dem Interessierten ein Stück näher.

Dabei hatte es für den »Silvestersprößling« nicht schlecht begonnen. Den tausendfach wiederholten »ärmlichen Verhältnissen« zum Trotz stammt er sowohl väterlicher- als auch mütterlicherseits aus wohlhabenden, bürgerlich-einflußreichen Familien, die in den vorangegangenen Jahrzehnten mit Fleiß und Geschick den sozialen Umbruch zum eigenen gesellschaftlichen Aufstieg nutzten. Nein, arme Bauern, »einfache Pächter« waren die beiden Großväter nicht, und gerade jene Familie, die dem Namen nach dies noch eher hätte vermuten lassen, war über Jahrhunderte im Handwerk tätig.

Für den Vater, der im armen Dörfchen Molmerswende nur ein geringes Einkommen hatte, war diese Pfarrei als Durchgangsstation gedacht. Frühzeitig hatte er seine Ansprüche auf die im Umkreis reichste Pfarre gesichert. Doch lange durchkreuzten der zählebige Caspar David Abel mit seinen familiären Beziehungen zur Familie Bauer und machtpolitische Abhängigkeiten der einflußreichen Familien untereinander den Plan. Endlich am Ziel, verblieb nur kurze Zeit zum Genießen des Glücks.

Den Bildungsgang des heranwachsenden Knaben beeinflußte dies kaum. In Aschersleben sorgte der Großvater mit seinen finanziellen Möglichkeiten dafür, daß der Enkel in den Genuß einer Ausbildung kam, die nur als erstklassig zu bezeichnen ist. Allzu unkritisch wurden Aussagen Dr. Althofs und des Dichters selbst für bare Münze genommen. Der immer wieder zitierte Satz: »Bis in sein zehntes Jahr lernte er durchaus weiter nichts, als lesen und schreiben« mag zwar ein reizvoller Beginn einer Dichterbiographie sein, doch stehen dem Dorfschulunterricht in Molmerswende private Lateinstunden, die ihn aus der dörflichen Kinderschar heraushoben, und nicht zuletzt der Wechsel zur höheren Bürgerschule, zum Stephaneum nach Aschersleben, gegenüber.

Der wegen der Perücken-Episode nur kurze Aufenthalt dort brachte für Bürgers Bildungsgang keine Nachteile, denn von hier wechselte er ins renommierte königliche Pädagogium in Halle, wo er auf Grund seiner Vorbildung auf einem anspruchsvollen Niveau eingestuft wurde. Die sehr hohen Ausbildungskosten an den Franckeschen Anstalten sind bekannt, um so mehr verwundert es, wie manche Lebensbeschreibung des Dichters den Sprung aus den »ärmlichsten Verhältnissen« zum Ausbildungsplatz »einiger Adlichen und Herrenstandes Kinder« problemlos bewältigt.

Warum in all den Veröffentlichungen kein Wort zu den immensen Kosten, warum kein Vergleich mit den Einkünften der Bevölkerungsmehrheit? Schnell hätte man feststellen können, wie privilegiert der junge Bürger heranwuchs. Bereitwillig hatte der Großvater, dem ein männlicher Nachkomme selbst nicht vergönnt war, all seine Wünsche und Träume auf den einzigen Sohn seiner Tochter übertragen.

Der Mär vom vorschnellen Abbruch der Ausbildung in den Franckeschen Stiftungen steht die durchschnittliche Verweildauer all der honorigen und mehr als betuchten Zöglinge von durchschnittlich zweieinhalb Jahren gegenüber. So lagen Bürgers dreijährige Zeit auf dem Pädagogium und sein Alter beim Weggang durchaus im üblichen Rahmen. Auch der halbjährliche Aufenthalt in Aschersleben zwischen Pädagogium und Universität bedeutete für Bürger nicht Müßiggang, vielmehr waren seine Tage mit dem Besuch einer Privatschule ausgefüllt.

Manches deutet darauf hin, daß der Großvater den Enkel nicht, wie so oft behauptet, zum Theologiestudium gezwungen hat. Was sprach auch aus seiner Familientradition dafür? Immer waren die Bauers Handwerker, und als man den sozialen Aufstieg wagte, studierten die Söhne der Familie Jura, um als Ratssyndikus oder Bürgermeister zu wirken. Überzeugender ist, daß Bürger selbst diesen Wunsch hatte, entstanden in den pietistischen Franckeschen Stiftungen, im väterlichen Pfarrhaus und nicht zuletzt durch das Einwirken Johann Friedrich Temmes, selbst Pfarrer an der St. Margarethenkirche in Aschersleben.

Doch verändern bald künstlerische Ambitionen, deren Keime lange vor dem Einfluß von Christian Adolph Klotz in den dichterischen Übungen auf dem Pädagogium zu suchen sind, seinen Berufswunsch. Vom Beginn seines künstlerischen Schaffens an rückt Bürger die Philologie, die dichterische Übersetzung in den Mittelpunkt. Seine Stärke liegt darin, fremdsprachige Werke seinem poetischen Duktus zu unterwerfen. Die Übersetzungen Homers, Shakespeares und anderer bindet er häufig in sein sprachlich-regionales Umfeld ein. In diesem Schaffensprozeß entfernt er sich von der Vorlage und geht weit über sie hinaus. So manifestiert sich Originalität eben auch dort, wo es im wissenschaftlichen Quellenverweis heißt: »nach Bernard, nach Pope, nach Horaz«. Sein berühmtestes Werk, die *Wunderbaren Reisen ... des Freiherrn von Münchhausen*, eben auch »nach Raspe«.

Schöpferisches im eigentlichen Sinne findet sich vor allem da, wo persönliche Lebenserfahrungen, so in den Molly-Liedern, die Grundlage bilden. Gerade Schillers Kritik an diesen Gedichten, an dem großen Anteil, »den das eigene Selbst des Dichters« hat, verrät einmal mehr, daß nicht mit Bürgers Werk, sondern mit der Epoche des Sturm und Drang abgerechnet werden sollte. In Leben und Werk verkörperte keiner so wie Bürger ihre Merkmale: pietistischer Einfluß, Shakespeare- und Homerbegeisterung, Hinwendung zur Volksdichtung, Ursprünglichkeit und Tiefe der Empfindung, kraftvolle, alltagsnahe Sprache. Es ist nicht verwunderlich, daß Bürger, lange bevor der Begriff mit Friedrich Maximilian Klingers Theaterstück *Sturm und Drang* als Epochenbezeichnung festgeschrieben wurde, diesen literarischen Topos mehrfach in seinen Werken und auch in seinem Leben verwendete. So stimmt seine Schaffensperiode zeitlich genau mit der Wirkungsdauer dieser literarischen Bewegung von der Mitte der sechziger bis zum Ende der achtziger Jahre des 18. Jahrhunderts überein. Zu sehr hatte sich Bürger mit seinem literarischen Programm auf die Volkspoesie und damit auf eine Popularitätsdefinition festgelegt, die im Gegensatz zur aufkommenden Klassik stand. Sturm und Drang war für ihn das literarische Fundament, auf dem er sich bewegte – nicht Durchgang, sondern Anfang und Ende zugleich.

Standen ihm wirklich zu geringe finanzielle Mittel zur Verfügung, um ein gesichertes Leben zu führen? Hinderte ihn die Gesellschaft daran, seinen Wunsch nach individueller Entfaltung zu verwirklichen? War er tatsächlich der Dichter, der sich ganz auf die Seite des einfachen Volkes schlug, mit Vehemenz für dessen Rechte stritt und von der Familie Uslar drangsaliert wurde? Fragen über Fragen, deren gründliche Beantwortung ein facettenreiches Bild des Dichters ergibt.

Als Bürger 1764 an die Universität nach Halle ging, als er nach sechs verlorenen Semestern – der Dauer eines regulären Studiums – eine erneute Chance zum Studium, diesmal im teuren Göttingen, erhielt, als er dort dem lockeren Studentenleben frönte, Schulden machte und sich vom Geld des Großvaters aufwendige Kleidung anfertigen ließ, lebte der größte Teil der deutschen Bevölkerung in unglaublicher Not. Große Teuerungen nach dem Ende des dritten Schlesischen Krieges hatten Hungerkatastrophen schlimmsten Ausmaßes zur Folge.

Bürgers Schwager, der Pfarrer Gotthelf Friedrich Oesfeld aus Lößnitz im Erzgebirge, hielt diese schreckliche Zeit in einer Schilderung und einem Gedicht fest, die er beide 1774 veröffentlichte und die Bürger aufgrund der familiären Bindungen wohl nicht verborgen bleiben konnten. Sicher, sein *Erndtelied* aus Anlaß der *Erndte-Predigt nach der grossen Theurung und Hungersnoth* niedergeschrieben, ist poetisch von geringem Wert, doch in der Beschreibung der »Verarmten«, die »halb mager und halb aufgeschwellt« wie »wandelnde Gerippe« dahinvegetieren, steckt ungeheure Authentizität.

Trauriges Beispiel

Entgegen allen späteren Verlautbarungen verfügte Bürger zeitlebens über außerordentliche Geldmittel, mit denen er sich gegenüber dem größten Teil der Bevölkerung einen privilegierten Lebensstil erlaubte. Dennoch gab er stets noch mehr aus, als er besaß, wollte dem Leben immer mehr abtrotzen, als seine finanziellen Möglichkeiten hergaben. Kein Wunder, daß drängende Gläubiger zu seinem Alltag gehörten. Seine Liebe zum Luxus, für die er sich häufig dem Lotteriespiel mit hohen Einsätzen hingab, seine Spielleidenschaft, die ihn an einem Abend um 100 Taler – das Jahresgehalt des Werkmeisters in Dieterichs Druckerei – bringen konnte, waren groß.

Unter welch unsäglichen Bedingungen verlief dagegen das kärgliche Dasein der Bauern und Handwerker. Man lese nur die Geschichte über das *Dorf und Kloster Weende* oder die Lebensbeschreibung der Kindesmörderin Catharina Erdmann *Vermutungen über ein argloses Leben*, mit deren Fall der Amtmann Bürger beschäftigt war.

Die Erbschaft des Großvaters in Aschersleben, die ungefähr auf 8000 Taler zu beziffern ist, die Auszahlungen an seine beiden Frauen von je 1000 Taler nach dem Tode ihres Vaters, das Gehalt als Amtmann, der jährliche Zugewinn von 500, später 300 Taler im Jahr durch die Herausgabe des Musenalmanachs und dazu die Einnahmen aus schriftstellerischer Tätigkeit – alles zerrann Bürger zwischen den Fingern.

Der Briefwechsel mit seinem Verleger Dieterich spricht eine beredte Sprache: »Na! wie hat die Krokodillenpastete geschmeckt? ... Schaffe Eidexenpasteten, oder ich hänge mich auf! ... Es erfolgt also anbei ein Hummer, welchen Du Dir wohl schmecken laßen mögest, ehe er verdirbt ... Die Austern gehn auf die Neige«. Gerade ihnen galt des Dichters besondere Vorliebe, doch er schätzte ebenso exotische Speisen wie Kaviar und Ananas und stand damit dem verwöhnten Adel in nichts nach.

Erstaunen auch beim Museumsdirektor, als der Bürgerforscher das im Nachlaß des Dichters aufgeführte Kaffeeservice aus Fürstenberger Porzellan an vergleichbaren Objekten nachempfinden will. »Wieso Bürger, wieso Porzellan, ich denke, der war arm?« Als Fachmann wußte er natürlich, daß sich damals nur wenige Porzellan leisten konnten. Bürger gehörte zu diesen. Für sein Kaffeegeschirr gab er 40 Louisdor, das sind 200 Taler, aus.

Aufschlußreich auch das *Inventarium*, das bei der Öffnung der versiegelten Wohnung nach seinem Tode aufgenommen wurde: »An baarem Gelde« 250 Taler in verschiedenen Münzen, Kuxen, das sind Bergwerksaktien, umfangreiches Silberbesteck, Uhren, Hemdknöpfe und Ringe aus Gold, zahlreiches Mobiliar aus Mahaghoni und anderen Edelhölzern. Neben erwähntem Kaffeegeschirr noch weiteres aus echtem Porzellan wie Schüsseln, Terrinen und Teller. »Allerhand Sachen« folgen, unter denen der Leser verwundert auch »eine Coffee filter Maschine von Zinn« entdeckt.

Sein Privatleben, geprägt von außerordentlicher Sinnlichkeit? Sicher, Bürgers Arrangement mit den beiden Schwestern war nicht alltäglich und würde auch heute noch Aufsehen erregen. Doch ohne diese Pikanterie bleibt davon nur übrig, was allerorten geschieht und auch im so kleinstädtisch-biederen Göttingen des 18. Jahrhunderts vorkam: Ein Ehepartner betrügt den anderen. Viele Affären illustrer Persönlichkeiten der Stadt sind bekannt. So hatte die Frau des Göttinger Musikdirektors Forkel eine Liaison mit Gottfried August Bürger während dessen Witwerzeit nach Mollys Tod.

Es war wohl weniger das Dreiecksverhältnis mit Dorette und Molly selbst als vielmehr Bürgers Umgang mit diesem, was die Aufgeregtheit seiner Zeitgenossen hervorrief. Was andere tunlichst zu verbergen suchten, brachte der Poet an die Öffentlichkeit, so in seinem Gedicht *Untreue über alles*.

Darüber entrüstete man sich, nahm ihm übel, daß er sich nicht an Konventionen hielt, und strafte ihn mit gesellschaftlicher Ächtung. Der herausragende Repräsentant des Sturm und Drang wurde zur unerwünschten Person, die besonders von den Kollegen der Georgia Augusta geschnitten wurde. Aber nicht wenige, die vorgaben, brüskiert zu sein, lasen mit Wonne seine pikant-erotischen Verse und trugen damit zum Erfolg des Dichters bei. Seinem Ruf nutzte diese doppelte Moral wenig.

Schnell ist man geneigt, gleichmacherisch von Bürgers Frauengeschichten zu sprechen. Doch sein Verhältnis zu Molly, sein Verirren in seelische Abgründe, die über den Dichter und alle Beteiligten ungeheure Qualen brachten, sie waren frei von amourösem Spiel. Ganz anders dagegen die Verbindung mit Elise Hahn, in der Eitelkeiten und egoistische Wünsche das Verhalten bestimmten. Daß der Dichter nach nur wenigen Monaten verheißungsvollen Glücks von einer »Torheit« spricht, ist mehr als entlarvend. Bei aller Tragik hätte er die Beziehung zu Molly nie mit diesem Attribut bedacht.

Unbedingtheit im Ausleben seiner Bedürfnisse über gesellschaftliche Schranken hinweg, Ehrlichkeit ohne Versteckspiel, ohne taktische Manöver, alle Nachteile inbegriffen, bestimmten seine Persönlichkeit. Daß diese Kompromißlosigkeit das Leid anderer einschloß, darf bei allem Respekt nicht vergessen werden. Dorette wird am Ende ihres glücklosen Lebens wenig Halt in Bürger gefunden haben. Sicher konnte ihr der Ehemann nicht das Gefühl nehmen, daß ihr Tod die Erfüllung seiner Liebesbeziehung zu Molly bedeutete.

So hat die freie Entfaltung Bürgers auch mit fehlender Verantwortung und mangelnder Disziplin zu tun, Tugenden, die überhaupt in seinem Leben nur wenig Raum fanden. In seiner Doppeltätigkeit als Schriftsteller und Amtmann blieb notgedrungen vieles liegen. Manchmal hinderten ihn aber auch Niedergeschlagenheit und Lethargie daran, Aktenvorgänge abzuschließen oder literarische Arbeiten, die bereits öffentlich angekündigt waren, überhaupt zu beginnen: *Tausendundeine Nacht*, Homers *Ilias*, Rollenhagens *Froschmäuseler* – die Liste ist lang.

Eine unübersehbare Eigenschaft des Dichters war seine Unsicherheit, die er häufig hinter derben Kraftausdrücken zu verbergen suchte. Die Briefe an seinen Verleger Dieterich sind hierfür eine wahre Fundgrube. Nicht für die Öffentlichkeit bestimmt, gestatten sie seit ihrer Herausgabe einen voyeuristischen Blick in Bürgers Innenleben. ›Fäkal- und Sexualsprache‹ überall. Nirgends die zurückhaltenden, zarten, würdevoll-poetischen Töne, die vom Wissen um das menschliche Wenn und Aber getragen sind. Sie findet man in zeitgleichen Briefen an Goeckingk, Boie und andere Freunde. Die qualvolle Liebe zu Molly, die Hölle bei ihrem Tod – im Briefwechsel mit dem Verleger Dieterich wird dies nicht erwähnt. Nein, der Verleger war nicht sein Freund, und ihm galt es aus diesem Grunde auch nicht mitzuteilen, wie es wirklich um ihn stand. In diesem ›Geldverhältnis‹ zählten vielmehr Imponiergehabe und forsches Auftreten.

Dem politischen Dichter gilt die uneingeschränkte Sympathie, wenn auch im täglichen Leben Bürgers abfällige Urteile über den unteren Stand sowie seine Versuche, es in Sinnenfreuden dem Adel gleichzutun, unübersehbar sind.

So prägten nicht Auflehnung und Protest, wie so oft behauptet, sein Verhältnis zu den meisten Mitgliedern der Familie von Uslar, vielmehr bewunderte ihr größter Teil den Dichter und war mit ihm befreundet. Häufig war er dort zu Gast, auf Gut Sennikkerode trug er das erste Mal die *Lenore* vor. Für die Erstausgabe der Gedichte 1778 half man eifrig, Subskribenten zu finden. Auch erhielt Bürger etliche Male den Auftrag, Familienfeierlichkeiten dichterisch zu untermalen. Der ihm übel mitspielende Senior Oberst Adam von Uslar war bereits 1775 gestorben. In seinem Sohn, dem Hof- und Kanzleirat Johann Georg, fand Bürger dagegen einen seiner glühendsten Verehrer.

Wenn von Bürgers politischem Bekenntnis die Rede ist, darf nicht nur an sein berühmtes Gedicht *Der Bauer. An seinen Durchlauchtigen Tyrannen* gedacht werden. Zu vordergründig, zu modisch, zudem in Anlehnung an Klopstocks Ode *Wir und Sie* entstanden, läßt dieses zwar rhetorisch meisterhafte Pamphlet nicht in seine Seele schauen.

Wie anders dagegen die poetischen Äußerungen des gereiften Dichters 15 Jahre später: stille Manifestationen, die die Zensur, die Aufgeregtheit der Herrschenden nie passiert hätten. Schon weniger Provokatives, vom Dichter versteckt geäußerte Stellungnahmen zur Französischen Revolution im Musenalmanach für das Jahr 1793, gaben Anlaß zu Verärgerung, Kritik und Verbot.

So sind seine eindringlichen Gedichte und Reden vor der Freimaurerloge in Göttingen nur aus seinem Nachlaß bekannt. Sie offenbaren, daß sich Bürger durch die blutigen Ereignisse in Paris nicht wie viele von seiner politischen Einstellung abbringen ließ. Für ihn ging es nicht um einzelne Begebenheiten, die von seinen Dichterkollegen nach Bedarf bejubelt oder verdammt wurden. Für ihn war die über allem stehende Freiheit des einzelnen keine Farce, keine politische Idee, die man für die eigenen Ziele mißbrauchen konnte, sondern unverrückbares politisches Ideal, für das es sich einzusetzen lohnte.

Doch Bürgers Gedichte heute noch lesen? Vieles aus seinem Werk hat die Zeit nicht überdauert, und selbst die Poesie berühmterer Zeitgenossen wird heute nur noch selten gelesen. Wenn auch der eine oder andere Leser dieser Biographie – hoffentlich – angeregt wird, wieder in Bürgers Dichtung zu schauen, um sie vielleicht neu oder anders zu verstehen, so kann wohl prophezeit werden: Eine Wiedererweckung, gar eine Bürger-Renaissance, scheint kaum denkbar.

Umso wichtiger ist es, einen Blick in die Literaturgeschichte zu werfen. Denn selbst in umfassenden Darstellungen des Sturm und Drang findet Bürger nur am Rande Erwähnung. Unverständlich, warum dem Dichter nicht der Platz zugewiesen wird, der ihm gebührt: nicht am Rande, nicht als eine der Nebenfiguren, sondern als einer der Großen dieser Epoche. Neubewertungen sind notwendig, wenn sich nicht jenes Vertrackte, Gescheiterte seines Lebens in seinem Nachruhm fortsetzen soll und es wieder einmal heißt: »Trauriges Beispiel: Bürger«.

NACHWORT

Bereitwillig hatte der Computer schon einige hundert Seiten geschluckt, als sich herausstellte, daß Bürgers Leben nur zur Hälfte dokumentiert war. Quellenangaben, Anmerkungen und Querverweise, die die bestehende Bürgerliteratur ergänzten und korrigierten, füllten die Seiten. Unveröffentlichte Manuskripte, neu entdeckte Jugendgedichte und ins Deutsche übertragene lateinische Texte aus Bürgers Hand füllten Fußnoten, hinter denen der Haupttext immer mehr zurücktrat.

Als sich dann im Laufe der Forschungen auch noch Berge von Abbildungen angesammelt hatten, von denen wenigstens die wichtigsten in der Biographie nicht fehlen sollten, wurde deutlich, wie weit man sich von der Anfangsidee entfernt hatte: Bürgers Leben wieder einer größeren, interessierten Öffentlichkeit zugänglich zu machen und gleichzeitig der Literaturwissenschaft Erkenntnisse und Einsichten für eine Neubewertung von Bürgers Leben und Werk in die Hand zu geben.

Doch könnte eine auf tausend Seiten anwachsende Biographie beide Zielgruppen erreichen? Das Unbehagen an der Arbeit wuchs mit jedem Tag, aber die Abkehr vom eingeschlagenen Weg fiel nicht leicht. Es galt, einen geistigen Spagat zu vollbringen, nämlich Wissenschaftlichkeit nicht auf Kosten von Unterhaltsamkeit aufzugeben und Lesegenuß nicht gegen Genauigkeit einzutauschen.

Daß diese Forderung Beschränkung bedeutete, hat der Autor schmerzlich erfahren. Einer erdrückenden Materialfülle gegenüber mußte er nun entscheiden, worin die Wichtigkeit des einen oder anderen Details bestand. Dies war umso beschwerlicher, als sich im Verlauf der Forschungen ein Bürgerbild ergeben hatte, das in vielem der bisher bestehenden Lehrmeinung widerspricht. Es entstand der Plan, in einem Ergänzungsband zur Biographie die neuen Forschungsergebnisse detailliert zusammenzufassen und damit zugleich auch der Biographie die unerläßliche wissenschaftliche Grundlage zu geben.

Gottfried August Bürger: Quellen – Anmerkungen – Literatur. Materialien zur Biographie des Dichters, so der Titel des geplanten Supplementbandes. Neben ausführlichen Quellennachweisen zur Biographie, eigenem Recherchematerial sowie einer kritischen Auseinandersetzung mit der Forschungsliteratur wird auch ein Literaturverzeichnis, das sich in Fülle und Genauigkeit einer Bibliographie annähert, nicht fehlen. Darüber hinaus ist der Erstdruck bisher unveröffentlichter Originalquellen vorgesehen.

PERSONENREGISTER

ABEL, Caspar David
(1676-1763), Geschichtsforscher, Dichter, Pfarrer zu Westdorf bei Aschersleben 73-76, 92, 305
ABEL, Ludwig Bernhard
(aus Magdeburg), Kommilitone Bürgers in Halle 129
AHRENDTS, Andreas
(1736-1772), Konrektor am Stephaneum in Aschersleben 145
AHRENDTS, Christiane Friederica
geb. Gleim, Ehefrau von >Andreas Ahrendts, Nichte des Dichters >Johann Wilhelm Ludwig Gleim 145
ALBERS, Hans
(1891-1960), Bühnen- und Filmschauspieler, i. J. 1943 Hauptrolle im ersten Deutschen Farbfilm *Münchhausen* 253
ALBRECHT I. von Anhalt
von 1304-1324 Bischof von Halberstadt 35
ALTHOF, Ludwig Christoph
(1758-1832), Bürgers Arzt und Biograph 12, 17, 19, 25, 54, 59, 62, 63, 275, 298, 301, 302, 305
ANAKREON
(um 520 v. Chr.), griech. Lyriker aus Teos in Ionien 122, 185
ANDREWSKY
russ. Student in Göttingen, lebte mit Bürger im Hause der Apothekerwitwe >Sachse 136
ANNA IWANOWNA
(1693-1740), von 1730-1740 Kaiserin von Rußland 255
ANNA LEOPOLDOWNA
(1718-1746), Mutter des Zaren >Iwan VI., von 1740-41 Regentin von Rußland 255, 256
ANTON ULRICH
(1714-1776), Prinz von Braunschweig, Ehemann von >Anna Leopoldowna 255, 256
ARENDT, Otto
(1854-1936), Politiker und Nationalökonom 49
ARMINIUS
(um 16 v.Chr.- um 21 n.Chr.), Hermann der Cherusker, schlug im Teutoburger Wald die römischen Legionen unter >Varus Publius Quinctilius 186
ASCHOFF, Christina Elisabeth
(1733-1806), verh. Hahn, Mutter von Bürgers 3. Ehefrau 277-279, 285, 286, 289
ASCHOFF, Johann Anton
(1703-1762), Galanteriehändler in Leipzig, Vater von >Christina Elisabeth Aschoff 278

Personenregister

ASSEBURG, Achaz Ferdinand von der (1721-1797), seit 1761 Besitzer der Burg u. Herrschaft Falkenstein, Kaiserlich russischer Geheimrat u. Minister 33, 205

ASSEBURG, August Friedrich von der (1700-1761), seit 1743 Besitzer der Burg und Herrschaft Falkenstein 34

ASSEBURG, Busso von der (1586-1646), seit 1604 Besitzer der Burg u. Herrschaft Falkenstein 31

ASSEBURG, Friedrich von der (1861-1940), seit 1909 Besitzer der Burg u. Herrschaft Falkenstein 73

ASSEBURG, Johann Bernhard von der (1696-1743), seit 1728 Besitzer der Burg u. Herschaft Falkenstein 52

ASSEBURG, Ludwig Graf von der (1796-1869), seit 1816 Besitzer der Burg u. Herrschaft Falkenstein 31

AUERBACH, Christian Philipp (1764-1850), Pfarrer zu Westdorf bei Aschersleben 79

AUERBACH, Georg Wilhelm (1727-1791), i. J. 1759 Rektor am Stephaneum in Aschersleben, später Pfarrer zu Westdorf bei Aschersleben, Vater von >Christian Philipp Auerbach 79

BACKHAUSEN, Paul Ludwig (1728-1802), Kaufmann in Göttingen 165

BANDMANN, Maria Catharina (1738-1771), Witwe in Göttingen, Tochter des Ratsapothekers Johann Florenz Sachse 137-140, 147

BARNER, Levin Joachim von Student in Göttingen, Okt.1764 imm. 136

BAUER, Gallus (1685-1736), seit 1733 Ratssyndikus zu Aschersleben, Bruder von Bürgers Großvater 88

BAUER, Jacob Philipp (1696-1772), Bürgers Großvater, Bäckermeister und Hofesherr des St. Elisabethhospitals in Aschersleben 15, 55, 56, 65, 75, 76, 79, 82, 83, 85, 87- 91, 93, 97, 105, 107, 111, 117, 122, 124, 125, 127, 128, 131, 132, 145-147, 166, 167, 305, 306, 308, 309

BAUER, Johann Caspar (1659-1707), Bürgers Urgroßvater, Schustermeister u. Brauherr zu Quedlinburg 87

BAUER, Johannes David (1689-1766), Bürgermeister zu Aschersleben, Bruder von Bürgers Großvater 88

BAUER, Johannes Gottlieb (1713-1771), von 1754-1768 Oberbürgermeister von Aschersleben, Sohn von >Gallus Bauer 88

BAUER, Rosina Magdalena (1702-1759), geb. Baumgarten, 2.Ehefrau von Bürgers Großvater 56

BEBERNIß, Heinz (geb. 1920), Bildhauer in Halle 58, 70

BECKER, Friedrich um 1780 Student in Gießen 134

BECKER, Hans-Heinrich (geb. 1945), Bauer in Molmerswende 68

BEETHOVEN, Ludwig van (1770-1827), Komponist 27

BEINROTH, Maria (1653-1707), Ehefrau von >Hans Bürger 33

BERNARD, Pierre Joseph (1708-1775), frz. Dichter 47, 307

BERNIS, François Joachim de Pierre de (1715-1794), frz. Politiker u. Dichter 47

BIESTER, Johann Erich (1749-1816), Kommilitone Bürgers in Göttingen, seit 1784 königl. Bibliothekar in Berlin 178, 179

BISCHOFF, Caroline Freundin von >Dorette Leonhart, Bürgers 1. Ehefrau 205, 206

BISMARCK, Otto von (1815-1898), Reichskanzler 33

BLÜCHER, Carl Wilhelm von (1752-1824), Mitschüler Bürgers auf dem Pädagogium in Halle, braunschweig. Kriegsrat, Domherr zu St. Blasien in Braun-

schweig 103
BÖHMER, Caroline
(1763-1809), Tochter des Orientalisten >Johann David Michaelis in Göttingen, in 2. Ehe mit >August Wilhelm Schlegel und in 3. Ehe mit >Friedrich Wilhelm Joseph Schelling verheiratet
15, 296, 299
BOIE, Heinrich Christian
(1744-1806), Mitbegründer des *Göttinger Musenalmanachs*, Mitglied des Göttinger Hains 113, 122, 140, 144, 145, 151-153, 160-165, 179-181,183, 185-191, 196, 198, 207, 212, 223, 248, 281, 312
BOLLMANN, Johann Friedrich
(gest. 1813), Advokat, von 1786-1809 Justiz-Bürgermeister von Aschersleben 15, 79, 94
BRANDES, Georg
(1719-1791), Hofrat, Geheimer Kanzleisekretär zu Hannover 154
BRECHT, Bertolt
(1898-1956), Dramatiker 253
BREUSING, Arthur
i. J. 1846 Student in Göttingen 7
BRUN, Bernhardine von
(geb.1773), 2.Ehefrau von >Hieronymus von Münchhausen 262
BÜLOW, J. C. von
i. J. 1752 preuß. Kriegs- und Domänenrat in Stolpe bei Anklam 107, 109
BÜRGER, Agathon
(1791-1813), Bürgers Sohn aus 3. Ehe 9, 19, 25, 46, 293-297, 299, 301
BÜRGER, Andreas
(gest.1809), i.J. 1764 Heirat mit Friederike Voigtländer, Gastwirt in Molmerswende 35
BÜRGER, Antoinette
(1775-1777), Bürgers Tochter aus 1.Ehe 207
BÜRGER, Augusta Maria Wilhelmina Eva (1758-1786), geb. Leonhart, Gustchen genannt, Bürgers 2.Ehefrau, seine vielbesungene Molly 11, 159, 194, 199-203, 205-209, 212-224, 233, 244, 248, 269, 282, 283, 289, 290, 298, 309-312
BÜRGER, Auguste
(1785-1847), verh. Mühlenfeld, Bürgers Tochter aus 2.Ehe 19, 25, 223, 224, 233, 283-285, 290, 293
BÜRGER, Auguste Wilhelmine
(1784-1784), Bürgers Tochter aus 1.Ehe 221
BÜRGER, Carl Sigismund
(1749-1815), Bürgers Cousin, von 1769-1772 Student in Göttingen, Justizamtmann zu Roßla am Harz 147
BÜRGER, Dorothea Marianne
(1756-1784), geb. Leonhart, Dorette genannt, Bürgers 1.Ehefrau 162, 199, 201-209, 212-221, 231, 283, 289, 298, 309-311
BÜRGER, Emil
(1782-1841), Bürgers unehelicher Sohn mit >Auguste (Molly) Leonhart, Buchhändler u. Verleger 11, 19, 25, 27, 218, 219, 233, 283-285
BÜRGER, Gertraud Elisabeth
(1718-1775), geb. Bauer, Bürgers Mutter 53-55, 63,64, 66, 74-76, 88, 93, 111, 306
BÜRGER, Gottlob Friedrich Bernhardt
(1746-1810), Bürgers Cousin, Pfarrer zu Lißdorf u. Bretleben 46, 301
BÜRGER, [BERGER] Hans
(1651-1714), Freibauer u. Gerichtsschöffe zu Pansfelde 33, 34
BÜRGER, [BERGER] Heinrich
(ca.1625-1681), Convoyer auf der Burg Falkenstein 31-33, 38, 46, 52
BÜRGER, Johanna Dorothea
(1756-1772), Bürgers früh verstorbene Schwester 63, 88
BÜRGER, Johann Gottfried
(1706-1764), Bürgers Vater, Pfarrer zu Molmerswende und Westdorf 34, 36, 45

51-53, 55, 56, 59, 61, 63-66, 68, 73-76, 79, 93, 99, 111, 305
BÜRGER, Johann Gottlieb
(1712-1791), Bürgers Onkel, mit seinem Bruder >Johann Ludwig übernahm er nach dem Ableben seines Vaters >Johann Heinrich Bürger gemeinschaftlich Schloß Neuhaus und Paßbruch 38, 44, 45
BÜRGER, Johann Ludwig
(1720-1803), Bürgers Onkel 38, 44
BÜRGER, [BERGER] Johann Heinrich
(1680-1761), Bürgers Großvater, Erb- u. Rittersasse zu Neuhaus und Paßbruch 34, 37, 43-45, 51, 52, 55, 56, 64, 305
BÜRGER, Maria Christiane Elisabeth
(1769-1833), geb. Hahn, genannt Elise, Bürgers 3. Ehefrau 9, 27, 277-290, 293-302, 311
BÜRGER, Maria Elisabeth
(1684-1751), geb. Otto, Bürgers Großmutter 44, 51, 52
BÜRGER, Marianne Friederike
(1778-1862), Bürgers Tochter aus 1. Ehe 19, 25, 233, 283-285, 293
BÜRGER, Wilhelm Friedrich
(1782-1869), Bürgers Großcousin, Begründer der deutschen Schaumweinherstellung 46
CAESAR, Gajus Julius
(100 - 44 v.Chr.), röm. Feldherr u. Staatsmann 127
CHODOWIECKI, Daniel
(1726-1801), Kupferstecher 13, 14, 190, 211
CICERO, Marcus Tullius
(106 - 43 v.Chr.), röm. Politiker u. Philosoph 131
CLAPROTH, Justus
(1728-1805), Professor zu Göttingen, Herausgeber von Sammlungen jur. Fälle 172
CHRISTINE
Bauernmädchen aus Gelliehausen, von der Bürger Anregungen zur *Lenore* erhielt 188
CORNEILLE, Pierre
(1606-1684), frz. Dramatiker 179
CORTHYM, Christian Gottlieb
(1693 - 1764), Hofesherr zu Aschersleben 84
CRAMER, Carl Friedrich
(1752-1807), Dichter, Schriftsteller, Mitglied des Hains 185, 186, 191
CRAMER, Heinrich Matthias August
(1745-1801), Pfarrer in Quedlinburg, mit Bürger gemeinsamer Schulbesuch auf dem Stephaneum in Aschersleben sowie sein Kommilitone in Halle 117
CROMWELL, Oliver
(1599-1658), engl. Staatsmann 22
CRONEGK, Johann Friedrich von
(1731-1758), Dramatiker u. Lyriker 278, 279
CRUSIUS, Paulus Gottlieb
(gest. 1773) seit 1764 Pfarrer in Molmerswende 53, 65, 76
DERLING
im 18. Jh. einflußreiche Familie in Aschersleben 88
DERLING, August Daniel
(gest. 1751), ab 1731 Bürgermeister von Aschersleben 92
DIETERICH, Johann Christian
(1722-1800), Bürgers Verleger 7, 15, 18, 24, 25, 27, 91, 153, 154, 211, 212, 223, 261, 265, 273, 276, 309, 311, 312
DIETZE, Johann Andreas
(1729-1785), Professor in Göttingen, Sekretär der deutschen Gesellschaft 141
DÖBBELIN, Karl Theophil
(1727-1793), Theaterdirektor, Schauspieler 119
DORÉ, Gustave
(1832-1883), frz. Maler u. Bildhauer 72
DUNTEN, Jacobine von
(1724-1790), 1. Ehefrau von >Hieronymus von Münchhausen 251, 257, 262
EBERLEIN, Gustav

(1847-1926), Bildhauer u. Maler 8, 9
EBERSTEIN, Anton Gottlob von
(1690-1747), Berghauptmann zu Harzgerode 43
EBERSTEIN, Christian Ludwig von
(1650-1717), Besitzer von Neuhaus und Paßbruch, Sohn von >Ernst Albrecht von Eberstein 44
EBERSTEIN, Eleonore Sophie von
(1657-1720), geb. v.Werthern, Ehefrau von >Christian Ludwig von Eberstein 44
EBERSTEIN, Ernst Albrecht von
(1605-1676), Generalfeldmarschall, Söldnerführer im 30jährigen Krieg, Erbauer von Schloß Neuhaus 38, 39, 43
EBERSTEIN, Ottilia Elisabeth von
(1618-1675), geb. v. Didtvort, Ehefrau von >Ernst Albrecht von Eberstein 39
EHRMANN, Marianne
(1753-1795), Schauspielerin, Schriftstellerin, Herausgeberin der Monatsschrift *Amaliens Erholungsstunden* in Stuttgart 279-281, 284, 285
EHRMANN, Theophil Friedrich
(1762-1811), Ehemann von >Marianne Ehrmann, Verfasser zahlreicher geographischer Schriften, Herausgeber der Zeitschrift *Der Beobachter* 279
ELDERHORST, Anna Maria Eleonora
(1755-1825), geb. Leonhart, Schwägerin von Bürger 202, 203, 213, 215, 219, 223, 233
ELDERHORST, Johann Jacob Heinrich
(1749-1806), Ehemann von >Anna Maria Eleonora Elderhorst, Amtsvoigt zu Bissendorf 213, 215, 216, 281
EIKE von Repgow
(um 1180-nach 1233), Rechtskundiger, Verfasser des *Sachsenspiegel* 33
EINECKE
i. J. 1834 Dorfschulze von Rotha 45
EINEM, Charlotte von
(1756-1833), Tochter von >Johann Conrad von Einem, vom Hainbund das »kleine Entzücken« genannt 195, 219, 220, 265, 266
EINEM, Johann Conrad von
(1736-1799), Rektor in Münden, Beiträger zum *Göttinger Musenalmanach* 195, 266
ERDMANN, Catharina Elisabeth
(geb.1758), Kindesmörderin aus Benniehausen, gegen sie führte Bürger als Amtmann den Prozeß 35, 172, 309
ERXLEBEN, Sophie Juliane
(1751-1815), Professorenwitwe in Göttingen, Frau des Prof. Johann Christian Polykarp Erxleben (1744-1777) 233, 293
EWALD, Schack Hermann
(1745-1824), Dichter, Mitglied des Hainbundes 185, 196
FALKENSTEIN, Burchard Graf von
(1287-1334), 35
FALKENSTEIN, Hoyer Graf von
(1211-1250), Auftraggeber des berühmten *Sachsenspiegel*, geschrieben durch >Eike von Repgow 33
FEDER, Johann Georg Heinrich
(1740-1821), Professor der Philosophie in Göttingen 19
FIDDICHOW, Johann Friedrich
(gest. 1761), Inspektor des königl. Pädagogiums zu Halle 105
FONTANE, Theodor
(1819-1898), Schriftsteller 193
FORKEL, Johann Nikolaus
(1749-1818), Musiker, Professor in Göttingen, Begründer der Musikwissenschaft 310
FORKEL, Sophia Margaretha Dorothea
(1765-1853), geb. Wedekind, genannt Meta, Ehefrau von >Johann Nikolaus Forkel, Übersetzerin u. Romanschriftstellerin 310
FORSTER, Georg
(1754-1794), Naturforscher u. Schriftsteller 22, 300
FORSTER, Therese

(1786-1862), Tochter von >Georg Forster aus seiner Ehe mit >Therese Heyne 300
FRANCKE, August Hermann (1663-1727), Theologe u. Pädagoge, berühmter Pietist 96, 97, 112
FRANCKE, Gotthilf August (1696-1769), Direktor der Franckeschen Stiftungen, Sohn von >August Hermann Francke 99, 100
FRANCKE, Johann Jacob i. J. 1743 Heirat mit >Sophia Friederica Bürger, einer Tante Bürgers, Pächter des Vorwerks in Molmerwende 56
FRANCKE, Sophia Friederica (geb. 1721), geb. Bürger, Schwester von Bürgers Vater 56
FRANKE, Johann (1618-1677), Verfasser geistlicher Lieder 66
FREUDENFELD, Koschin von Obrist im 7jährigen Krieg 101
FRIEDRICH II. (der Große) (1712-1786), 1740-1786 König von Preußen 47, 49, 93, 99, 100, 110, 113, 143, 176, 188, 229, 254, 266
FRIEDRICH II. (1720-1785), seit 1760 Landgraf von Hessen-Kassel, berüchtigt durch den Verkauf von Landeskindern als Soldaten an England 264, 275
FRIEDRICH III. (1657-1713), seit 1688 Kurfürst von Brandenburg, als Friedrich I. ab 1701 König in (!) Preußen 112
FRIEDRICH WILHELM I. (1688-1740), seit 1713 König in Preußen, auch der Soldatenkönig genannt, Vater >Friedrichs des Großen 52, 100, 113
FRIEDRICH WILHELM II. (1744-1797), seit 1786 König von Preußen 27
GABRIELLI, Francesca (1756-1796), berühmte Sängerin 267
GEBHARDT i. J. 1764 Schneider in Aschersleben 85
GEHRMANN, Thekla (geb. 1948), Museumsleiterin in Bodenwerder 250
GELLIUS, Aulus (geb. um 130), röm. Schriftsteller 140
GEMMINGEN, Eberhard Friedrich von (1726-1791), Dichter, ab 1797 badischer Staatsminister 161
GENSCHER, Hans-Dietrich (geb. 1927), dt. Politiker, von 1974-1992 Außenminister 95
GEORG II. (1683-1760), seit 1727 König von Großbritannien, in Personalunion Kurfürst von Braunschweig-Lüneburg 133
GEORG III. (1738-1820), seit 1760 König von Großbritannien, in Personalunion Kurfürst von Braunschweig-Lüneburg 141, 201
GERSTENBERG, Heinrich Wilhelm v. (1737-1823), Lyriker, Dramatiker u. Philosoph 186
GESSNER, Salomon (1730-1788), Idyllendichter, Verleger u. Maler 186
GIRTANNER, Christoph (1760-1800), schweiz. Arzt und Publizist in Göttingen 11
GLEIM, Johann Wilhelm Ludwig (1719-1803), Dichter 47, 117, 123, 125, 136, 142-145, 149, 150, 164, 166, 186, 204, 205
GOECKINGK, Leopold Friedrich Günther von (1748-1828), Dichter, preuß. Finanzrat 20, 21, 93, 94, 103, 104, 109, 110, 153, 154, 173, 211, 212, 223, 312
GOETHE, Johann Wolfgang von (1749-1832), 26, 32, 114, 140, 143, 150, 177-179, 207-209, 225-229, 303
GOEZE, Johann Heinrich (1689-1766), königl. Preuß. Inspektor u.

Oberprediger an der Stephanikirche in Aschersleben, Vater von >Johann Melchior Goeze 92, 117
GOEZE, Johann Melchior
(1717-1786), Hauptpastor in Hamburg, >Lessings großer Gegner 92
GOEZE, Johanna Rosina
(1725-1774), geb. Derling, Ehefrau von >Johann Melchior Goeze, Tochter des Bürgermeisters in Aschersleben 92
GOTTER, Friedrich Wilhelm
(1746-1797), Lyriker, Dramatiker, Übersetzer, Mitbegründer des *Göttinger Musenalmanach*s 153, 161
GOTTSCHED, Johann Christoph
(1700-1766), Professor in Leipzig, Literaturtheoretiker, Dramatiker, Herausgeber 140
GOTTWALD, Klement
(1896-1953), tschechoslowak. Politiker 116
GRAFF, Anton
(1736-1813), schweiz. Maler, berühmter Porträtist 9-11
GRESSET, Jean Baptiste Luis de
(1709-1777), frz. Dichter 47
GRIMM, Jacob
(1785-1863), und Wilhelm (1786-1859), Literatur- u. Sprachforscher 61
GROTHAUS, Friedrich Wilhelm Karl Ludwig von (1747-1801), Teilnehmer an Münchhausens Tafelrunde 259
HAGEN, Johann Friedrich Carl
(aus Halberstadt), Kommilitone Bürgers in Halle 129
HAHN, Christoph Eberhardt
(1727-1781), Vater von Bürgers 3. Ehefrau, Expeditionsrat u. Theaterkassierer in Stuttgart 279, 289
HAHN, Johann Friedrich
(1753-1779), Mitglied des Göttinger Hains 181, 186
HAHN, Johann Philipp
(1763-1806), Bruder von Bürgers 3. Ehefrau, Hauptmann und Oberauditor in Ludwigsburg/Württemberg 289
HAHN, Otto
(1879-1968), Chemiker u. Atomphysiker 156
HARDENBERG, Friedrich August Burkhard Graf von (1770-1837), bis Anfang 1791 im hannov. Militärdienst, später hoher Beamter im preuß. Innenministerium in Berlin 296-299, 301
HARTKNOCH, Johann Friedrich
(1740-1789), dt. Verleger in Riga 256
HAUSEN, Karl Renatus
(1740-1805), Historiker, während Bürgers Studium in Halle Professor für Geschichte 129
HAYDN, Joseph
(1732-1809), österr. Komponist 27
HEGENBARTH, Josef
(1884-1962), Graphiker u. Maler 72
HERDER, Johann Gottfried
(1744-1803), Dichter, Geschichtsphilosoph, Theologe u. Literaturkritiker 143, 189, 190, 226, 256
HERGT, Christoph Gottfried
(gest. 1779), Kommilitone Bürgers in Halle, später Direktor des Gymnasiums in Quedlinburg 117
HESSE, Johann Friedrich
(1744-1810), Advokat in Göttingen 149
HEYD, [HAID, HAYD] Johann Wolfgang und Ludwig Daniel (J.W. gest. 1798/99, L.D. gest.1801), Bildhauer in Kassel 26
HEYNE, Christian Gottlob
(1729-1812), Prof. für klassische Philologie in Göttingen 7, 13, 15, 22, 25, 141, 147, 148, 154, 193, 229, 230, 232, 235, 239, 242, 243, 247, 300
HEYNE, Therese Wilhelmina Franziska
(1729-1775), 1. Ehefrau von >Christian Gottlob Heyne 193
HÖLTY, Ludwig Christoph Heinrich
(1748-1776), Dichter, Mitglied des Göt-

tinger Hains 181, 186, 198
HÖRNIG
i. J. 1764 Fleischer in Aschersleben 85
HOFFMANN, Georg Wilhelm
Teilnehmer der Schlacht von Waterloo, Erbauer des gleichnamigen Gasthauses an der Straße Göttingen-Duderstadt 159
HOMER
(9.Jh. v.Chr.), griech. Dichter 28, 127, 144, 145, 150, 167, 177, 183,186, 226, 227, 232, 307, 311
HOPFGARTEN, Ludwig Friedrich von (1745 - 1806), Mitschüler Bürgers auf dem Pädagogium in Halle, später Rechtsgelehrter 103
HORATIUS, Flaccus Quintus
(65 - 8 v. Chr.), röm. Dichter 81, 127, 185, 307
HOSANG, Alfred
(1925-1991), Heimatforscher 42
HUBER, Therese Wilhelmine
(1764 -1829), Tochter des Göttinger Prof. >Ch.G.Heyne, 1.Ehe mit dem Weltumsegler >Georg Forster, 2. Ehe mit dem Schriftsteller Ludwig Ferdinand Huber 300, 301
HUMBOLDT, Alexander von
(1769-1859), Naturforscher 156
HUMBOLDT, Wilhelm von
(1767-1835), Gelehrter u. Staatsmann 156
IVAN VI.
(1740-1764), Sohn des Herzogs >Anton Ulrich von Braunschweig-Bevern und der Großfürstin >Anna Leopoldowna, seit 1756 in Festungshaft, ermordet 255, 256
JACOBI, Johann Georg
(1740-1814), anakreontischer Dichter, 1766 während Bürgers Studienzeit in Halle Prof. der Philosophie u. Beredsamkeit, dem Kreis um >Klotz zugehörig 121, 144
JÄGER, Johann Heinrich
(1752-1825), Garnisonsmedicus u. Privatdozent in Göttingen 12, 19, 25, 298

JAHN, Friedrich Ludwig
(1778 -1852), *Turnvater*, Pädagoge u. Politiker 156
JEAN PAUL
(1763-1825), d.i. Johann Paul Friedrich Richter, Romanschriftsteller 143
KÄSTNER, Abraham Gotthelf
(1719-1800), Mathematiker u. Epigrammatiker, Prof. in Göttingen 141, 153, 229, 230, 235-237, 264
KÄSTNER, Erich
(1899 -1974), Schriftsteller 252
KANT, Immanuel
(1724 -1804), Philosoph, Prof. der Logik und Metaphysik in Königsberg 239-241, 264
KARL I.
(1600 -1649), seit 1625 König von England, auf Betreiben von >Oliver Cromwell hingerichtet 22
KARL I.
(1713 -1780), seit 1735 Herzog von Braunschweig-Wolfenbüttel 255
KARL AUGUST
(1757 -1828), seit 1775 Herzog von Sachsen-Weimar-Eisenach, seit 1815 Großherzog 175, 226
KATHARINA II. (die Große)
(1729 -1796), seit 1762 Kaiserin von Rußland 260
KIELMANNSEGGE, Baron Christian Albrecht von (1748 -1811), Kommilitone Bürgers in Göttingen, später Präsident des Hof- u. Landgerichts zu Güstrow 178
KLEIST, Ewald Christian von
(1715 -1759), preuß. Offizier, Dichter, fiel in der Schlacht von Kunersdorf 195
KLEIST, Heinrich von
(1777 -1811), Dramatiker, Schriftsteller 143
KLINGER, Friedrich Maximilian
(1752 -1831), Dramatiker, sein Schauspiel *Sturm und Drang* 1776 wurde später als Epochenbezeichnung verwendet 307

KLOPSTOCK, Friedrich Gottlieb (1724-1803), Dichter 33, 143, 153, 181, 183, 185-187, 189, 195, 313

KLOTZ, Christian Adolph (1738-1771), Professor für klassische Philologie in Halle, Bürgers Mentor 87, 118-125, 128, 131, 136, 141, 144, 149, 150, 198, 307

KRAFT, Martin Christian Lehrer der Dorfschule von Molmerswende, i. J. 1765 heißt es »ist schon 41 Jahr Schullehrer allhier« 67

KRÜGER, Arno (1904-1994), Lehrer in Molmerswende, Betreuer des Bürgermuseums 73

KRUMHAAR, Peter Salomon (1697/98-1753) seit 1735 Pfarrer in Meisdorf, Taufzeuge bei Bürgers Geburt 56, 59

KÜNNE, Arnold (1866-1942), Bildhauer 58

KUTZBACH, Friedrich Nicolaus (1727-1760), Bruder von >Samuel Joachim Kutzbach, von 1754-1758 Pfarrer in Pansfelde, seit 1758 Pfarrer in Veltheim 34, 36, 64

KUTZBACH, Johanne Margarete (gest. 1786), Tochter von >Samuel Joachim Kutzbach 34

KUTZBACH, Samuel Joachim (1698-1754), 1730-1746 Pfarrer in Lohm, seit 1746 Pfarrer in Pansfelde 34, 56

LANGLOTZ, Hans Georg (geb. 1920), n.d. 2.Weltkrieg Lehrer in Molmerswende, Heimatforscher 71

LEIBNIZ, Gottfried Wilhelm Freiherr v. (1646-1716), Mathematiker und Philosoph 264

LEISEWITZ, Johann Anton (1752-1806), Dichter u. Dramatiker, Mitglied des Göttinger Hains 196

LEISTE, Christian (1738-1815), Bürgers Lieblingslehrer am Pädagogium in Halle, später Professor an der Herzoglichen Großen Schule zu Wolfenbüttel 105, 107-109

LENZ, Jacob Michael Reinhold (1751-1792), Dramatiker u. Lyriker 256

LEONHART, Cäcilia Antoinette Elisabeth (1726-1790), geb. Schädeler, verw. Strecker, 2. Ehefrau des Amtmann >Johann Carl Leonhart, Schwester von >Maria Luise Leonhart 203

LEONHART, Ernst Carl Joseph (1751-1781), Dorettes u. Mollys ältester Bruder, der auf Bürgers gepachtetem Untergut Appenrode an Auszehrung starb 203, 213, 220, 221

LEONHART, Ernst Ludowig Franz (1759-1808), Bürgers Schwager, Offizier in Hannoverschen Diensten, fällt als Oberstleutnant in Spanien 203

LEONHART, Franz Anton Philipp (1761-1763), früh verstorbener Sohn des Amtmanns >Johann Carl Leonhart 203

LEONHART, Georg Heinrich (1760-1822), Bürgers Schwager, Offizier, starb als Platzkommandant in Münster 169, 203, 286

LEONHART, Johann Carl (1720-1777), Amtmann zu Niedeck, Bürgers Schwiegervater 200, 201, 203, 209, 309

LEONHART, Maria Luise (1725-1764), geb. Schädeler, 1. Ehefrau von >Johann Carl Leonhart 203

LESSING, Gotthold Ephraim (1729-1781), Dramatiker, Schriftsteller u. Kritiker 92, 117-119, 123, 143, 185, 266

LICHTENBERG, Georg Christoph (1742-1799), Physiker, Philosoph u. Schriftsteller 7, 22-25, 229, 238, 239, 241, 261, 264, 265, 275

LICKEFETT (um 1850), Kantor in Pansfelde 36

LISBURNE engl. Lord und dessen Sohn, den Bürger

als Hofmeister in Göttingen betreute, wahrscheinlich Wilmot I. Vaughan, 1. Earl of Lisburne (gest. 1800), irischer Staatsmann, und sein Sohn John Vaughan, 3. Earl of Lisburne (1769-1831), irischer Staatsmann 269

LISTN, [LISTE] Anne Juliane Elisabeth (um 1720 - nach 1786), geb. Lüdecke, Ehefrau von >Ernst Ferdinand Listn, von Bürger als *Agathe* besungen 160-162, 189, 203

LISTN, [LISTE] Ernst Ferdinand (1719 - vor 1798), württ. Hofrat, Bürgers Vorgänger (1742 -1767) als Amtmann im Gericht Altengleichen 159, 160- 162, 164-167, 203

LISZT, Franz von (1811-1886), ungar. Komponist 27

LOEBER, Heinrich Christoph (gest. 1783), Bürgermeister in Aschersleben 166, 167

LUCANUS, Marcus Annaeus (39 - 65 n. Chr.), lat. Dichter, Neffe des Philosophen Seneca, Hauptwerk *Pharsalia* 125, 127

LUKIAN von Samosata (um 120 - nach 180), griech. Schriftsteller 270

LUTHER, Martin (1483-1546), Theologe u. Reformator 186

LYNAR, Rochus Friedrich Graf zu (1708 -1781), Diplomat u. Schriftsteller 263

MACPHERSON, James (1736 - 1796), schott. Dichter, Übersetzer u. Politiker 177

MAHLSTEDT, Curt (1902- 1961), letzter Pächter des Staatsgutes Niedeck 202

MARENHOLTZ, Charlotte von (1769 -1845), geb. Gräfin v. Hardenberg, Schwester von >Friedrich August Burkhard von Hardenberg 299

MAREZOLL, Johann Gottlieb (1761 - 1828), Universitätsprediger und Professor für Theologie in Göttingen 13

MATTHIEU, Leopold Heinrich Friedrich (1750 - 1778), Berliner Porträt- und Historienmaler, ging 1774 nach Göttingen 152, 168, 200, 204, 214, 219, 220

MATTHISSON, Friedrich von (1761 - 1831), Lyriker u. Schriftsteller 16

MEINEKE, Johann Heinrich Friedrich (1745 - 1825), Theologe, Dichter u. Übersetzer, Rektor am Gymnasium in Quedlinburg, Bürgers Kommilitone in Halle 117

MEISTER, Christian Georg Friedrich (1718 - 1782), Professor der Jurisprudenz in Göttingen 147

MEUSEL, Johann Georg (1743 - 1796), Biograph u. Literaturhistoriker, langj. Prof. in Erlangen, bei ihm disputierte Bürger im April 1767 in Halle 125, 126, 128

MEYENBERG, Georg Philipp (1732 - 1791), Bürgermeister von Göttingen 163

MEYER, Friedrich Ludwig Wilhelm (1759 - 1840), Prof. für Philosophie in Göttingen 286, 296, 297

MICHAELIS, Johann David (1717- 1791), Prof. für Philosophie u. orientalische Sprachen in Göttingen 161

MILLER, Gottlob Diederich (1753 -1822), Mitglied des Göttinger Hains, stud. seit 1771 in Göttingen Jurisprudenz 181, 186

MILLER, Johann Martin (1750-1784), Cousin von >Gottlob Diederich Miller, Mitglied des Göttinger Hains, Dichter u. Schriftsteller, stud. seit 1770 in Göttingen Theologie, später Prof. und Prediger am Münster in seiner Heimatstadt Ulm 161, 181, 185, 186, 189

MILTON, John (1608-1674), engl. Dichter 115, 186

MÜLLNER, Adolf Amandus Gottfried (1774-1829), Dramatiker, Schriftsteller u. Theaterkritiker, Bürgers Neffe 63
MÜLLNER, Friederike Philippine Louise (1751-1799), geb. Bürger, verw. Müller, Bürgers Lieblingsschwester, Mutter von >Adolf Müllner 11, 25, 63, 88, 93, 218, 286, 294
MÜLLNER, Heinrich Adolf (1742-1803), Amtsverwalter zu Langendorf, 2. Ehemann von >Friederike Philippine Louise Müllner 93
MÜNCHHAUSEN, Börries Freiherr v. (1874-1945), Schriftsteller u. Dichter 254
MÜNCHHAUSEN, Ernst Friedemann v. (1724-1784), preuß. Justizminister 254
MÜNCHHAUSEN, Gerlach Adolph Freiherr v. (1688-1770), Kurator der Universität Göttingen 133, 134, 254, 273
MÜNCHHAUSEN, Hieronymus Karl Friedrich von (1720-1797), Offizier u. Gutsbesitzer, berühmt als *Lügenbaron* 249-251, 253-263, 269, 270, 272, 273
MÜNNICH, Burkhard Christoph Graf v. (1683-1767), Generalfeldmarschall in russ. Diensten, in den Staatsstreich von 1740 verwickelt, wurde er zum Tode verurteilt, später begnadigt und wieder in Amt und Würden eingesetzt 255
MYLIUS, Gottlob [Gottlieb] August (1731-1784), seit 1763 Buchhändler u. Verleger in Berlin 264
NAPOLEON I. (1769-1821), von 1804-1814/15 Kaiser der Franzosen 159
NERIFSCHE, Emanuel de i. J. 1791 Student der Philosophie in Göttingen 297
NIEMEYER, August Hermann (1754-1828), Theologe u. Pädagoge, Direktor des köngl. Pädagogiums in Halle 100
NIEMEYER, Johann Anton (1723-1765), Inspektor des königl. Pädagogiums in Halle 12, 81, 83, 105-107, 109, 110
NIEMEYER, Johann Conrad Philipp (1711-1767), Archidiakon a. d. Marienkirche in Halle, Bruder von >Johann Anton Niemeyer 105
NITZ, Hans-Georg (geb. 1957), Pfarrer in Pansfelde und Molmerswende 36, 68
NÖSSELT, Johann August (1734-1807), Kgl. Preuß. Geh. Regierungsrat, Prof. der Theologie in Halle 117, 120-122, 128
NOVICOFF russ. Student in Göttingen, lebte mit Bürger im Hause der Apothekerwitwe >Sachse 136
OESFELD, Gotthelf Friedrich (1735-1801), Bürgers Schwager, Inspektor u. Pfarrer zu Lößnitz im Erzgebirge, auch schriftstellerisch tätig 308
OESFELD, Henriette Philippine (1744-1807), geb. Bürger, Ehefrau von >Gotthelf Friedrich Oesfeld, Bürgers ältere Schwester 9, 17, 63, 88, 89, 93, 194, 203, 223
OLEARIUS, Adam (1599-1671), eigtl. Ölschläger, Schriftsteller, bekannt durch seine Reisebeschreibungen 92
OPPERMANN, Christoph Friedrich (gest. 1782), Auditor in Göttingen, Bürgers Konkurrent um die Amtmannstelle in Altengleichen 163-166
OSSIAN fiktiver von >James Macpherson erfundener gälischer Dichter aus dem 3. Jh. 177, 186, 189
PÄSZLER, Johann Gottfried i. J. 1753 Justizrat in Harzgerode 45
PERCY, Thomas (1729-1811), engl. Schriftsteller, Bischof von Dromore, bekannt als Herausgeber einer Sammlung altschott. u. altengl.

Balladen u. Lieder 177
PLATO
(427 - 348/347 v. Chr.), griech. Philosoph 131
PFLAUME
im 18.Jh. einflußreiche Familie in Aschersleben 88
POMPEIUS, Magnus Gnaeus
(106 - 48 v.Chr.), röm. Feldherr u. Politiker, unterlag >Julius Caesar im Bürgerkrieg 127
POPE, Alexander
(1688 - 1744), engl. Dichter u. Übersetzer 150, 307
PÜTTER, Johann Stephan
(1725 - 1807), Prof. der Jurisprudenz in Göttingen, berühmter Staatsrechtler 147 - 149, 230, 232
PUTTKAMER, Johanna von
(1824 - 1894), spätere Frau des Reichskanzlers >Otto v. Bismarck 33
QUENSTEDT, Wilhelm
i. J. 1643 Offizier auf der Burg Falkenstein 31
RAABE, Paul
(geb. 1927), von 1968 - 1991 Direktor der Herzog August Bibliothek in Wolfenbüttel 95
RAMLER, Karl Wilhelm
(1725 - 1798), Odendichter, Übersetzer u. Herausgeber 185
RASCHKE, Frieda
nach dem 2. Weltkrieg aus dem Posener Land geflüchtet, i. J. 1994 letzte Bewohnerin des Schlosses Neuhaus 42
RASPE, Elisabeth
geb. Lange, genannt Babette, Ehefrau von >Rudolf Erich Raspe 266
RASPE, Rudolf Erich
(1737 - 1794), Kunsthistoriker, Übersetzer u. Erzähler, Verfasser der Münchhausen-Geschichten in engl. Sprache 161, 264 - 267, 269 - 271, 273, 275, 307
RATIG, Jacob Ludewig

i. J. 1770 Student in Göttingen 137, 138, 140
RECK [E], Eberhard Freiherr von der
(1744 - 1816), preuß. Etat- u. Justizminister, Mitschüler Bürgers auf dem Pädagogium 103
REINHARD, Adolf Friedrich
(1726 - 1783), Konsistorialrat u. Prof. in Bützow 193
REINHARD, Karl von
(1769 - 1840), Dichter, Schriftsteller u. Herausgeber v. Bürgers Werken nach dessen Tod 247
REUTER, Christian
(1665 - nach 1712), Dramatiker u. Erzähler 270
RINGWALDT, Bartholomäus
(1530 - 1598), Pfarrer zu Langenfeld in der Neumark, Verfasser geistlicher Lieder 66
RIEMSCHNEIDER, Daniel
i. J. 1781 Metzgergeselle in Göttingen 172
RIST, Johann
(1607 - 1667), herzgl. Mecklenb. Kirchenrat, Verfasser geistlicher Lieder 18
RITTER, CARL
(1779 - 1859), bedeutender Geograph 117
RITTER, Friedrich Wilhelm
(1747 - 1784), Leibarzt der Prinzessin Amalia, der Schwester >Friedrichs des Großen, Kommilitone Bürgers in Halle, Vater des Geographen >Carl Ritter 117
RÖSEMEYER
Leibjäger von >Hieronymus Karl Friedrich von Münchhausen 257
ROLLENHAGEN, Georg
(1542 - 1609), Dichter, Rektor u. Prediger 275, 311
ROSANOFF
russ. Student in Göttingen, lebte mit Bürger im Hause der Apothekerwitwe >Sachse 136
RULÄNDER, [RÜHLENDER] Johann Hermann (1727 - 1802), Wirt des Gasthauses »König von Preußen« in Göttin-

gen 165, 259, 270
RUPSTEIN, Ludwig August
Student in Göttingen, Mai 1772 imm. 138
SACHSE, Agnesa Maria
(1715-1770), geb. Zindel, Ehefrau des Ratsapothekers Florenz Sachse (1700-1756) 136, 137
SALLUST, lat.Gaius Sallustius Crispus (86 v. Chr.-34 v. Chr.), röm. Geschichtsschreiber 86, 93
SANGERHAUSEN, Christoph Friedrich (1740-1802), anakreontischer Dichter, seit 1772 Rektor des Stephaneums in Aschersleben, Beiträger zum *Göttinger Musenalmanach* 94
SCHELLING, Friedrich Wilhelm Joseph von (1775-1854), Philosoph 296
SCHILLER, Friedrich von (1759-1805), 26, 27, 123, 143, 290-293, 307
SCHLEGEL, August Wilhelm von (1767-1845), Philologe, Übersetzer u. Dramatiker 243-245, 296
SCHLEGEL, Friedrich Karl Wilhelm v. (1772-1829), Philosoph u. Literaturtheoretiker 243
SCHLÖZER, August Ludwig von (1735-1809), Staatswissenschaftler u. politischer Schriftsteller in Göttingen, Herausgeber der einflußreichen *Staatsanzeigen* 22, 149, 230
SCHMIDT, Klamer Eberhard (1746-1824), Dichter des Halberstädter Kreises 129, 144
SCHOPENHAUER, Arthur (1788-1860), Philosoph 156
SCHUBERT, Franz (1797-1828), österr. Komponist 27
SCHÜTZ, Christian Gottfried (1747-1832), Kommilitone Bürgers in Halle, Prof. der Altphilologie in Jena, Herausgeber der *Allgemeinen Litteratur-Zeitung* 128
SCHÜTTEN, Daniel

i. J. 1780 Kaufmann in Bremen 211
SCHULENBURG, Carl Levin Friedrich von der (1749-1772), Bürgers Mitschüler auf dem Pädagogium in Halle 103
SCHWICKERT, Engelhard Benjamin (1741-1825), Verleger in Leipzig 153
SELCHOW, Johann Heinrich Christian von (1732-1795), Prof. der Jurisprudenz in Göttingen 147
SEUME, Johann Gottfried (1763-1810), Schriftsteller u. Übersetzer 143, 275
SHAKESPEARE, William (1564-1616), engl. Dramatiker 178, 179, 226, 232, 245, 307
SMIRNOFF
russ. Student in Göttingen, lebte mit Bürger im Hause der Apothekerwitwe >Sachse 136
SOLMS-BARUTH-WILDENFELS, Christian August Graf zu (1748-1763), Mitschüler Bürgers auf dem Pädagogium in Halle 103
SOPHIE CHARLOTTE
(1744-1818), seit 1761 Gemahlin des König >Georgs III. von Großbritannien 24
SPRENGEL, Matthias Christian (1746-1803), Prof. für Geschichte in Halle, Historiker, Kommilitone Bürgers in Göttingen 178
SPRICKMANN, Anton Matthias (1749-1833), Jurist und Schriftsteller 169, 171, 223
STÄCKER
im 18.Jh. einflußreiche Familie in Aschersleben 88
STEIN, Heinrich Friedrich Karl Reichsfreiherr vom und zum (1757-1831), preuß. Staatsminister 156
STOLBERG-STOLBERG, Christian Graf zu (1748-1821), Lyriker, Dramatiker u. Übersetzer, Mitglied des Göttinger Hains 183-186, 195, 196
STOLBERG-STOLBERG, Friedrich

Leopold Graf zu (1750-1819), Bruder von >Christian Graf zu Stolberg-Stolberg, Lyriker, Dramatiker u. Schriftsteller, Mitglied des Göttinger Hains 183-186, 195-197, 227

STOLLE, Gerhard (geb. 1918), Heimatforscher in Aschersleben 93

STRECKER, Franziska Elisabeth (1753-1831), Tochter der 2. Ehefrau des Amtmanns >Johann Karl Leonhart, die sie aus ihrer 1. Ehe mitbrachte 202, 203

STRECKER, Wilhelmine Josephine (1763-1807), Schwester von >Franziska Elisabeth Strecker 202, 203

TEMME, Johann Friedrich (1732-1772), Pfarrer an der St. Margarethenkirche in Aschersleben, Bürgers Privatlehrer, Stiefsohn von >Jacob Philipp Bauer 75, 83, 89, 307

TESDORPF, Johann Matthäus (1749-1824), Bürgers Kommilitone in Göttingen, später Bürgermeister von Lübeck 178

TISCHBEIN, Johann Heinrich d. Ä. (1722-1789), Maler, Prof. an der Kunstakademie in Kassel 10, 11, 142, 145, 146, 148

TOLKY (um 1850), preuß. Offizier, verheiratet mit der letzten Namensträgerin Bürger auf Schloß Neuhaus u. Paßbruch 46

USLAR, Adam Heinrich von (1709-1775), Obrist, Senior der Ludolfschen Linie, Bürgers Gegenspieler bei der Erlangung der Amtmannstelle von Altengleichen 163-166, 312

USLAR, August Bernhard Wedekind v. (1757-1812), Sohn von >Karl Friedrich Ferdinand von Uslar, Mündel von >Ernst Ferdinand Listn, Offizier im hess. Dienst 162

USLAR, Jacob Wilhelm Karl von (1755-1793), Sohn von >Karl Friedrich Ferdinand von Uslar, Mündel von >Ernst Ferdinand Listn, Offizier im engl. Dienst 162

USLAR, Johann Georg von (1744-1810), Hof- u. Kanzleirat in Hannover, Sohn von >Adam Heinrich von Uslar, Verehrer von Bürger 163, 175, 312

USLAR, Hans Lebrecht von (1746-1815), Dr. jur., Oberhauptmann zu Ilten 163, 165

USLAR, Karl Friedrich Ferdinand von (1722-1759), Major 162

USLAR, Thilo Leberecht Heinrich Amadeus von (1748-1814), Hauptmann, Lizent-Kommissar in Sennickerode, Freund Bürgers 203

UZ, Johann Peter (1720-1796), Lyriker 186

VANGEROW, Wilhelm Gottlieb von (1745-1816), Mitschüler Bürgers auf dem Pädagogium in Halle, später Regierungsrat in Magdeburg 103

VARUS, Publius Quinctilius (um 46 v. Chr.-9 n. Chr.), röm. Statthalter und Oberbefehlshaber in Germanien 186

VERGIL, Publius Maro (70-19 v. Chr.), röm. Dichter 28, 81, 127, 183, 186, 232, 290

VIKTOR FRIEDRICH (1700-1765), seit 1721 Fürst zu Anhalt-Bernburg 37, 38, 43

VOGEL, Georg Johann Ludwig (1742-1776), Prof. der Philosophie in Halle zur Studienzeit Bürgers 128

VOIGTLÄNDER, Marie Elisabeth (hingerichtet 1779), Kindesmörderin aus Molmerswende 35

VOLBORTH, Johann Carl (1748-1796), Prof. der Theologie in Göttingen, dann Superintendent in Gifhorn, Beiträger zum *Göttinger Musenalmanach* 17

VOLTAIRE, François Marie Arouet (1694-1778), franz. Philosoph u. Schrift-

steller 179, 186
VOSS, Johann Heinrich
(1751-1826), Philologe, Übersetzer, Mitglied des Göttinger Hains 153, 154, 181, 183-186, 195, 197, 207
WAGNER
i. J. 1767 Billiardeur [Gastwirt] in Halle 129
WALDMANN, Johann Gottfried
(gest.1787), während des 7jährigen Krieges Ratssekretär in Aschersleben, ab 1769 Senator 80- 82, 84, 89
WALTER
i. J. 1764 Fabrikant in Aschersleben 85
WEDEKIND, Rudolf
(1718-1778), Prof. der Philosophie in Göttingen, Sekretär der *Deutschen Gesellschaft* in Göttingen 141
WEHRS, Johann Thomas Ludwig
(1751-1812), Mitglied des Göttinger Hains, trat dichterisch nicht hervor 181, 183
WEINREICH, August Friedrich Christian, Kommilitone Bürgers in Halle 129
WEISSE, Christian Felix
(1726-1804), Schriftsteller, Übersetzer u.Librettist 186
WEISSBECK, Georg Erich
(1675-1746) Oberdomprediger und Generalsuperintendent in Halberstadt 52,53
WENTZEL
im 18.Jh. einflußreiche Familie in Aschersleben 88
WEYGAND, Christian Friedrich
(1742-1807), Verleger in Leipzig 149
WIEBEL, Bernhard
(geb.1950), schweiz. Kulturwissenschaftler 253
WIELAND, Christoph Martin
(1733-1813), Dichter u. Herausgeber 143, 183, 186, 187, 226, 227, 273, 274
WIELE, Karl
(geb. 1921), Bauer in Molmerswende 69, 71
WILHELM HEINRICH [William Henry]
(1743-1805), Herzog von Gloucester 141
WILLICH, Friedrich Christoph
(1745-1827), Universitätssyndikus in Göttingen 15
WISSEL, Magdalena Christiane von
(1754-1812), geb. v. Uslar, Schwester von >Thilo Leberecht Amadeus von Uslar, von Bürger als *Helene* besungen 203
WOLFF, Christian von
(1679-1754), Philosoph 113
WOLTMANN, Carl Ludwig
(1770-1817), Historiker, Schriftsteller u. Prof. in Jena 281
WOOD, Robert
(1716-1771), engl. Archäologe u. Schriftsteller 177
XENOPHON von Ephesus
(2 Jh. n. Chr.), griech. Schriftsteller 149
ZACHARIAE, Justus Friedrich Wilhelm
(1726-1777), Dichter, Übersetzer u. Herausgeber, Prof. am Carolinum in Braunschweig 161
ZEDLITZ, Carl Abraham Freiherr von
(1731-1793), Staatsminister >Friedrichs II., Ober-Kurator der Universitäten u. Schulen in Preußen 176, 229
ZUCH, Johann Christian
(gest. 1797), seit 1765 Pastor zu Gelliehausen 171

*Für die freundliche Genehmigung zur Wiedergabe der in
Ihrem Besitz befindlichen Vorlagen danken Autor und Verlag:*

Museum Aschersleben: 84, 90
Nationalgalerie Berlin: 168
Heimatmuseum Bissendorf: 216
Museum der Stadt Bodenwerder: 250, 252, 274
Städtisches Museum Braunschweig: 108
Stadtmuseum Dresden: 10
Freies Deutsches Hochstift Frankfurt/Main: 134
Niedersächsische Staats- und Universitäts-
bibliothek Göttingen: 126, 222, 240, 268, 272
Stadtarchiv Göttingen: 136, 138
Universitätsarchiv Göttingen: 234
Städtisches Museum Göttingen:
18, 26, 160, 174, 180, 182, 190,
192, 196, 208, 236, 238, 288, 294
Gleimhaus Halberstadt:
16, 20, 118, 142, 146, 184
Franckesche Stiftungen Halle: 106
Kunstsammlung der Universität Leipzig: 148
C. A. Starke Verlag Limburg/Lahn: 54
Dithmarscher Landesmuseum Meldorf: 152
Evangelisches Pfarramt Pansfelde: 56/57
Evangelische Kirchengemeinde Westdorf: 74

*Die auf der Doppelseite 40/41 dargestellte
Karte von G. A. Bürgers Heimat ist ein graphisch
aufgearbeiteter Ausschnitt aus:
»Mappa specialis Principatus Halberstadiensis ...,
Homanns Erben, Nürnberg 1750.«*

Inhalt

I.	Herz, ich wollte, du auch würdest alt	5
II.	Convoyer uffn Falkenstein	29
III.	Ich rühme mir mein Dörfchen hier…	47
IV.	O Licht helleren Zeichens	77
V.	Der kleine Bürger	95
VI.	Signor Klotz	111
VII.	Georgia Augusta	131
VIII.	Das ist mein Looß	151
IX.	Condor des Hayns	177
X.	Untreue über alles	199
XI.	Vom beleidigten Selbstgefühl	225
XII.	Gescheite Leute narrieren gern	249
XIII.	Ach, das Schwabenmädchen	277
XIV.	Trauriges Beispiel	303
	Nachwort	315
	Personenregister	317

Gottfried August Bürger
» Hurra! die Toten reiten schnell! «
Ein Handpressendruck der schönsten Balladen des Lenorendichters.
Herausgegeben und eingeleitet von Bernd Hofestädt mit zehn Originallithographien des hallischen Malers Uwe Pfeifer.
Eine vom Künstler und Herausgeber handsignierte, numerierte Auflage von 120 Exemplaren.

Format: Folio, 72 Seiten, Halbleinen, Bütteneinband
ISBN 3-89433-176-3   DM 548,--

SCHERER VERLAG GmbH, Berlin 1994

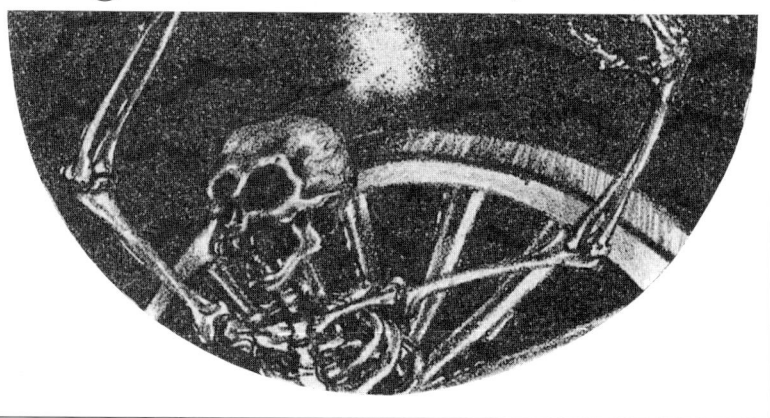

Die gezeigten Abbildungen stellen verkleinerte Ausschnitte dar (s.a. Seite 194).

Uwe Pfeifer Foto: Weinreich

Als Uwe Pfeifer 1974 mit seinen Bildern der »sozialistischen Wohnstadt« Halle-Neustadt im Kunstbetrieb der DDR sein Debüt gab, hatte er sich, der selbst von 1969 bis 1978 hier wohnte, sofort mißliebig gemacht. Dabei ging es dem Künstler nicht um billige Kritik, eher um stille, genaue Beobachtung, um eine Wahrnehmung jenseits aller Naturalismen, die, sofort diffamiert, doch nur unerbittliche Annäherung an die Wahrheit bedeutete. Der Künstler umschrieb sie mit der einfachen, doch so treffenden Metapher vom »... sich ein Bild machen«. Von vornherein als kritischer Künstler abgestempelt, als einer, der weder dem Kunstrummel samt staatlicher Privilegien noch der Verweigerung, der Flucht in formalistische Nischen huldigte, gilt der 1947 geborene Maler und Graphiker als einer der wenigen bildnerischen Künstler, die in der DDR etwas bewirkten.

Daß sich der Schüler Tübkes und Mattheuers auch dem Thema der Totentanzdarstellung widmete, hat ihn für die graphische Auseinandersetzung mit dem schaurig-apokalyptischen Themenkreis von Bürgers Balladen prädestiniert. Dabei setzt der Künstler den vom Herausgeber wirkungsvoll ausgewählten Spannungsbogen von der immerwährenden Wahrheit, daß die Liebe zu jeder Steigerung fähig sein kann, bei der mit dem Tod der geliebten Person gleichsam der Lebensinhalt verlorengeht, bis hin zur Darstellung der Liebe als erotisch frivole Verführerin graphisch meisterhaft um und wird damit Bürgers widersprüchlichem Werk mehr als gerecht.

Gottfried August Bürger

Hauptmomente der kritischen Philosophie

Herausgegeben, eingeleitet und kommentiert
von Hans Detlef Feger

520 Seiten, Bibliotheksleinen, Dünndruckausgabe

ISBN 3-89433-173-9   152.- DM

Der an der Freien Universität Berlin tätige Herausgeber erschließt mit dem seltenen und nahezu unbekannten Vorlesungskompendium ein bisher noch unbekanntes Feld der Bürgerforschung und liefert damit zugleich einen Beitrag zur frühen Kantrezeption.

Lehrbuch der Ästhetik

Neu herausgegeben, eingeleitet und kommentiert
von Hans-Jürgen Ketzer

964 Seiten, Bibliotheksleinen, Dünndruckausgabe

ISBN 3-89433-032-5   198.- DM

Der Herausgeber, der 1983 über Bürgers ästhetische Auffassungen promovierte, faßt in einer editorisch beachtenswerten Leistung seine langjährigen Forschungsergebnisse zusammen.

 SCHERER VERLAG GmbH, Berlin 1994